让阅读
滋养孩子的心灵

儿童阅读的探索与实践

陆莉莉　著

华东师范大学出版社

图书在版编目(CIP)数据

让阅读滋养孩子的心灵：儿童阅读的探索与实践/陆莉莉
著.—上海：华东师范大学出版社，2020
ISBN 978-7-5760-0397-0

Ⅰ.①让… Ⅱ.①陆… Ⅲ.①儿童-阅读辅导-研究
Ⅳ.①G252.17

中国版本图书馆 CIP 数据核字(2020)第 068909 号

让阅读滋养孩子的心灵：儿童阅读的探索与实践

著　　者　陆莉莉
责任编辑　林青荻　刘　佳
责任校对　樊　慧　时东明
装帧设计　刘怡霖

出版发行　华东师范大学出版社
社　　址　上海市中山北路 3663 号　邮编 200062
网　　址　www.ecnupress.com.cn
电　　话　021-60821666　行政传真 021-62572105
客服电话　021-62865537　门市(邮购)电话 021-62869887
地　　址　上海市中山北路 3663 号华东师范大学校内先锋路口
网　　店　http://hdsdcbs.tmall.com

印 刷 者　上海锦佳印刷有限公司
开　　本　787×1092　16 开
印　　张　16.25
字　　数　258 千字
版　　次　2020 年 7 月第 1 版
印　　次　2020 年 7 月第 1 次
书　　号　ISBN 978-7-5760-0397-0
定　　价　52.00 元

出版人　王　焰

用灵动的文字滋养孩子们的心灵

　　这本书是一位小学语文老师、校长撰写的。多年来,她和学校的老师们一直在研究着、实践着"儿童阅读"的课题,这位校长把他们的实践过程提炼出来,形成带有普遍意义的认识,也许可以给关心儿童阅读的学校、老师以一定的启示。

　　每一个教育者都深深地明白阅读对于儿童成长的重要性,全世界关注儿童阅读的专家们也都以巨大的热情思虑着、探讨着促进儿童阅读的良方。在这样一种背景中,陆校长带领着她的团队在学习思考的基础上整体设计和推进,在实践摸索的过程中不断梳理总结。他们所关心和研究的不只是儿童阅读的课堂方法和教学技术,而是如何在校内、校外营造一个温润的阅读环境,引导孩子们在书海中徜徉,在此过程中以灵动、优美的文字滋养孩子们纯真的心灵。

　　陆校长立足于现代语文阅读的大教育理念,以校园阅读为抓手,摈弃了功利阅读,开启了全学科阅读、跨学科阅读和全员阅读的新局面,也在实践中形成了一些有效的、可资借鉴的阅读方法、阅读策略和阅读路径,使这些阅读习惯与思考习惯成为学生"带得走""可行为化"的东西,养成学生终身受益的习惯,并使学生能在今后的学习中提升阅读品质。

陆校长重视阅读育人、阅读与践行的同步发展，也用自己的语言将阅读育人、阅读教学、阅读推广活动中的故事和案例娓娓道来……在本书的字里行间，我们读到了一位语文教学实践者，一位学校校长的教育教学初心。

为者常成，行者常至。我相信，陆校长和她的团队一定能秉承初心，不断前行。

目 录

自 序

  阅读，是帮助孩子打开认识世界窗口的最佳助手。儿童阅读教育的发展是一项需要全社会关注的持久工程。在持续实践儿童阅读研究与发展的过程中，我深深地感到，对儿童阅读教育的各层面的深入研究和思考是推动儿童阅读研究与推广的重要基础。每一次的思想引领和实践变革，都是一段意味深长的回忆。

从语文教师到校长，
引导孩子爱上阅读是不变的初心

  1995 年，初上讲台的我成为了一名语文教师，在我的成长经历中遇到了这样几位名师傅，这不得不说是我的幸运：李永元老师和谢江峰老师，支持我结合教学实践以"阅读课程的构建"，"用中华民族的优秀文化滋养孩子的心灵"；颜欣玮老师和高永娟老师，鼓励我以"小学语文开架式教学"形成个人教学风格，支持我借"阅读作业的编制与开发"研究不懈专业成长。我教学生涯的前 16 年一直和语文书、语文课打着交道，而且乐此不疲，还获得了 S 版小学语文教学评比的特等奖。在我的眼中，立足语文教学课堂，鼓励班里的孩子好读书、读好书，养成他们一生为之受用的好的阅读习惯，是教育教学的全部。直到 2013 年 9 月，这一切发生了变化。

那一年，我在组织安排下到普陀区管弄新村小学担任校长。由于之前工作的两所学校都是区域内的中心小学，初入管弄新村小学的心情是复杂的。这所学校曾经在上海市"一期""二期"课改的机遇中，开展各类课堂教学研究，培养了一批颇具教育教学能力的教师，可是近年来，由于城区改造，本地生源大量流失，近八成的外来随迁子女组成的生源结构决定了家校配合工作不到位，教师在倍感教学过程和教学结果"成就感缺失"的同时对学校的发展信心低迷。

面对这样的生源现状，我反复思考着如何寻找一个最好的切入口，在提升学生学习综合能力的同时，提升教师的教学信心，同时提升学校的"人气"。反复考量后，我觉得"阅读"课程的推进和实践是最好的"抓手"。原因只有一个：在家庭教育资本不足的教育背景下，引导孩子通过阅读来提升自己的能力与素养是最直接而有效的途径。而我深信，身为校长，统整学校的一切资源推动的阅读课程实践，其效果一定不同于语文教师或是教研组长。

从课程实践到学校文化塑造，
助力孩子的持续发展是不懈的追求

幸运的是，我的上述想法在和学校的同事们商议后得到了肯定和支持，在之后的五年时间里，我们从理论学习入手，根据学校的实际情况和学生的学习基础，先是进行了阅读课程实践的整体设计，而后从阅读书目的编制推荐、阅读活动的宣传推广、阅读评价的整合探索等方面入手进行了初步实践。

我们的实践在进行到课堂教学研究时曾经遭遇过瓶颈：由于缺少对阅读指导法的研究，教师们对阅读指导课无从下手。万事开头难，我决定自己示范上研究课，并从一节一节课入手，和老师们共同进行阅读方法指导的教学研磨。作为校长，我深知此时共同参与的行动比一百句语言更有说服力。果然，老师们在一次又一次的教研中对孩子们的阅读教学从茫然到尝试，在实践中发现创新，一堂堂好课的展示、亮相也激发了更多教师的实践热情。他们在教学的过程中也在不断地反思：怎样的阅读引导才是真正的引而不发？如何适当点拨，才能帮助孩子们既掌握阅读方法，又能摆脱所谓"技巧、方法"的束缚，更为自由地阅读？认识决定行动，我想我必须在老师们心中点燃一团火，让他们也对阅读的重要性有充分的认识，只有这样他们才能不畏艰难，跟我一起攻克难题。于是，我请来特级教师步根海老师为全校老师讲课，步老师不仅为教师们带来了一堂科普绘本《杰克与魔豆》的展示课，更在课后缓缓地与老师们分享阅读教学的要义和真正的目的。步老师的讲座深入浅出，在点燃老师们激情的同时提供了可以借鉴的方法，老师们的兴趣又一次被激发了。于是，立足于实践的教师们从阅读过程的开放、阅读内容的融合、阅读方法的丰富和对不同阅读水平学生的指导等角度进行实践探索，而这样的课堂教学探索的成效一定是孩子们"得益于课外"。

在阅读课堂悄悄发生变化的同时，学校的阅读文化正在慢慢成形，"指尖上的阅读"微信平台为学生的阅读推进提供了网络技术支持，跨学科的阅读教研则让阅读走出"语文课"的范畴，使得学校里的每一位教师都成为阅读推广者；家庭阅读让小手牵起大手，用学生的阅读经验提升家庭的综合品味；社区阅读则让课程走出校门，让它在互动交流中发挥社区本地家庭与外来随迁家庭的融合作用……儿童阅读的最终意义是在助力他们终身持续学习的基础上引导他们成为一个真正有"爱"的人。

五年的阅读推广实践在让孩子们"腹有诗书气自华"的同时也让学校的"气质"同步提升：本地生源大量回流，社区口碑不断提升。阅读的"魅力"由此可见。在不断探索的过程中，我逼迫自己动笔，不断地提炼、反思、总结、改进，也鼓励教师们用案例的形式梳理经验，经过反复修改，形成了近 20 万字的专著。看着自己撰写的文字，犹如母亲看着自己新生的婴儿，我是如此地兴奋与期待：这是实践与反思的成果，更是未来持续研究的基础。

教育之路不止，阅读探索不歇。唯有阅读，让我们永远谦卑！唯有教育，让我们永远成长！

陆莉莉

2019 年 3 月

在知识经济时代，人们获得知识、信息的基本途径就是阅读，而阅读作为学习之母、教育之本，与知识经济的腾飞关系密切。只有让学生学会阅读，他们才能适应知识经济的时代发展需求，知识经济才能有广阔的发展空间。

研究培养小学生阅读能力，不仅是近来社会关注的热点，也是困扰语文教育工作者的难题，更是阅读教学研究的一个重要问题。对小学生阅读能力的研究要有前瞻性。因为，阅读能力的培养不但要体现在目前学生成长学习的过程中，还要体现在他们将来的社会实践中。教师应通过阅读打开儿童与宇宙、与世界、与人生对话的窗口，拓宽儿童的视野，丰富儿童的心灵。儿童在与书本、同伴、成人的互动，社会的参与中，获得了精神的成长，心灵的绽放，情感、价值观、审美情趣的养育。阅读让儿童成为人，成为他自己。

因此，对学生阅读能力的培养包括"为学习而阅读"的能力和高层次的阅读应用能力，它们是儿童学习各学科的重要能力，也是国民素质的重要组成元素之一，一直以来备受关注。

《让阅读滋养孩子的心灵：儿童阅读的探索与实践》一书的构思就是在这样的背景下形成的。促使我将构思变成写作的另一个动因，就是这些年来学校面对的是近半成的外来民工子弟的孩子，这些孩子的家庭教育资本不足，有的家长文化层次不高且缺乏指导能力，有的整天忙于生计没有时间陪伴孩子，更多的家庭包括本市户籍的弱势群体没有经济实力支持孩子上昂贵的校外辅导班。因此，如何解决这部分孩子的学业困难一直使我寝食难安。我尝试通过阅读与阅读指导提高孩子的阅读能力，交给孩子一把自主阅读的"金钥匙"，这是从根本上改变孩子命运的最廉价、最便捷地获得学问、了解世界的方式。它不需要特定的时间、地点，也无需特定的身份，每一个人都能从书本中获得想要的知识。为此，五年前学校开启了儿童阅读的探索与研究。

本书以阅读与儿童阅读能力发展为主线，试图告诉人们阅读是什么，为什么要阅读，阅读与儿童阅读能力发展的关系，儿童阅读兴趣、阅读能力、阅读习惯的培养，学校阅读课程的架构，阅读评价、阅读方法与阅读策略的实践指导。通过方法与策略的引导、阅读活动的推广、阅读环境的打造，让儿童走进阅读，引领儿童想阅读、能阅读、会阅读，以及养成儿童自主阅读的习惯是本书所要解决的问题。本书在撰写过程中形成了如下几个特点：

一是，本书立足于现代语文阅读的大教育理念，即，以课内阅读教学为轴心，开辟课外和校外阅读的课堂，从读者与读物、读者与作者、读者与社会、读者与自我四个视角揭示阅读的本质特性，摈弃了功利阅读，开启了全学科阅读、跨学科阅读和全员阅读的新局面，以校园阅读为抓手，小手牵大手，促进学生与家庭、社区共同阅读。

二是，本书阐述了有效的阅读方法、阅读策略的指导，以及家校合作的阅读习惯的培养，使这些阅读能力与阅读习惯成为学生"带得走"的东西，从而使学生终身受益。

三是，本书重视阅读育人、阅读与践行的同步发展。阅读在于学以致用，正如朱熹主张读书要切己体察，"读书穷理当体之于身"，要心领神会，身体力行。"学以致用"与"用而求学"，即阅读的目的是为了实践，而实践又需要通过阅读来回味、提炼与升华。

四是，书中引用了教师在实践研究中积累的阅读指导、阅读教学、阅读推广等许多感人的故事和生动的案例，用教师自己的语言叙述了教师自己在阅读育人、阅读教学、阅读推广活动中的故事和案例，具有一定的实践指导与推广价值。

阅读能够照亮教育，阅读能够照亮人生。学校好读书的师生越来越多，读好书的阅读行为越来越盛，读书好的体验越来越深，师生们通过阅读渐渐建立起自己的自信和职业信仰，"GL悦读"（GL既是"管弄"的缩写，又是"Getting Love"和"Giving Love"的缩写）提倡的在阅读中感受爱、给予爱的校园氛围逐渐形成，这真是儿童阅读实践探索的喜人收获。正如朱永新教授所言："一个人的精神发育史就是他的阅读史。""一个没有阅读的学校永远不可能有真正的教育。"实践让我们深切体会到：

　　一个家长给孩子的最好的礼物，就是陪伴他读书，培养他们的阅读兴趣；

　　一个学校给孩子的最好的教育，就是鼓励他们读书，激发他们的阅读兴趣；

　　一个教师给孩子的最宝贵的财富，就是真正教给孩子阅读的能力、阅读的方法、阅读的技巧。

人类的文明史实际上就是文字产生与文字传播的发展史。在口口相传的远古时代，人类耗费了无数的岁月，也未能实现文明的大进步。直到后来文字的出现，人类才掌握了积累文字、传递知识的技巧，继而四大文明的诞生，社会开始飞速地发展，随着今日信息技术的突飞猛进，知识更新与传播的速度越来越快，人们应接不暇。在这个过程中，文字的载体从绳结、石板、木简进化到纸，最终固定为纸质书和电子书，无论文字的载体发生什么变化，人们的"阅读"是无法改变的。但阅读是什么，为什么要阅读，阅读与儿童发展的关系，以及如何使儿童肯阅读、能阅读和会阅读，这些是本书所要解决的问题。

第一章

阅读启迪思想

　　莎士比亚曾经说过："生活里没有书籍，就好像没有阳光；智慧里没有书籍，就好像鸟儿没有翅膀。"阅读对人成长的影响是巨大的，"腹有诗书气自华"，一本好书往往能改变人的一生。人的精神发育史，应该是他自己的阅读史；而一个民族的精神境界，在很大程度上取决于全民族的阅读水平。党的十八届五中全会把"倡导全民阅读"作为全面建成小康社会，实现中华民族伟大复兴的一项战略任务，并列入国家"十三五"时期发展规划。培育儿童阅读兴趣，养成儿童阅读习惯，提升儿童阅读能力，"开启思想、求真知，促进智慧、养心智，提升人格、达情意"，是语文教师孜孜不倦的追求。

第一节　儿童阅读现状分析

儿童阅读是国民阅读的基础,国民阅读又提升了儿童阅读的水平。了解儿童阅读的现状是为了更好地有针对性地解决儿童阅读中的问题。

（一）营造全民重视儿童阅读的良好氛围

1982 年,联合国教科文组织向全世界发出了"走向阅读社会"的号召,希望社会成员人人读书,让读书成为人们日常生活中不可或缺的部分。阅读,是人类获取知识、增长才干的重要方式,阅读与社会发展密切相关,阅读是一个国家和民族提振精神、传承文明的重要途径。

以色列国家的发展史就是一部阅读史。有报道称,据联合国教科文组织 1988 年调查,以色列人均拥有图书馆和出版社的数量居全球之冠。在以色列,父母从小会给孩子灌输这样一种观念:"智慧比财富和地位更重要,学者远比富翁和国王伟大。"父母引导孩子进行海量阅读成了以色列一种自觉的国民行动。而以色列先后出现 12 位诺贝尔奖得主,它的高新技术产业举世闻名,在世界范围内拥有很高的口碑也就不足为奇了。

日本信奉读书是国家发展的"软实力"资本。明治初期,在日本的俄国人梅契尼科夫在所著的《回忆明治维新》一书中记载：当时,日本人的识字率远远高于俄国、西欧诸国,就连人力车夫和青楼女子也是一有闲暇便在读书。世界名著全集或思想系列图书全集曾经在日本都有很大的销量,"大百科一家买一套"的说法反映了日本社会在实现现代化过程中对阅读的重视程度。随着网络的发达,肤浅没有内涵的东西看多了,日本人的精神力相比从前有所减弱。2010 年,经济合作与发展组织公布的 2009 年国际学生评估项目(PISA)的调查数据显示日本有 44％的 15 岁儿童从来不读课外书。[①] 于是日本民众反思"宽松教育",提出了"重振日本人的阅读能力"。

---

① (日)斋藤孝. 深阅读：信息爆炸时代我们如何读书[M]. 程亮,译. 南昌：江西人民出版社,2016：序 11.

我国成人国民阅读的氛围有待提高：2017 年我国成年国民人均纸质图书阅读量为 4.66 本，较 2016 年的 4.65 本略有增长；人均电子书阅读量为 3.12 本，略低于 2016 年的 3.21 本。10.2％的成年国民年均阅读 10 本及以上纸质图书，5.4％的成年国民年均阅读 10 本及以上电子书。近四成的成年国民认为自己的阅读数量较少。国民阅读的氛围在一定程度上影响了儿童的阅读。2017 年我国 14—17 周岁未成年人课外图书的阅读量最大，为人均 11.57 本，比 2016 年的 9.11 本增加了 2.46 本；0—8 周岁儿童课外图书的阅读量为 7.23 本，比 2016 年的 7.76 下降了 0.53 本。0—8 周岁儿童图书阅读率为 75.8％（2016 年为 76.0％），14—17 周岁未成年人图书阅读率为 84.8％（2016 年为 85.0％），基本与 2016 年持平（数据源于《第十五次全国国民阅读调查主要发现》）。儿童有读书求知的欲望与要求，但受国民阅读氛围等多层因素的影响，儿童的课外阅读量不足，难以适应时代的变化。因此，儿童所需的良好的阅读环境与社会氛围的营造，始于每个国民的阅读自律与示范。

（二）拓宽学生的阅读兴趣与视野

2016 年上海儿童阅读排在前三位的图书为文学类，而文学类在 2016 年上海儿童阅读种类中的占比为 59.05％；其次是文化、科技、教育、体育大类，占 9.40％；再次是语言、文字类，占 8.78％。中小幼明显偏好文学类，其在小学段占 54％，在幼儿段与中学段均为 60％以上（数据来自 2016 年上海市中心图书馆"一卡通"知识管理系统）。文学类中，小学生喜欢借阅的有"笑猫日记"系列、《寻找大熊猫》《天真妈妈》等，还有《小熊包子》《查理九世》，56％的低年级学生喜欢童话、漫画类等故事性强及图片内容较多的书籍；喜欢的作家有杨红樱、沈石溪、郑渊洁、秦文君、朱斌等。四大名著的小学生借阅率为 3％，其中《三国演义》借阅人数高于其他三本。儿童的阅读兴趣在一定程度上受他们父辈的阅读兴趣的影响，据中国青年出版总社与成都数联铭品科技有限公司（BBD）于 2017 年联合公布的第三期"中国青年阅读指数"来看：阅读需求指数排名前三的阅读域分别为文学阅读域（需求指数 58.95）、哲学及社会科学阅读域（需求指数 22.99）和历史阅读域（需求指数 8.11）。从内容供给来看，自然科学阅读域供给量有所增加，经济金融管理阅读域和哲学及社会科学阅读域供给量有所减少。35 岁左右的青年中相当大的一部分是现在儿童的家长和教师，拓宽儿童的阅读兴趣和视野与拓宽这一部分国民的阅读兴趣和视野分不开。因此，要使这部分青年通过广泛的宣传与推广，以及多种形式的读书活动与交流互动，激发儿童的阅读兴趣，引导儿童拓宽阅读面，更多地了解自己的"根文化"和走进外来文化。

（三）缺乏高质量的课外阅读书籍

只凭借课本知识已经达不到学生的学习需求了，如果要保证阅读活动的顺利完成，就需要为学生提供足够丰富的阅读资源。通过对当前小学语文阅读的分析发现，很多小学生除了上课的书本以外，很少再去进行课外阅读，而由于小学生年龄与知识水平的限制，能够使用的小学生课外阅读的书籍有限，缺乏选择性。另外，一些家长在购买课外读物的时候缺乏指导意见，很多家长凭借自身的了解为孩子购买《安徒生童话》《格林童话》等故事内容丰富的书籍，但是一些低年级学生很难明白其中的道理和含义，增加了课外阅读的难度。

（四）亲子阅读示范与指导有待加强

亲子阅读，让孩子与家庭的联系更加紧密，促进家庭规则的建立和社交能力的提升，促进儿童的矛盾处理能力和社会适应能力的提升；亲子阅读的多样化让儿童的阅读兴趣得到充分的刺激并促进儿童阅读习惯的养成。2017 年，0—8 周岁儿童家庭中，平时有陪孩子阅读习惯的家庭占 71.3％；有良好阅读行为的家长陪读的有 91.8％，在这些家庭中每天陪读时间是 23.69 分钟；有 46.2％的家长半年内至少会带孩子逛一次书店，其中有 35％的家长会在 1 至 3 个月内带孩子逛一次书店（数据来自《第十五次全国国民阅读调查主要发现》）。但也有不少家长对子女的阅读习惯的培养不够重视，认为学生学业任务重，根本没有时间阅读；有的缺少方法，希望学校能进行阅读方法的指导。绝大多数家长都认为自己没有时间、精力和足够的经验来教育孩子。如本校有接近 40％的学生家长不能够在家辅导孩子的学习，仅有 26.2％的学生在家拥有自己单独的房间用来学习、阅读，有 63.2％家长由于缺乏时间等原因，不能和孩子共同阅读，更不能很好地指导孩子去阅读和吸收课外知识。

亲子阅读是一件好事。亲子阅读的陪伴对孩子成长是重要的，而我们面临的问题是家长自身的阅读习惯欠缺,偶尔看书的家长占 61%,从来不看书的家长占 3%,家长的阅读素养直接关系到亲子阅读陪伴的质量。家长究竟怎样做才能让孩子更好地享受阅读带来的益处,同时自己也享受到指导孩子阅读的成功乐趣?

(五) 阅读载体的多元与阅读指导的多样性

2017 年我国成年国民人均纸质图书阅读量为 4.66 本,较 2016 年的 4.65 本略有增长;而人均电子书阅读量为 3.12 本,略低于 2016 年的 3.21 本。超过半数成年国民倾向于数字化阅读方式。我国成年数字化阅读方式接触者中,18—29 周岁人群占 34.6%,30—39 周岁人群占 26.1%,40—49 周岁人群占 24.2%,50—59 周岁人群占 10.6%。对国民倾向的阅读形式的研究发现:45.1% 的成年国民倾向于读纸质图书,12.2% 的成年国民倾向"网络在线阅读",35.1% 的成年国民倾向"手机阅读",6.2% 的成年国民倾向"在电子阅读器上阅读",1.4% 的成年国民习惯"网上下载并打印下来阅读"。2017 年,有声阅读成为国民阅读新的增长点,成年国民选择移动有声 APP 平台听书的比例增长到 10.4%,选择通过广播听书的比例为 7.4%,选择通过微信语言推送听书的比例为 5.3%。有声阅读的年龄分布:0—8 周岁听书率为 20.7%,9—13 周岁听书率为 20.9%,14—17 周岁听书率为 28.4%(数据来自《第十五次全国国民阅读调查主要发现》)。阅读已经从传统的"平"阅读时代,到"屏"阅读时代,再到"互联网+"的"阅读指数"时代;从"书报刊"出版物,到"网络作品",再到"小而碎"的微内容微文本,以及有声阅读。阅读的形态与业态、心态与生态都发生了巨大的变化。数字化增加了阅读的便利性、快捷性,随之而来的"肤浅化""碎片化""浮躁化",以及"听书"等,在一定程度上影响了深度阅读,且对阅读指导提出了多元化的要求,如学生在与电子产品相处中如何避免沉溺其中的问题;数字化阅读平台的选择,信息的检索、识别与定位,即如何在海量的信息中查找到有价值的信息,网站内外信息的比较,与主题阅读相关内容的检索、甄别、选择与运用的指导,以及数字化阅读素养的培养等,为小学语文阅读教学带来了新的认识与方法论的视野。

第二节　阅读在儿童成长中的作用

　　阅读推广人蔡朝阳说："阅读如呼吸，它给予心灵营养，是一个人的精神初乳。"阅读很重要，如果一个人想要在有限的一生中不断提升自己，那么，有效阅读几乎是唯一的途经。而在孩提时代奠定热爱阅读的基础，将使孩子终身受益。正如南希•纽曼所指出的，阅读力不仅能有助于学生学业成功，还有助于学生收获成功的人生。[①]　因此，我们要从小培养孩子终身阅读的好习惯，让阅读融入孩子一生的气质。基于以学生发展为本的思想，我们站在哲学、人类学的高度赋予现代语文阅读的大教育理念，即：以课内阅读教学为轴心，开辟课外和校外阅读的课堂，从读者与读物、读者与作者、读者与社会、读者与自我的四个视角揭示阅读的本质特性，认清"阅读是披文得意的心智技能，是缘文会友的交往行为，是书面或语言文化的精神消费，是人类素质的生产过程"。这个"阅读"含义在一定意义上超越了《中国大百科全书•教育卷》和《现代汉语词典》的界说。这种超越不是作者个体能力的超越，是作者所处的不同时代背景的超越（《中国大百科全书》第二版于 1995 年 12 月起步，至 2009 年 4 月正式出版）。因为，当时阅读的载体仅限于书面语言，阅读的交流速度远没有当下之迅捷，阅读交流的范围与便捷程度也逊色于当下。高科技的发展渗透人的精神生活的各个方面，从而开拓了阅读与人的发展的新时代。

一、 阅读与儿童的核心素养

　　阅读养育儿童的核心素养。培养学生的核心素养已经成为时代发展的迫切要求，也是我国教育综合改革的重大课题。作为基础学科的小学语文，在培养学生的核心素养方面无疑要发挥其独特而又重要的作用。

　　什么是儿童的核心素养？

---

① （美）贾森•布格.阅读力：未来小公民的阅读培养计划［M］.尚埼，译.北京：中信出版社，2018：序 1+2.

教育部于 2014 年印发的《关于全面深化课程改革 落实立德树人根本任务的意见》中,提出了"核心素养"这一重要理论,并将核心素养的内涵界定为"学生应具备的适应终身发展和社会发展需要的必备品格和关键能力"。2016 年 9 月,《中国学生发展核心素养》总体框架发布,将核心素养分为文化基础、自主发展、社会参与三个方面,综合表现为人文底蕴、科学精神、学会学习、健康生活、责任担当、实践创新六大素养。"核心素养体系"成为全面推进素质教育,引领各学科课程改革进入"内涵式"发展的顶层设计。作为连接共同核心素养的学科核心素养的内涵厘定是教学改革的前提,也是小学生核心素养形成的重要途径。钟启泉教授认为儿童"核心素养"的养成意味着学习者面对真实的环境,能够解决问题的整体能力的表现,而不是机械的若干要素的总和。学科教学的过程绝不是简单的知识灌输的过程,扎实的学科教学需要关注学生的道德成长,关注学生的知识习得、知识活用和知识探究。在"核心素养"语境下,他认为应该透过"学科群"把握"学科素养"。如,就语言学科群来说,其主要是以"语言能力"(包括听、说、读、写)作为主要对象、旨在为儿童当下及未来的语言生活品质的提升而组织的教学内容的总体。语言教学的目标涵盖了谋求语言理解力与表达力的提升、掌握语言沟通的技能以及基于语言的思维能力的提升等,谋求借助语言来求得人性与人格的内在成长。①

在余文森笔下核心素养的内涵包括核心知识、核心能力、核心品质,但不是它们的简单相加。他认为任何一门学科的目标定位和教学活动都要从素养的高度来进行。② "价值引领、思维启迪、品格塑造"是学校和教师的三大核心任务。教师既要培养学生的三大核心能力,即"阅读能力、思考能力和表达能力",又要重点养育学生的三大核心素养,即"正确的价值观、科学的思维方式和良好的品格"。价值观是一个人心灵的风向标(管"心"的)。思维方式是一个人脑力劳动(认识活动)的武器(媒介)(管"脑"的)。品格是一个人的行为(广义)表现和为人形象(管"行"的),它是一个人素养的直接反映。这三大核心素养是学生整体素养的三根支柱,缺失会造成人的素养大厦的坍塌。③ 据此,钟启泉教授和余文森教授从人的核心素养培养出发,都将阅读能力、

① 钟启泉. 学科教学的发展及其课题:把握"学科素养"的一个视角[J]. 全球教育展望,2017,46(01):11—23.
② 余文森. 核心素养的内涵与意蕴[J]. 今日教育,2016(02):1.
③ 余文森. 核心素养的教学意义及其培育[J]. 今日教育,2016(03):11—12.

思考能力和表达能力作为核心素养在学科领域的要求。小学语文学科核心素养是依据 2018 年 1 月 17 日教育部颁布的《普通高中语文课程标准（2017 年版）》。标准明确提出了语文核心素养包括语言建构与运用、思维发展与提升、审美鉴赏与创造、文化传承与理解，以此结合小学生身心发展特点与语言文字运用能力培养要求，可将小学语文核心素养界定为"语言积累与规范、思维方法掌握与整合、审美体验与感知、文化认同与归属"等四个方面。① 阅读在儿童核心素养培养中的作用又是什么？

阅读是小学语文教学的主体之一。阅读教学占据了小学语文教学的半壁江山，在整个语文教学中具有独特的地位和作用。小学生语文核心素养的养成离不开阅读和阅读教学。阅读是最好的童年陪伴，阅读是最低成本、最高产出的教育，推广阅读是实现教育公平的最佳路径，培育阅读人口是提升国民的阅读力与阅读素质的重要途径。阅读力就是一种学习力，它是通过长期的语文教学与阅读实践的积累形成与发展的。

儿童通过文学的阅读获得了成长。儿童的成长来自两股力量：由内而外的个人创造，由外而内的意义构建。每一个个体，每一个孩子，他们的由内而外的个人创造和在阅读中真实发生的由外而内的意义构建是分不开的。儿童通过阅读教学和自身的阅读实践，习得了文字，发展了阅读能力；通过文学的阅读，找到了他们自己的生活，找到了他们成长所需要的养料，找到了他们心灵所需要的东西，并在此过程中发展了阅读兴趣、语言能力、阅读能力和思维能力等。

儿童通过对人文百科的阅读，了解了自己生活的这个世界是从哪里来的，自己和这个世界的关系是怎样的，自己生存依赖于什么，怎样让自己生活的这个世界更和谐、更美好。在此阅读过程中，他们洗礼了对宇宙、对世界、对人生的看法，丰富了心灵，扩大了视野。儿童通过与书本、同伴、成人的互动和对社会的参与，获得了精神的成长，心灵的绽放，情感、价值观、审美情趣的养育。让儿童成为人，成为他自己。

二、 阅读与儿童的智力开发

关于智力，历来界说不一。有人把智力看成"智谋和力量"，等同于"智慧"和"智

---

① 计宇.小学语文核心素养的构成与培养路径[J].教学与管理,2018(17)：40.

能"，即聪明地做事的某种能力。第一个智力测验的编制者比纳认为："善于判断、善于理解、善于推理，这就是智力的本质。"韦氏智力测验编制者韦克斯勒认为："智力是使个体能有目的地行动，合理地思维以及有效地应付环境的整体能量。"不少心理测量学家认为智力包含三方面能力：适应环境的能力，运用符号、概念进行抽象思维的能力，以及学习的能力。哈佛大学心理学家加德纳在 1983 年提出了多元智能理论。他在《智能的结构》(Frames of Mind)这本书里提出，人类的智能至少可以分成语言智能、音乐智能、逻辑—数学智能、空间智能、身体动觉智能、人格智能。美国耶鲁大学的斯腾伯格长期从事智力的研究，他在 1998 年提出了"成功智力"就是适应环境、改变环境和选择环境的能力。据《教育大辞典》的定义，智力是使适合于环境的行为得以产生的心理能力，集中表现为反映客观事物深刻、正确、完全的程度和应用知识解决实际问题的速度和质量。因此，我们认为，儿童的智力就是指儿童认识、理解客观事物并运用知识、经验较快地解决问题的能力。

智力开发离不开阅读，阅读可以促进儿童的智力开发。

苏霍姆林斯基认为"学生应当有丰富多彩的智力生活"，这一"智力生活"指的是阅读，这种阅读离不开阅读教学，离不开课外阅读。儿童年龄小，早期的阅读需要成人的引领。成功的学校教育要求教师"把每个学生引导到书的世界中去，培养他们热爱书籍，使书籍成为智力生活的指路明灯"，这样既丰富了儿童集体的智力生活，同时又让儿童在集体生活中享受集体的精神财富。

儿童智力的开发与阅读什么书有关。选择读什么层次的书，对儿童智力的开发也是不一样的。如选择的书完全在儿童阅读能力的范围之内，或为娱乐消遣、打发时光而读的不坏的书，这样的书只是告诉儿童一些他所不知道的事实，但无助于儿童智力的发展，对儿童不会有潜移默化的增益；阅读太深奥的书，对儿童智力的开发有好处，但对低龄儿童或没有意志力的儿童来讲，容易被弃置一边，儿童毫无兴趣或产生对读书的厌恶。因此，我们应选择有一定难度或挑战性的好书让儿童去读，在读的过程中，儿童花费了精力，收获了成功：一是阅读技能得到了长进，二是认识了世界和认识了自己，三是体验了阅读成功后的乐趣。儿童从阅读中慢慢悟到如何把书读得更好，而且更深刻地认识事物、认识自己、认识世界。

儿童智力的开发与阅读层次有关。阅读有四个层次：初级阅读、检视性阅读、分析性阅读和相同主题比较阅读。其中，分析性阅读、相同主题比较阅读对儿童来讲难度较大，但能锻炼培养儿童的比较、分析、判断、推理的能力，从而使儿童变得更有智慧。分析性阅读是一种理解性阅读，是一种高度主动积极的阅读，要求儿童必须深入钻研，直到把这本书成为他自己的知识为止。弗朗西斯·培根说："书有可浅尝者，有可吞食者，少数则须咀嚼消化。"分析性阅读就是咀嚼和消化的过程，就是理解、吸收的过程，是为了把儿童的大脑从理解较少到理解较多的智力开发的过程。而相同主题比较阅读则要求更高。如，《寄小读者》是冰心女士在 1923 年至 1926 年间写给小读者的通讯集，并被收录进了语文教材中，教师可以让儿童在课余时间再看一看《再寄小读者》和《三寄小读者》，三部通讯集虽然发表的时间不同，但通过纵向的主题、写作风格的比较，能让儿童通过阅读读懂冰心作品的文笔细腻，感情浓厚、自然、童真，以及体验她对孩子们的喜爱和关怀，还有对生活、生命的热忱。如果没有这样的比较，学生的感悟、体验就不深。

儿童智力的开发需要培养儿童积极主动的阅读。积极主动的阅读会产生有思考的阅读。阅读最困难的部分不是怎么读，而是怎么思考。要让学生学会有思考问题的阅读，而且是高质量、有挑战性的问题，是需要一个过程的：一方面，教师要通过课堂教学引导学生从不会提问到学会提问，然后学会提出高质量、高层次的问题，使学生学会思维工具并学会将其迁移、运用；另一方面，教师要鼓励和引导学生在自己的阅读中学会提出问题，培养不懂就问、疑惑会问、怀疑敢问的思辨品质。学生带着教师的问题去阅读，仅是运用思维工具；而自己在阅读中产生问题、带着自己的问题去阅读，则是创造思维工具。"造"思维工具，是主动学习的标志、是创新的源泉。有了问题，就要引导学生利用文本提供的信息并联系生活和阅读经验解决疑问或证明自己的观点，同时将解决问题得出的结论或经证明的观点用文字或口语表达出来，与同伴分享。

三、 阅读和育德养人

从儿童的精神成长来说，阅读是儿童精神成长的重要途径。正如朱永新教授所言："一个人的精神发育史就是他的阅读史。""一个民族的精神境界取决于这个民族的阅读水平。""一个没有阅读的学校永远不可能有真正的教育。""一个书香充盈的城市必定是一个美丽的城市。"

阅读可以丰富知识,增加生活的情趣。儿童的学习要在一种多方面的、丰富的精神生活的广阔背景下进行,知识在多种多样的智力活动中不断扩充,每个学生的个人力量、禀赋、才能在喜爱的学科或活动中得到发挥。让儿童的时间充满他们入迷的书、入迷的事,而这些书和事既能丰富他们的知识和技能,又能发展他们的思维,提高他们的判断力,同时又不至于破坏童年的情趣。正如梁启超所言:他的人生是"拿趣味做根柢"。如,津津有味地做事,摒弃悲观厌世的情绪;做事不怕失败,要坚持一面失败一面做;在成功里头感觉成功的趣味,在失败里头感觉失败的趣味;使自己每天的生活保持趣味;他认为精神上的快乐,补得过物质上的消耗而有余。因此,趣味是活动的源泉。"趣味干竭,活动便跟着停止。好像机器房里没有燃料,发不出蒸汽来,任凭你多大的机器,总要停摆。停摆过后,机器还要生锈,产生许多有害的物质哩。"人若没有趣味地生活形同具尸走肉。[①] 这也告示我们,通过阅读培养孩子的趣味比阅读本身更重要,只有触动孩子的思想和打动他的心,才能给孩子带来新的震撼和益处。

阅读潜移默化地形塑着人们的价值观、人生观和世界观。罗塞韦尔特(T. Roosevelt)说:"只求知性而没有道德的教育,无异于培植对社会的威胁。"梁启超言:"你如果做成一个人,知识自然是越多越好;你如果做不成一个人,知识却是越多越坏。"陶渊明不为"五斗米折腰",李白仰天长啸"安能摧眉折腰事权贵,使我不得开心颜",明朝文天祥的"人生自古谁无死,留取丹心照汗青"等风骨和气节为世人敬仰,经久不衰,还有《伊索寓言》《格林童话》《小王子》《窗边的小豆豆》等儿童文学,尤其是经典的儿童文学作品,这些诗文在潜移默化中影响了孩子的价值观。如《小王子》用浅显天真的语言写出了人类的孤独寂寞、没有根基随风流浪的命运;同时,也表达出作者对金钱关系的批判,对真善美的讴歌。

阅读与践行同步,才能真读书。阅读在于学以致用,《论语·子张》有言:"君子学以致其道。"朱熹主张读书要切己体察,"读书穷理当体之于身",要心领神会,身体力行。"学以致用"与"用而求学"强调阅读的目的是为了实践,而实践又需要不断地进行

---

① 梁启超. 敬业与乐业[M]. 南京:江苏凤凰文艺出版社,2018:70—71.

阅读。为什么我们的行规教育从低年级到高年级，从小学到大学都要抓，因为有些学生没有因为读书而改变原有的陋习，随着读书年龄的增加甚而还出现了文明与道德水准倒退的情形。为什么幼儿园的小朋友学着垃圾分类，而不少中学生乃至大学生却嗤之以鼻、视若无睹，因为前者是知道一点学着做一点，后者则是读书与践行分离，是一种社会责任的缺失。胡适说："生命本没有意义，你要能给它什么意义，它就有什么意义。与其终日冥想人生有何意义，不如试用此生做点有意义的事。""把自己铸造成器，方才可以希望有益于社会。真实的为我，便是最有益的为人。"

阅读经典是文化传承的重要渠道。经典的儿童文学作品承载着优秀的民族文化，儿童通过整本书阅读，自然会受到文化的陶冶，从而逐渐形成民族文化认同感。读"整本书"本是很正常、很自然的事，然而，学生因学业负担过重，没有时间读；因功利所逐，为考而读。为此，2001年颁布的《全日制义务教育语文课程标准（实验稿）》明确提出："培养学生广泛的阅读兴趣，扩大阅读面，增加阅读量，提倡少做题，多读书，好读书，读好书，读整本的书。"这是继1941年叶圣陶先生系统阐述"读整本书"的观点之后，"读整本书"的思想再次得到重视。古人从幼时入学启蒙，《弟子规》《三字经》《百家姓》《千字文》等，或独自学习，或通过亲子共读、诵读、反复读，在多接触、多熟悉的过程中有所浸润，有所感悟，有所理解。如《三字经》内容涵盖甚广，有教学之要、读书之义、历史沿革、天文地理、学行典范等，堪称为"国学简要索引"，儿童读来朗朗上口。《弟子规》原名《训蒙文》，原作者李毓秀是清朝康熙年间的秀才，《弟子规》是根据《论语》等经典编制而成，集孔孟等圣贤的道德教育之大成。文中有许多待人接物的礼仪，饮食起居的规则，尊长做人、读书的规矩。如，读什么书，如何读书，读书与践行、读书与交友的关系等。就修身而言，有"唯德学，唯才艺。不如人，当自砺。若衣服，若饮食。不如人，勿生戚"，即，为人最重要的是道德、学问、才干、本领四个方面，在这些方面如果不如别人，就要不断努力，奋起直追；吃穿不如人，并没有什么不光彩的，不要因此而悲伤，重要的是集中精力，用心修身。就读书而言，要读什么书？"非圣书，屏勿视。蔽聪明，坏心志。"不是好书益书不要看，因为，这样会损坏你的思想与志向，危害很大。交什么友？"能亲仁，无限好。德日进，过日少。不亲仁，无限害。小人进，百事坏。"即，能够亲近品行高尚的人，有着无限的好处，自己的品德会因此一天天提高，过错会因此一天天减少；不亲近品行高尚的人，有着无限的坏处；如果品质恶劣的人靠近你，什么事情都会变坏。读书的态度："宽为限，紧用功。工夫到，滞塞通。心有疑，随札记。就人问，求确义。"也就是说读书学习，时间要安排得多一些，但是仍然要抓紧用功。只要工夫到了，困惑自然而然就迎刃而解了；学习时碰到不解和疑问，随时把它记下来，主动向别人请教，应当确确实实地弄清楚。读书的方法："读书法，有三到。心眼口，信皆要。"即，读书的方法，讲究三到，即心到、眼到、口到，心到就是用心去想，眼到就是仔细去看，口到就是专心去读。这三条确实都很重要。还有读书与践行的辩证关系："不力行，但学文。长浮华，成何人。但力行，不学文。任己见，昧理真。"即，只管死读书，却不知道身体力行，亲身实践，长此以往，只能华而不实，怎么能成人？只知道埋头苦干，不知道学习文化知识，只凭着自己浅陋的见识，永远不会通晓真正的道理。"勿自暴，勿自弃。圣与贤，可驯致。"不要说话不讲道理，也不要行事胡作非为，这是文人的大忌；不要自暴自弃，高尚的品质和出众的才华，都是可以慢慢培养起来的。这些"为人之道"现在仍然实用。幼时入学启蒙的经典国文，儿童虽开始不怎么理解，但只要每天坚持一点点，日常持久地坚持在读中悟，在悟中行，就会使语言更丰富，行为更踏实，精神更丰满。儿童在读经典中领悟了读书方法，领悟了做人的道理，感受到中华民族传统文化的博大精深。

综上所述，为什么要读文学经典和世界名著？正如钱理群谈到的，读文学经典唯一的目的是陶冶我们的性情，开拓我们的精神空间——你坐在小屋里，打开书，就可以突破时空的限制，与千年之远、万里之外的人与生物，宇宙的一切生命进行朋友般的对话，达到心灵的冥合，获得精神的真正自由。坚持读下去，就会发现，人变了，像巴金老人说的那样，"变得更好"了。读经典，就是因为每一个民族、每一个时代精神的精华都凝聚于其中，人类最美好的创造都汇集于其中。人类精神文明的成果，就是通过经典的阅读代代相传的。

第三节　儿童阅读的基础能力与培养

阅读是一种最基本、最有效的获取知识、开启智力、立德养性、审美鉴赏的途径。

阅读能力是儿童学习各学科的重要能力，也是国民素质的重要组成元素之一，一直以来备受关注。

阅读能力是学生语文素养的重要组成部分，也是他们学习一切知识的最主要的方式。尤其是现代科学技术的进步，知识量成几何级数急剧增加，需要读的东西越来越多，这要求一个人必须有较高的阅读能力才能适应当今日新月异的发展。"求木之长者，必固其根本；欲流之远者，必浚其泉源。"[①]要想使我们的学生能够适应并迎对未来社会之挑战，那么学生阅读及阅读能力的培养尤为重要。

一、儿童阅读能力及构成要素

（一）什么是阅读能力

弄清阅读能力，首先要了解阅读。阅读是从书面材料中获取信息的过程。书面材料主要是文字，也包括符号、公式、图表等。阅读是一种主动的过程，是由阅读者根据不同的目的加以调节控制的。[②] 阅读是读者的原有知识和文本的现有信息相互作用而建构新意的动态过程，即对话与重新建构的过程。"建构"的实质是读者的原有知识被激活，自觉运用阅读策略提升阅读能力。[③] 我们认为阅读的本质就是搜集、选择各类文本读物，体悟文字、文章的结构内涵，品味文字、文章的优美、论断的推理与精辟，从而认识世界、发展思维，获得审美体验的重要途径。

阅读能力是运用已有的知识经验，借助视觉器官了解文字符号表达的内容，有效地完成阅读任务的一种复杂的心理特征。[④] 其包括认读能力、理解能力、品评和欣赏能力、记忆能力、读速。张志公把理解、记忆、速度看成阅读能力的三个因素；华南师范大学莫雷教授从结构论出发，提出语言解码能力、组织连贯能力、模式辨析能力、筛选贮存能力、概括能力、评价能力、语感能力、阅读迁移能力；刘福增从人脑的四大功能区角度出发，提出了感知、识记、理解、评价等四大阅读能力；倪文锦依据阅读过程与类型

① 吴兢. 贞观政要集校[M]. 谢保成，集校. 北京：中华书局，2003：17.

② 《中国大百科全书》总编委会，《中国大百科全书》编辑部. 中国大百科全书　精华本[M]. 北京：中国大百科全书出版社，2002：4941.

③ 倪文锦，欧阳汝颖. 语文教育展望[M]. 上海：华东师范大学出版社，2002：295.

④ 顾明远. 教育大辞典　简编本[M]. 上海：上海教育出版社，1999：596.

将阅读能力分为认读能力、理解能力、鉴赏能力。[①]

（二）阅读能力的构成要素

儿童现代阅读能力的培养不仅是学校的责任，也是社会与家长的责任；不仅是语文老师和英语老师的责任，也是数学、科学、美术、音乐、体育等学科老师的责任。作为儿童阅读的工作者，我们不能仅仅重视语文阅读能力的提升，而忽视了现代社会对儿童综合阅读能力的要求。儿童综合阅读能力是学生感受、理解、欣赏和评价的能力，它是以语文阅读基础知识、基本技能为基础的，囊括多学科知识与能力的现代综合阅读能力。教师要注重培养儿童运用这些基础知识与基本技能，以及运用这些知识与技能分析问题和解决问题，而这些离不开对儿童的检索能力、认知能力、实践能力和创新能力的培养。

结合时代发展背景，在前人研究的基础上，依据自身实际教学工作经验和儿童身心发展的特点，我们认为儿童的阅读能力主要有认读能力、理解能力、思维能力、鉴赏能力和迁移能力。

认读能力 认读能力是阅读能力的基础，它主要是指按语法结构认识并读出字、词、句的能力；具体来说就是看到文字符号能迅速感知和辨别，并且能对字、音、形、义形成联系的能力。认读能力是阅读过程中最低级的能力，但又是整个阅读过程的基础。认读能力强的学生对字、音、形、义感知的精准性高，能准确辨析一些易混淆、易读错和易写错的字；认读能力弱的学生则相反。此外，认读能力还包括阅读速度和阅读量。根据教育部颁布的《义务教育语文课程标准（2011 年版）》的总体目标要求，小学一至六年级学生累计认识常用汉字 3500 个，学会汉语拼音，能说普通话；学段目标要求小学五、六年级的学生有较强的独立识字能力，要求学生会默读、会浏览、会根据需要搜集信息，还规定了默读每分钟不少于 300 字。

理解能力 理解能力是阅读能力的核心，它主要是指在认读能力的基础上深入文章的字词中去获取其意义的能力。阅读理解能力包括获取信息、形成解释、感悟体验三个方面。获取信息是指儿童对阅读文本字面的理解，即获得课文的字、词、句及全文

---

① 唐吉民.中学生阅读能力的发展性评价研究[D].长春：东北师范大学，2005：15 + 17.

的最初的、直接的字面意义的理解。形成解释是对文章字里行间的含义的深入理解，儿童能联系以往的概念、字词与句子所处的上下文关系，以及结合自己的阅读积累，分析、判断、概括与推理文本中词句的意思，解释或阐明相关概念、修辞手法、作者的观点、文本的结构和表达的顺序与方法。感悟体验是用心体会作者的思想感情，辨别词语的感情色彩，体会其表达效果，感受作者的思想、生命气息与人格魅力。理解能力在从语言文字到思维的过程中起到承上启下的作用。

思维能力 阅读过程就是一种思维过程，思维贯穿于阅读过程的始终。思维能力是指向问题解决的能力。思维能力包括概括能力，可以说概括性是思维最基本的特征。以儿童的听、说、读、写为例：听的关键是抓住别人讲话的中心，理解所听内容的实质，这种抓住中心、理解实质就是"听"的概括能力的表现；说的关键是说得清楚和说到点子上，这也是一种概括能力的表现；读、写更是如此，读的过程是由外到内的语言转换，写是由内到外的转换，都是概括的过程。儿童阅读思维能力的培养要注意培养儿童的概括能力、思维的敏捷度、思维的灵活度。如，加强对阅读方法与阅读内容的反复训练，使学生逐步做到熟能生巧，鼓励学生对学习内容进行多向思维，运用多种方法解决问题，培养学生举一反三、累化迁移的能力。

鉴赏能力 鉴赏能力是指鉴别与欣赏能力，是在掌握了文章所表达的内容的基础上进一步对文章各方面进行评价和欣赏。欣赏是理解的进一步深化，使认识达到理智上的领悟。对作品内容和形式的是非、优劣、得失进行理解性的鉴别和评判，以及爱或憎、同情与反感的感情反映。对作品思想内容和语言形式的审美，要求调动思想，反复涵泳，实现情感体验，获得审美享受。

迁移能力 迁移是指儿童已获得的知识、技能、学习方法或学习态度，对学习新知识、新技能和解决新问题所产生的一种影响。这种影响可能是积极的，也可能是消极的，积极影响叫正迁移，简称迁移，消极的影响是负迁移，或称干扰。迁移能力是建立在概括、推理的思维过程基础上的。苏联著名心理学家鲁宾斯坦强调，概括是迁移的基础。他认为，在解决问题时愈能发现新旧课题相互之间的关系，则愈能加以概括，迁移的作用就愈加普遍。鲁宾斯坦更强调课题类化在学习迁移中的作用，即，两种学习材料之间的共同因素可以产生迁移，但共同因素不是充分的条件，它还取决于概括能力。美国心理学家 J. S. 布鲁纳强调原理的迁移，其实质也在于能否领悟事物之间的关系。概念、原理理解得愈深透,则愈能实现迁移。事物虽然是多种多样的,但却有共同的东西,即事物的本质和规律。掌握事物的本质和规律,就可以产生理解的迁移、解决问题能力的迁移、技能迁移和心智技能的迁移,从而让儿童在更广泛的阅读范围内完成文本向实践的迁移,完成阅读向模仿写作的迁移,完成语文知识向阅读能力的迁移,完成阅读能力向语文素养的各个方面的迁移。具备了阅读迁移能力的人就能以不变应万变,产生广泛的迁移。在儿童阅读中应加强基本概念和原理、方法与技能的指导,儿童掌握了基本概念和原理,掌握了相关的技能与方法,就能触类旁通、举一反三、闻一知十、一通百通。

(三) 儿童阅读能力与学校阅读工作

1. 渗透现代语文阅读的大教育理念

现代语文阅读理念指的是读者在长时间的阅读实践活动中形成的阅读观念和思想,这种阅读观念和思想具有先导性与前瞻性,并在阅读过程中潜移默化地指导阅读实践活动,影响阅读的效果。而渗透现代语文阅读的大教育理念则是从儿童的兴趣出发,与儿童生活相结合,营造无处不在、无时不有的阅读环境。语文教师要注意在阅读中引领儿童学会阅读与做人,要注意在阅读中发展儿童的阅读能力,使其养成良好的阅读习惯,学会多种阅读方法,包括非连续文本的阅读,增加阅读量,拓宽阅读面,提高阅读速度,丰富语言积累,培养语感,发展思维,初步养成现代社会所需要的语文素养。

2. 培养儿童阅读习惯

阅读习惯是由实践巩固下来的阅读方式、方法、程序等的通称,即适应阅读所需要的、熟练的行为方式与思维定势。[①] 阅读是一种个性化的自主行为,令其成为自觉化、生活化和常态化的姿态,离不开良好的阅读习惯的作用。但凡有作为、有成就的人,都有自己的阅读习惯。美国伊诺斯大学的研究者德·多金教授对 205 名具有较强阅读能力的儿童进行了调查研究,结果表明,这些儿童都在学龄前就已经具备相对独立的阅读能力,他们的共同之处是:从很小的时候起,父母就使他们养成了爱读书的习惯。人的知识多寡、文化修养的深浅,更多是靠自己后天的读书学习和实践活动来获得。

---

① 顾明远.教育大辞典 简编本[M].上海:上海教育出版社,1999:597.

儿童阅读习惯的内涵比较丰富，比如，对于起始年级学生而言，喜欢翻看书本，具有独立阅读能力（图片、文字、符号等），注重情感体验，积累较丰富的文化常识，形成良好的语感，对阅读材料能提问质疑等习惯；对于中、高年级学生而言，能学会运用多种阅读方法自主阅读，持续阅读、查阅工具书的习惯，写读书笔记和摘要的习惯等，这些都是阅读习惯培养的范畴，对一个人的成长与发展具有极为深远的意义。

3. 开展经常性的阅读交流与活动

作为学龄儿童学习生活时间最长的场所，学校应经常性地开展丰富多彩的阅读交流与推介活动，如后文章节中将提及的管弄新村小学，其以"GL悦读"课程为载体，将"爱、孝、信、勤、和"五字校风与"经典阅读"有机整合，以"每日三读"为抓手，开展经常性的阅读交流活动，推进学校全员阅读，让管弄的每一位教师都成为气质风范博雅的阅读种子，让管弄的每一个学生都得以在"甜甜地阅读"中"慢慢地成长"，让社区居民在阅读中与管弄新村小学相伴，让管弄新村小学的学生成为社区阅读的播种机……让无处不在的阅读成为学生校内外生活的组成部分。

4. 教师要成为阅读的种子

"一日不读书，心荒如废井。"与国民阅读率走低相似，当下教师的阅读状况也不如人意。受应试教育和快餐文化的影响，不少教师除了教科书和教参之外，其他的书已经很少读了。在推进学生阅读的过程中，学校也应该把教师阅读作为教师专业发展的一个抓手，通过阅读提高教师的人文素养，使教师养成良好的阅读习惯，起到示范和引领的作用。教师通过读专业书、读经典提升自己的人文底蕴，有了底蕴才能有底气，有了底气才能有灵气，有了灵气书才能教活，学生才能活学。

二、儿童阅读能力的差异

儿童在不同时期身心发育的程度都是不同的，随着儿童逐渐成长，他们的心理、语言能力日益成熟，他们的生活和知识经验积累日渐丰富，这些直接影响到儿童阅读能力的发展。了解儿童阅读能力的差别是为了更好地有针对性地做好儿童的阅读工作。儿童阅读能力的差异主要是指认读能力、理解能力、思维能力、鉴赏能力和迁移能力等方面的差异带来的阅读过程、知识、情感、价值观，以及运用能力的差异。它不是单一要素的单一影响，而是多要素的综合影响。

（一）儿童阅读能力的差异带来的识字率差异

儿童认读能力是最初阅读的基础，识字率、识字量是受认读能力影响的。人的阅读过程是一个从文字到内容，再由内容到形式的这样一个循环往复、理解逐步深化的过程，最初要认读一定数量的文字。如，识字要求将字形、字音和字义结合起来。但识字的关键在于字形，在于使一定的文字符号和口语中一定的音和音所标志的义相结合。学前晚期的儿童，已初步具备识字的能力，有的也识了许多字，但一般儿童是进入小学后才开始识字的。小学阶段，特别是低年级，是识字的高峰时期。小学毕业生一般已掌握 3000 左右常用字，为阅读打下了良好的基础。个体学习汉字，就是通过各种感觉器官（主要是眼、耳、口、手）和大脑活动识辨汉字的形、音、义，并逐渐建立起形、音、义三者统一的联系，识字就是这三个因素之间统一联系形成的过程。有的儿童对形、音、义三者的联系把握得好一点，识字量多；有的儿童记忆力好巩固率高，有的记忆力不好前教后忘。儿童认读能力的差异影响了儿童的识字率。儿童记忆能力影响了识字的巩固率。提高儿童的识字率要注意集中教会孩子识字的方法，引导儿童识别汉字的结构，注意释义，辨别字形，提高识字的重复率和利用率。在本书后文的章节中，我们提出了建立在学生对字义、词义理解的基础上，引导儿童用各种方法学习汉字，并强调"识字"和"解义"并行，"理解"和"表达"同步，鼓励儿童边识字边表达，在通顺流利的表达过程中渐渐形成语感，这对提升学生的阅读能力是非常重要的。

（二）儿童阅读能力差异带来的陈述性知识差异

陈述性知识指的是有关客观环境的事实及其背景与关系的知识，是关于"是什么""为什么"的知识。陈述性知识多少与人的阅读积累和生活经验有关，阅读理解的过程离不开解码与词义的提取。在阅读理解的过程中，阅读能力强的儿童先前拥有的陈述性知识多，新旧知识的联系相对来讲就容易激活，对词的解码和词义的提取能力就强，对图式的选择与匹配能力、对文章的概括和意义的生成能力也强，而这些又反过来促进陈述性知识的再习得、再保持和有效提取；阅读能力弱的儿童陈述性知识少，难以激活新旧知识的联系，对词的解码和词义的提取能力就弱，对图式的选择与匹配能力、对文章的概括和意义的生成能力也就弱。

（三）儿童阅读能力差异带来的程序性知识的差异

程序性知识是关于完成某项任务的行为或操作步骤的知识，或者说是关于"如何做""怎么操作"的知识。程序性知识是对陈述性知识的应用，形成程序性知识的关键是对操作方法的熟练掌握。如在阅读中如何解码、理解词义、抓关键词，如何概括与总结，怎样朗读和默读等，这类知识是需通过反复练习和训练才能掌握，才能达到熟能生巧的程度，这些操作方法一旦掌握了就会牢固地保持而不会丢失。程序性知识的差异，主要有四个方面：

1. 儿童阅读能力差异带来的字词解码的差异

解码是指阅读者解开文本的文字代码，了解其意义的过程。已有研究表明，阅读能力强的儿童字词解码的速度快，保证了阅读的准确性与流畅性；而阅读能力弱的学生在字词解码的执行速度上就慢。造成这种差异的重要原因在于学生有无大量接触文本文字的经验和不同家庭带来的社会阅历和背景知识的差异。

2. 儿童阅读能力差异带来的字面理解过程的差异

字面理解分两层含义：表面意思，深层或隐含的意思。其中，深层或隐含的意思要根据说话的语境来区分。阅读能力强的儿童不仅能理解字面的表面意思，而且会利用语境线索猜测词义，加深对阅读材料的字面性理解和意义理解；而阅读能力弱的学生往往理解的是字的表面意思，即便花很多的时间，对字面的理解仍停留在表层，缺乏深度思考。

3. 儿童阅读能力差异带来的推论性理解过程的差异

阅读能力不同的儿童在整合难度不同的语句上的能力是不同的，阅读能力强的儿童比阅读能力弱的儿童具有更强的概括能力、迁移能力和整合能力。儿童推论性理解过程差异的根本原因在于儿童能否识别文章本身具有的结构，或者说是否具备识别文章结构所需的陈述性知识、语法规则和迁移能力并将其用于自己的概括过程之中的整合能力，以及同类知识的迁移运用能力。

因此，教师知道了差异就可以在平时的阅读指导中因材施教：对于整合能力差的学生，要训练他们学会迁移，学会调用已有的陈述性知识和语法规则来帮助自己进行整合、做出推论；对于概括能力差的学生，要训练他们学会识别不同文章的结构特点，多阅读、多分析、多积累,由简而繁、由浅入深逐步提高。

4. 儿童阅读能力差异带来的理解监控的差异

阅读理解监控主要是指对阅读目的、阅读计划等的检查、调节等。认知心理学家指出,对于阅读能力强的儿童来说,理解监控在开始阅读时便已出现,并贯穿于阅读过程始终。阅读目的始于阅读前,阅读能力强的儿童在阅读开始时,会以自己设定的目标引导自己有计划地对文本信息进行加工,并采取相应的阅读方法与对策;而对于阅读能力弱的学生,由于其阅读目标不明确,理解、监控也无从谈起。阅读能力强的儿童不仅善于提出问题和发现问题,还能积极寻求问题解决的方法与策略;阅读能力弱的儿童不善于发现问题,有的在遇到问题时无所适从,也不知道应该如何采取相应的补救措施。

(四) 儿童阅读能力差异带来的阅读水平的差异

儿童阅读能力差异导致儿童阅读水平的差异。因此,在培养儿童基本阅读能力的时候,我们认为有必要将儿童阅读的既有水平和可能达成的水平进行分段,并以此为据进行分层培养。中华人民共和国教育部制定的《义务教育语文课程标准(2011 年版)》将小学生的阅读目标与内容分成三个不同的学段,其中一、二年级为一个学段,三、四年级为一个学段,五、六年级为一个学段。课标对课内、课外阅读都有明确的规定,每个学段都有具体的叙述性语句的要求,包括阅读能力、阅读方法、语感,以及各学段的阅读量、阅读面,到了第三学段明确了默读速度,即默读一般读物每分钟不少于 300 字。

国际学生评价项目(PISA)从提取信息、解释文本、反思与评价三个纬度,把学生的阅读素养分为 5 个等级水平。每一级水平中,都有对某一阅读能力要求的具体阐述。同时对于学生阅读连续文本和非连续文本,PISA 测试中也做了 5 个等级水平的分层阐述。如 5 级水平对儿童阅读连续文本的要求为:能对语言结构并不明晰的文本做出分析,以辨别文本细节部分与其内隐的主题或意图的关系。在 3 级水平中对儿童提取信息的标准是这样描写的:能找到适合多重标准的信息,在某些情形中能辨认信息之间的关系,能处理具有明显竞争性的信息。

我们根据儿童的年龄特点,参考了上述分类中儿童阅读能力的要求,以年级为单位,将儿童阅读水平分为五个级别。每一级别分别从阅读量、阅读速度、阅读技能等五方面制定了具体的要求。

了解儿童的阅读差异是为了更好地指导儿童制定适合自己的阅读目标，找到适合自己的阅读内容与阅读方式。同时，教师可以运用学生之间的阅读能力差异作为课程开发的资源，开展"大手牵小手"的阅读活动等。

三、 儿童阅读能力的性别差异

（一） 儿童阅读能力的性别差异

性别差异是指男女两性在能力、气质、态度、兴趣及行为等方面显示出的差异。[①] 探索儿童阅读能力的性别差异是为了更好地顺应儿童的发展，有的放矢地做好儿童的阅读工作。儿童阅读能力的性别差异主要是指由生理差异、心理差异和社会环境差异而造成的阅读能力的差异。

1. 生理差异的影响

生理差异影响主要是男女遗传染色体、大脑半球偏侧性功能专门化发展导致的差异与性激素对大脑的影响，这是儿童阅读能力性别差异的自然前提与物质基础。生理差异在儿童阅读能力方面主要体现为男孩的空间和数学思维能力强，女孩的阅读和言语能力强。

2. 心理差异的影响

美国对于阅读的性别差异的研究主要集中在心理学层面。心理学家麦克比和杰克琳研究发现，女生的语文学习能力比男生的高一些。20 世纪 20 年代，美国心理学家通过实验证实，在文字表述和短时记忆的学习中，女生比男生更有优势，而男生的能力优势表现在讨论概括能力、观察能力、推论能力和对历史常识的掌握方面。为了验证男女生的阅读能力差异倾向，亚瑟·盖茨（A. I. Gates）在阅读能力的性别比较中利用三个盖茨阅读调查实验，通过阅读速度、阅读词汇和阅读水平比较男女生的阅读能力。洛根（Logan S）和约翰斯顿（Johnston R）则通过阅读能力、阅读频率、阅读态度、阅读信念和学校比较性别之间的差异，他们认为女生在阅读理解、阅读频率和阅读态度

---

① 顾明远.教育大辞典　简编本［M］.上海：上海教育出版社,1999：525.

上优于男生。

3. 社会环境差异影响

社会学习、学校教育和成人榜样，以及电视、电影、广播等多媒体对儿童阅读的影响主要是通过角色的性别与行为方式的影响。如，奥特曼的电视影响男性儿童喜欢模仿格斗与拯救地球的英雄气概，叙事性的小猪佩奇式的家庭伦理故事则受到女性儿童的青睐。

上述差异在日常的生活中潜移默化地影响儿童，男女儿童的角色意识不是一日形成的，儿童阅读能力的性别差异也不是单一因素的作用，而是多因素的综合影响。

（二）顺势而为、辩证施策

男孩和女孩在成长过程中往往面临着不同的成长困境和心灵诉求，对阅读内容、阅读方法的选择也自然不同。一刀切的阅读推荐和阅读活动，会在强行推进的过程中扼杀儿童的天性，磨灭儿童的阅读兴趣与发展激情。如何选择帮助儿童打开阅读之门的第一本书，需要我们充分尊重儿童的阅读天性，尊重儿童的性别差异，顺势而为、辩证施策。一是，尊重差异、顺势而为。市面上有很多符合男孩女孩天性的图书，可是对于阅读困难、缺乏自主选择能力的儿童来说，我们很难在茫茫书海中迅速找到适合他们的书。选择的焦虑与挫败，极易使他们放弃阅读，甚而终身都无法成为精神富有的阅读者。对于这部分儿童，我们首先是承认并尊重儿童的性别差异，通过各种阅读活动、亲子互动和个别化指导，摸清阅读困难儿童的内心需求与起点，帮助他们找到适合其性别发展的第一本书。然后，用心指导他们读好这本书，增强阅读兴趣和成功体验，开启阅读人生第一步。二是，辩证施策、各得其所。对于单向度的性别阅读倾向的儿童，如过度沉迷于挑战格斗的男孩，我们就注意在保留其天性的基础上适度去性别化，引导他们看一些温情的科普、人文读物，转移其兴趣。对某些方面具有发展优势的男孩、女孩，鼓励他们跨界阅读，扬长避短，使优势更优。如从小就对无线电感兴趣的蒙古族小伙子泰米尔是哈工大"龙江二号"微卫星团队相机设计师，所在的团队拍摄的"地月合影"照片，刊登在2019年2月15日《科学》(Science)杂志上，被外媒称为最好的地月合影之一，他以此特别的方式圆了他的航天梦。倘若没有跨界阅读的多学科发展，单一的无线电爱好是无法使他考上哈工大的，也不会有今天的发展。理工男也要看点文学书，使魅力无穷的宇宙太空的遐想点燃创造的热情，使航天路越走越宽广。

综上所述，男孩和女孩虽性别不同，却都具有儿童特质，是和而不同的个体。儿童的性别差异是生理、心理特征与社会文化共同影响的，而社会文化处于不断的变化之中，因此，在阅读教学中针对不同类型的文本采取不同的阅读策略；在跨界阅读中帮助儿童完善人格，引导男孩和女孩阅读异性喜爱的书籍，拓宽阅读的广度与深度，使优势更优。营造全阅读氛围，激发儿童阅读的热情，既是儿童阅读的核心素养培养的关键，又有助于他们打破性别规约，完善健全的人格。

第四节　从思想到课程：用系统课程提升儿童阅读的价值

阅读是儿童在学习、生活中非常重要的认知方式，对于学生各门课程的学习、自身素养的完善、信息的获取、高雅气质的培养、思想认识的提高、内心情感的陶冶和精神生活的丰富均具有积极的作用。倪文锦在《西方国家语文教育发展的三种模式》一文中说："阅读和研究文学作品能使学生开阔眼界，使他们身临其境般地阅历一些地方、人物和事件，增加他们对日常生活的情趣和探索，从而给学生的生活增加一个特别的天地。"

一、价值追求——让阅读成为儿童"带得走"的礼物

教育学者余文森指出："中小学教育是基础教育，其核心任务为学习者的后续发展打基础，为学习者的终身学习做准备，所以学校所教的东西应该让学生'带得走'，应该陪伴学生行走　生。"[1]"带得走"的东西可以使学生终身受益，但并不意味着它会立即生效，它往往要经过漫长的过程才会产生效果，而这种延迟显现的效果却是真正有效的，甚至长效的。

---

[1] 余文森. 核心素养导向的课堂教学[M]. 上海：上海教育出版社，2017：17.

我们觉得,在学习的过程中创设一个整体的氛围,以完整的课程构建,从课堂教学、推广活动、文化渲染等方面引导儿童在学习生活中感受阅读的乐趣、学会阅读的方法、养成阅读的习惯,让阅读去丰富滋养他们的生命正是这样一份"带得走"的礼物。学校教育的价值绝不是给孩子一个背不动的书包,而是赋予一份学生能终身享用的"带得走"的礼物。

关于儿童阅读的探索与实践,我们这样设想:秉承"从学生成长需求出发"的理念,以学校阅读课程建设为实践路径,整体构架课程目标,探索课程推进的策略,从建构学生阅读能力目标和设计编制阅读书目入手,对小学生阅读活动的宣传、推广进行实践与探索,为阅读活动提供各种支持策略,以较为系统的阅读评价催生学校师生亲近阅读、喜欢阅读、习惯阅读的热情,从而让学生享受阅读;积极开发儿童阅读的课程资源,融入学校课程体系,在课程推进的过程中,顺应儿童成长的天性,培养其热爱阅读的情感,培育其会阅读的能力,培植其坚持阅读的品质;用一天又一天的坚守,赠予儿童一份生命中弥足珍贵的、"带得走"的礼物。

二、 价值引领——让儿童位于课程的中央

儿童阅读的实践与探索有赖于整体课程的构建、实践细节的打磨、循环往复的反思和推进,但最重要的是明确我们进行儿童阅读探索的目标,这是我们进行阅读实践与探索的初心。关于儿童阅读,我们追求这样的境界——它是自然自由的,又是自主自觉的。

1. 自然自由的阅读状态

从事阅读推广的教育工作者在实践与理论学习交互的过程之中深深认同阅读对儿童成长的重要性,因而我们会在课程推进的过程中不由自主地"指点""引导",想尽办法让孩子亲近书本,倾尽全力要孩子多读点书,殊不知有时这种过度"指导"也会对孩子们的阅读兴趣形成伤害。我们应该明白,只有孩子本身才是他们阅读的"主人",我们历经思想的启迪萌生的课程是为了引导孩子更好地读,而只有给孩子更多的阅读自由,让他们自由地触摸阅读世界,他们才会在自然的阅读状态中有所得、有所悟,借此慢慢地成长。

同时,我们更应该认识到,阅读是儿童的基本生活方式,但不是至高无上的生活方

式,更不是唯一的生活方式。对于处于探索世界阶段的儿童而言,他们的生活中还有草地上的摸爬滚打,也有丛林里的花鸟虫鱼,更有自然界的音乐之声。因此,我们主张的儿童阅读课程的设置与实践只有超越阅读本位,跳出阅读视域,放眼整个儿童教育的视域,与儿童教育的其他领域有机融合,才能共同促进儿童的成长;也只有阅读自由,才能促成儿童的生长自由。因此,阅读课程实践的真正目的是为了让孩子们自然地享受阅读,而绝不是牵着他们的鼻子在成人的设计中"被阅读"。

2. 自主自觉的阅读习惯

创设静谧的阅读人文环境和心理环境,积极营造宽松自由的阅读氛围,制定可行的阅读标准,研发有效的阅读活动推广路径是我们在研究儿童阅读的前期必不可少的,但上述研究行为的目标是在于引导学生形成"阅读自觉",帮助他们在掌握一定的方法和技能后进入"自主阅读"的状态。自觉是儿童阅读的最高准则和境界,只有自发的阅读,才能让阅读成为一件快乐的事。

自主自觉的阅读行为养成源于课内阅读与课外阅读的结合,源于海量阅读的行为方式的从小做起、从当下做起。阅读需要时间,时间积累到一定程度会发生由量到质的变化,从而使儿童自主阅读的行为方式悄然发生。正如美国当代著名教育家 B.S 布卢姆认为引导儿童养成"自主阅读"习惯从小学二年级就可以开始,他说:"儿童花费在阅读上的时间是达到阅读自觉的关键。儿童每周至少要花 3.5 至 4 个小时的时间来阅读书籍、杂志或报纸。"许多专家也同意布卢姆的看法,他们认为:"能自觉阅读的关键并不在于智商高低,而在于孩子在阅读上所花的时间。"时间的积淀,本质上是一种阅读习惯的养成,他培养了儿童阅读的持久性与毅力。正如叶圣陶老人所言:"少小如天成,习惯成自然。"如果教师能要求一到二年级的孩子每周至少阅读 3.5 至 4 小时,孩子们就能较快地进入"阅读自觉"状态;如果家长在孩子 3 至 4 岁时就有意识地创造阅读机会,那么孩子进入一种自主阅读状态的时间会更早。美国专家的一项调查表明:在小学一年级中能主动阅读的孩子比其他孩子的阅读速度几乎快三倍,文字理解测验的成绩高两倍;在五年级中,能主动阅读的学生阅读速度是其他人的两倍,文字记忆和朗读的准确性,理解能力和词汇量也远远超过同龄人。[①] 阅读兴趣也是培养自

---

① 夏人青. 如何使孩子们的学习成绩不断提高[J]. 外国中小学教育,1987(06):23—24.

自觉阅读的不竭动力。

我们应该抓住小学阶段这一促使儿童养成"阅读自觉"的最佳时期,激发儿童对阅读本身的兴趣,培养学生良好的阅读习惯。一旦孩子的阅读动力来自对阅读本身的兴趣,而非老师、家长的要求和考试的压力,阅读行为将还原为学生生活中的一大需求,学生会千方百计找自己喜爱的书读。只有当阅读行为融入了学生的生活,阅读行为才是有意义的,阅读才能真正成为一种可延续的生命活动。对于教师而言,不管你采用何种办法,只要你努力引导学生进入阅读天地,一本书便会开启一扇智慧之门。

三、 突破价值——让阅读成为学校教育的 DNA

阅读是儿童基本的生活方式,儿童阅读是所有学校的必做题,不是选做题,就如同养育孩子是父母的责任与使命,是不能选择的。如果一所学校没有把阅读当作责任,那是教育道德的缺失。我们并不认同学校以"阅读"为特色这一说法。一旦我们把儿童阅读作为学校的特色来做,在这个功利主义和形式主义泛滥的年代,就很难免俗,一味地焦躁、功利和浮夸,只会让孩子成为"被特色"的"傀儡"。阅读以课程的形式融入学校每一个角落,在其实践、推进、深耕的过程中成为每一位教师的"共识",成为学校发展的 DNA。而只有在各科教师的通力合作,家长的主动参与,各个学科、课程间的资源整合,整体推进中,学生阅读兴趣的提升、良好习惯的养成,才会变成可能。

儿童阅读的研究是一条有趣、有道却又无极之路。之所以乐此不疲,是因为我们心中有一个梦想:如果我们的孩子通过五年的学习养成一个良好的习惯,借由这个习惯助力一生的学习,这将是教育者最大的幸福所在。

/ 第二章 /

阅读构架课程

第一节　校本阅读课程的开发与设计

校本阅读课程开发与设计是以学校为载体进行阅读课程的开放、民主的决策的过程，通过校长、教师队伍、专业人士、专家学者以及学生、家长共同参与阅读课程设计、实践和评价，以激发学生的阅读兴趣，养成学生的阅读习惯，提升学生的阅读能力。它依托学校的实际情况，注重学校中的实践，能够体现出学校的办学特色、办学理念及个性风貌，也能体现出教师的专业发展和学生自身个性、兴趣、特长的培养，是全部教育资源的整合。本章节从课程的开发与设计入手，以管弄新村小学"GL 悦读"校本阅读课程为例，简述校本阅读课程的开发、设计与实践。

一、阅读课程的开发与设计

1. 关于课程开发与设计

课程开发（curriculum development）一词源于卡斯韦尔与坎贝尔，他们在 1935 年出版了《课程开发》一书后，课程开发一词就逐渐在课程领域取代了课程编制（curriculum making）一词，对课程开发的定义往往与课程设计（curriculum design）进行对比理解与结合使用。美国学者舒伯特认为课程开发包括课程设计以及设计的背景，它探讨的是形成、实施、评价和改变课程的方式和方法；而课程设计是指处理课程目标、内容、组织和评价的技术。美国另一位课程学者蔡斯则认为，课程设计通常指课程内容内部各个要素的组织，包括目标、内容、学习活动、评价；课程开发则主要涉及课程编制人员安排以及运作程序。我国学者汪霞同样对课程设计与课程开发做了区分，她指出课程开发决定、改进课程的整个活动和过程，它包括确定课程目标、选择和组织课程内容、实施课程和评价课程等阶段。课程设计指课程的实质性结构、课程基本要素的性质，以及这些要素的组织形式或安排，并绘制了课程设计与课程开发的关系图（如下图所示）。①

---

① 汪霞. 课程设计的几个基本问题[J]. 教育理论与实践，2001(11)：54.

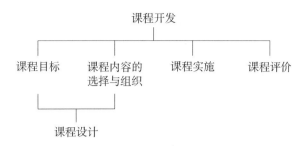

如图所示，"开发"即发展、形成，是一个不断改进的过程，"课程开发"探讨的是决定课程的过程及其所需的各种理论取向，包括形成、实施、评价和改变课程的方式和方法。

2. 阅读课程的开发与设计

阅读课程的开发，要根据学校的校情、生情、师情，通过精心计划的活动，开发出一项阅读课程并将其提供给该校的学生，以此作为阅读教育的方案。它包括阅读课程目标的确定，课程内容的选择与组织，课程的实施与评价等内容。本章节中阅读课程的开发指的是阅读课程的诞生、形成与发展过程，不仅关注课程目标的形成、内容的组织及实施的状况，更要去理解课程开发现象背后的故事。

二、 校本课程开发

校本课程开发这一术语是由菲吕马克(Furumark)等人在 1973 年一次讨论课程的国际性会议上提出的。他们当时把它界定为学校中的教师对课程的计划、设计和实施。那个时候起，人们就校本课程开发的定义纷纷进行了讨论，但是由于各自角度的不同，对其定义也就不一样。1979 年经济合作与发展组织(OECD)对校本课程开发的定义是：学校自发的课程开发过程，过程中需要中央与地方教育当局的权力、责任重新分配。从现有文献来看，从对校本课程开发的理解角度，校本课程开发分为"校本课程的开发"与"校本的课程开发"，前一种即把"校本课程"看作与"国家课程"相对应的课程板块，把校本课程开发活动限定在允许的有限课程范围之内；后一种即学校按照自己的教育哲学思想对学校的部分或者全部课程进行不同程度和层次的开发。

本章节中校本阅读课程开发指的是学校在具体实施国家课程和地方课程两类课

程的前提下，通过对本校学生需求、学校发展需求、教师专业发展需求的综合评估，充分利用当地社区或学校各项资源而开发的可供学生选择的阅读课程，学校教师、校长等内部人员是校本阅读课程开发的主体。本节下文所列举的"GL阅读"课程的开发与设计即属于上述校本课程开发。

三、 校本阅读课程开发需遵循的原则

校本课程的开发既是一种理论导向和实施过程，也随着相关实践和理论的成熟形成了一定的理论体系，在不断充实和完善的过程中，有着自身特有的内涵。因此校本阅读课程的开发必然要涉及学生自身的各种能力和基础，必须要促进学生的发展，其主要原则与学生的个性相关联，考虑学生的个性发展。校本阅读课程的开发离不开教师的参与，因其"小众化"的特点，需要教师在教学常规之外熟悉校本阅读课程，转变教学模式，因此，其主要原则与教师的教学方法相关联。校本阅读课程的开发不是单纯地求新求异求变，而是以学生的发展为目标，这就牵涉到更多的层面，其主要的原则有以下几点：

1. 以学生的需要为基点，促进学生个性化发展

校本阅读课程作为国家课程的有效补充，学校老师必须坚持恰当到位的原则，从学生的差异性和独特性出发，满足学生在学习和阅读上的需要，遵循阅读课程的教学规律。在激发阅读兴趣的基础上，引导学生进行"个性化阅读"，是进行校本阅读课程开发的初衷。

2. 以教师队伍的素质提升和改变教学模式为重点

尝试校本课程开发以后，可以说，教师和学校获得了"赋权"，具有了校本课程开发的一定主动权，原来教师在课程开发中的被动接受逐步得到代替，教师参与到了校本课程开发中间。这就对教师的素质和能力提出了更高的要求，所以教师要培养、形成创新意识，不断提高自身的修养。课程标准指出："语文课程是一门学习语言文字运用的综合性、实践性课程。……工具性与人文性的统一，是语文课程的基本特点。"因此，在校本课程开发中，教师不再仅仅是给予学生知识的传递者，而是成为了学生在阅读课程学习中的促进者和指导者。校本课程开发也要求教师运用新的教学手段和模式，

尝试新的教学方法,最终提高自身的教学水平和研究能力。在阅读教学形式上更应该打破教与学的常规模式,加大对学生自主性学习和阅读体验的要求的力度,通过探究性、探讨式学习,实现阅读教学多样化和个性化。

3. 以适切性和整合性相结合为原则

校本阅读课程的实践重心在学校,因此它的开发与设计应该建立在学校实际情况的基础上,以提升它对于教育对象的适切性;此外,它在实践的过程中能充分体现学校的办学特色、办学理念及个性风貌,也能体现出教师的专业发展和学生自身个性、兴趣、特长的发展,是全部教育资源的整合。因此课程开发的过程,涉及学校教育的方方面面,如对于教师的阅读教学培训、关于阅读教育资源的选用、为保障阅读课程实施的学校组织机构的优化,以及社区参与等其他各种有关的措施,借此整合一切力量推动课程的落地。

四、 管弄新村小学"GL 悦读"校本阅读课程开发与设计

(一) 课程开发的背景

上海市普陀区管弄新村小学创办于 1988 年,学校曾先后培养了包括奥运冠军刘翔、《型秀》冠军乔任梁等在内的一大批优秀学生。随着区域板块的调整,近十年来学校的生源结构发生着变化:来自外地务工人员家庭的学生人数比例大幅上升。由于来自这样文化背景家庭的孩子追求的多是以成绩为导向的、以教科书为主的学习,又加上阅读经验的缺失,这批孩子表现为知识面较为狭隘,学习自信心缺失;而家长的忙于生计、无暇顾及又使得不少孩子的学习问题更为突出。经学校初步统计,全校范围内能每天用固定时间进行阅读的孩子不到 20%。面对这样的受教育者,我们深知肩上的责任重大,原因只有一个:这批文化背景的家庭,历史上可能就没读书的习惯,如果今天的教育者忽略了这一点,来自这些家庭的孩子今后的人生一定与"读书"无缘。而事实证明,缺乏了阅读,孩子的一切成长都会受到一定程度上的影响。

教育对象的变化、教育实践中呈现的问题决定着学校教育发展策略的调整与变化。如何针对现有学生的需求设立相应的课程以激发学生的兴趣、养成良好的读书习惯?如何将学校的五字校风"爱、孝、信、勤、和"落实,将中华民族的优秀文化滋养通过

灵动的文字传送给学生，在提升他们能力的同时养成必备品格，从而使管弄新村小学制定的育人目标"自信笃定"在孩子们身上慢慢扎根，真正促进孩子的发展？"GL 悦读"学校读书课程正是在这样的背景下应运而生的。

（二）课程目标的设定

1. 厘定课程名称："GL 悦读"

"GL 悦读"是学校老师们对这个课程实践的美好愿望，"GL"既是学校"管弄新村小学"名称的缩写，又是两个英语词组"Getting Love"和"Giving Love"的简写。

我们希望孩子们能通过愉悦的读书，从群书中感受到来自社会、历史、家人给予的爱，同时用更多的阅读行动将这种从书本中得到的爱分享给他人。

2. 设定课程目标

阅读科目分学段目标

	低年级	中、高年级
拓宽视野陶冶情操	• 阅读时间一年级每天不少于 15 分钟，二年级每天不少于 20 分钟；阅读总量达到 10 万字左右。 • 涉及以"爱""孝"为主题的学校推荐书目文本作品。 • 涉及儿歌、童谣、短篇童话及其他体裁的绘本或纯文本作品。 • 涉及儿童文学三大母题，涉及世界文学艺术成就。	• 阅读时间每天不少于 30 分钟，三年的课外阅读总量不少于 100 万字。 • 涉及以"信""勤"和为主题的学校推荐书目文本作品。 • 涉及寓言、中长篇童话、神话、历史故事及其他体裁的作品。 • 涉及儿童文学三大母题，了解、尊重世界文学艺术成就。
利用图书馆资源	• 认识图书馆，知道图书馆的位置，知道图书馆内各类资源所摆放的位置。 • 能在他人的帮助下借阅图书，能在阅览时把读过的书放回架上。 • 了解图书馆的各种活动，并尝试参与。 • 了解图书馆的使用规则，遵守借阅规则，会爱护图书馆内的设施。	• 能独立借阅图书。 • 会使用图书馆检索系统查找需要的图书。 • 了解图书馆的功能和服务。 • 学习担任图书馆小义工的职务，了解图书馆内部作业流程。 • 能参与图书馆的各种活动。 • 遵守借阅规则，会爱护图书馆内的设施。
阅读兴趣阅读习惯	• 能够坚持参与课外阅读活动，选读自己喜爱的书，能把自己感兴趣的内容告诉别人。	• 有课外阅读的兴趣，初步养成经常读书看报的习惯，并与同学交流图书、资料。

	低年级	中、高年级
	● 能够专心致志地参与阅读活动。 ● 知道爱护书籍的方法(不折书角、不折页、小心翻书、不撕破、不画记),并尝试指导自己的行为。 ● 知道阅读中用眼卫生的方法(适当的看书距离、适宜的看书光线),并尝试指导自己的行为。	● 能自觉地爱护书籍。 ● 形成阅读中注意用眼卫生的习惯。
阅读方法	● 能进行有声阅读,尝试正确辨读文字,并能够读故事给别人听。 ● 能进行默读,提高阅读速度,边阅读、边思考。 ● 能在阅读中记下不认识、不理解的字词,尝试解决疑问。 ● 能根据事件顺序复述故事的概要。(故事内容的讲法) ● 初步掌握简略阅读的一些方法。(看书名,封面宣传字句,目录猜测内容,跳跃式阅读内容) ● 能在阅读中运用所学的阅读方法理解、感受作品。	● 能用适合自己的方式做读书笔记,收集所需的资料。 ● 遇到不理解的词语或问题,能自觉使用工具书查找答案。 ● 进一步掌握简略阅读的一些方法。(以要点为主的快速读法,正确查出可以成为信息来源的图书,在众多信息中选出正确的信息) ● 能运用分析式的阅读方法解读作品。(区分中心段落与非中心段落,了解全部内容与各章节的关系,关注作家经验使用的语词及其含义) ● 能在阅读中运用推测式的阅读方法加深对作品的认识。 ● 尝试运用批判式的阅读方法客观地评价作品。
思维品质 主体意识	● 在阅读活动中提高观察、比较、联想、想象、发散的能力。 ● 敢于在阅读中质疑问难。 ● 能够交流自己阅读后的感想,并能够倾听别人的发言。	● 在阅读活动中提高联想、想象、推测、发散、批判的能力。 ● 能理解所读内容的要点,有自己的体会。 ● 不迷信书籍,能以批判性思考方式评论所阅读的材料。 ● 乐于做阅读交流,交流中能表达自己的意见和接纳不同的看法。

（三）课程推进的策略

1. 推进策略:"'五字一体化'全员阅读"

"爱、孝、信、勤、和"这五个字是管弄新村小学的校风,历经了三代校长的课程推动,它们已经深入每一位师生的心中,而这五个字包含的元素又正是中华优秀传统文化的精髓。因此，在"GL悦读"课程实施的过程中，学校将"五字"与"阅读"进行了有机整合，以"五字一体化，全员推进"为方法，通过整体构建，全员推进，让管弄的每一位教师都成为阅读导师，让管弄的每一个学生都得以在"阅读"中成长。

课程的具体实施推进策略如图所示：

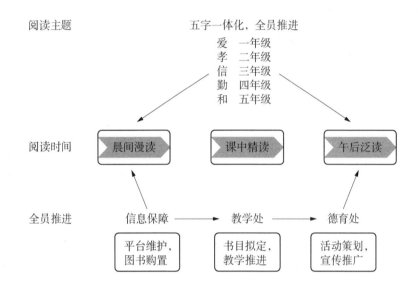

2. 阅读主题："五字一体化"

全校五个年级，分别围绕"爱、孝、信、勤、和"这五个主题，向学生推荐必读书目和选读书目，保障本校学生在五年的就读期间阅览图书的总册数下限为 100 本，鼓励学生能多读多看，在阅读中成长。

3. 阅读时间："每日三读"

科学的时间安排有利于孩子们阅读兴趣和阅读习惯的养成，为了充分运用好孩子在校的闲暇时间，让他们在"劳逸结合"中学会阅读、享受阅读，学校安排了"早、中、晚"三个阅读时间段，以"晨间漫读""课中精读""午后泛读"的形式引导孩子读书，帮助学生学会利用一切"碎片时间"进行阅读，以此养成良好的支配闲暇时间的习惯。

4. 阅读保障：全员推进

在课程实践中，全校各部门精诚合作：由信息保障部负责阅读平台维护、图书购置；教学处负责阅读书目拟定、保障系列活动推进；德育处、大队部负责阅读系列活动

策划、家校合作推进,全面保障课程的顺利推进。三个部门的分工在"GL悦读"课程推进的过程中依托的是"一体两翼":

① 主体——教学处

负责阅读课程目标的设定、阅读书目的拟定,整合阅读教学的推进,营造学校阅读的"大环境"。

② 两翼——德育处、信息保障部

德育处以活动宣传推广、家校合作为切入口,保障课程实施的"软着陆"。信息处开发维护"指尖上的阅读"微信平台,以线上线下的互动,保障学生阅读品质的提升。

信息保障部提供各项物资保障,为阅读课程的实施奠基,保障阅读课程实施的"着陆"。

校本课程开发作为课程开发的一种特殊形式,遵循着课程开发的一般步骤和程序,但是"校本课程本身不存在什么统一固定的模式,因为它本身就是关注和尊重每所学校及其广大师生的差异性和多样性的产物"。所以每一所学校开发校本课程的实践都是一个校本课程开发的独特模式。上文所述的"GL悦读"校本课程的开发呈现的是一种互构共生模式,体现在课程的开发设计、实践推进以及评价结果三个方面,将在下面的章节继续论述。

第二节　阅读书目的推荐与编排

阅读书目的编制与推荐是阅读课程在实践中得以推进的前提,对于小学生阅读书目的编制与推荐,应该遵循一定的原则。

一、 阅读书目推荐与编排的原则

1. "以儿童为主题"原则,专宽兼顾

我们所选择编排为推荐书目的各类图书,最终是由学生来阅读的,而儿童与成人在价值观和人生态度方面存在着许多根本的区别。因此，我们认为在文本的选择上要摈弃成人的视角，遵循儿童本位的原则，即选择体现儿童本位思想的书籍。确立这一原则是因为只有具有"以儿童为主题"思想的书籍作品，才能体现儿童在成长中对生活搏斗的艰难，理解儿童在成长中对现实的适应，洞悉儿童成长的真正意义，被儿童所喜欢和接受，在字里行间鼓励、帮助儿童成长，放飞儿童心灵，成为儿童的知音。这种对儿童本位的尊重和专一，谓之"专"。同时，对于推荐的书目涉猎要广、较为全面，谓之"宽"。我们推荐的作品风格多样，或细致优美，或严谨朴实，或风趣幽默，如《爱心树》优美中透出人性的善良，《我妈妈》简洁、生动而又充满深情……

2. 适切性原则，趣味性和教育性兼顾

适切性原则，即根据小学生的年龄特征、心理发展程度、阅读能力发展快慢和社会化特征，选择适合于不同年龄阶段的小学生阅读的、符合他们发展需求的书籍。儿童阅读的教育作用在于帮助儿童健康成长，使儿童在阅读欣赏文学作品的过程中，潜移默化地受到思想、品德方面的启发和教育，以及情感、情操境界等方面的感染和影响。儿童阅读的娱乐作用又是和教育作用有机结合并统一于作品之中的，并非独立存在。儿童文学读者对象的特殊性决定了它必须具有娱乐性，而且读者的年龄越小，相应的作品的娱乐性越强。因此，富有儿童情趣，也是儿童文学各种文体的普遍要求。书籍的趣味性来自故事的编排、性格鲜明的人物塑造等方面。因此，从趣味性出发选择书籍需要考虑书中描写的故事是否引人入胜，具有跌宕起伏的情节，能对好奇且又追求不平凡事物的学生产生较大的吸引力。此外，书中的主人公是否具有鲜明生动的性格，能给学生带来亲近感；书中的疑问是否能圆满解决从而使学生获得充实感和满足感，这些都是我们在书目推荐时应该考虑到的问题。因此，推荐书目的编制与选择应注重趣味性和教育性的并重。

3. 推荐图书总量下限原则

我们建议阅读推荐书目数量分设在五个年级共 100 册，我们的想法是本校的学生在毕业前能阅读的总量下限为 100 册，当然鼓励学生以此为下限多阅读。为什么以100 本为下限？其原因在于阅读作为一种"技能"，在大致读到 100 册的时候才会发生质的变化。日本学者斋藤孝在他的《阅读的力量》一书中指出：每读完一本书，阅读能力都会有所变化，但从宏观上看，使之发生质变的阅读数量不是 10 册 20 册，而是 100

册。事实上有一种能够成为技能的要点存在,这种要点指的是成为一种习惯,做到了这一点,阅读就成了理所当然的事情,或者说能够达到一种在很少出现失误的情况下既稳定又准确地进行阅读的水准。他认为只要是像样点的书,读完上百册,至少阅读已经成为一种习惯,读书量方面的不稳定因素在阅读的过程中慢慢淡化,无论学生的学业怎样繁忙,读书也不再成为多大的精神负担。此外,从阅读的理解能力上而言,书有没有读过 100 册,同样是学生,差距还是非常明显的。读书量越大,理解能力就会越强,这一点毋庸置疑。而这 100 册书需要在多长时间里读完呢?斋藤孝的观点是 4—5 年。他认为,在阅读训练过程中,在完全忘却、记忆归零之前,必须不断重复和反复练习。如果在一个有相对集中练习的时期,技能就会变得稳定而成熟。本观点被广大日本青年所认同并被作为智力训练项目的方案,那么在科学合理的范围内,我们可以鼓励学生去突破上限。当然,鼓励学生认真、细致地阅读有很多方法,我们会在下面的章节中提及,但有一点是肯定的:腹有诗书气自华。专家指出:读书逾百册的人说话肯定有分量且具说服力。读了那么多书,满腹经纶却不"显山露水",这一点很难。

综上,把握原则进行书目的编制和推荐有利于学生在就学期间养成良好的阅读习惯。

二、 学校阅读书目的设计和推荐

基于上述原则,我们以学校的育人目标和学生阅读技能培养目标作为依据,在广泛阅读大量优秀的儿童文学作品的基础上,围绕一定的核心主题,如上文提到的管弄新村小学五字校风"爱、孝、信、勤、和"这一核心主题,遵循以儿童为主题、适切性等原则,形成了下述学生阅读书目的编制。

管弄新村小学各年级阅读书目推荐		
一年级关于"爱"的必读书目		
1.《我有友情要出租》	方素珍,郝洛玫	中国
2.《一年级的小豌豆》	商晓娜	中国

3.《我妈妈》	安东尼·布朗	英格兰
4.《猜猜我有多爱你》	山姆·麦克布雷尼,安妮塔·婕郎	爱尔兰
5.《狼大叔的红焖鸡》	庆子·凯萨兹	日本
6.《我的野生动物朋友》	蒂皮·德格雷,阿兰·德格雷,茜尔维·罗伯特	法国
7.《小魔怪要上学》	玛丽·阿涅丝·高德哈,大卫·派金斯	法国
8.《一口袋的吻》	安杰拉·迈克奥里斯特,苏·海拉德	英国
9.《大卫上学去》	大卫·香农	美国
10.《动物狂欢节》	马科·希姆萨	奥地利

一年级关于"爱"的选读书目

1.《三毛流浪记》	张乐平	中国
2.《亲爱的笨笨猪》	杨红樱	中国
3.《大个子老鼠小个子猫》	周锐	中国
4.《我是一个可大可小的人》	任溶溶	中国
5.《洋葱头历险记》	贾尼·罗大里	意大利
6.《有些时候,我特别喜欢爸爸》	阿诺·阿梅哈,侯邦	法国
7.《你很特别》	陆可铎,马第尼斯	美国
8.《花田小学的属鼠班1：我们是属鼠班》	朱自强,左伟	中国
9.《君伟上小学：1年级鲜事多》	王淑芬,赖马	中国
10.《追逐色彩的梵高》	基娅拉·罗萨尼,奥塔维亚·摩纳哥	意大利

二年级关于"孝"的必读书目

1.《团圆》	余丽琼,朱成梁	中国
2.《再见了艾玛奶奶》	大塚敦子	日本
3.《先左脚再右脚》	汤米·狄波拉	美国
4.《有一天》	彼得·雷诺兹,艾莉森·麦基	美国
5.《外公》	约翰·伯宁罕	英国
6.《小米的四个家》	殷健灵	中国
7.《过新年》	徐鲁,周东,徐波	中国
8.《第一次上街买东西》	筒井赖子,林明子	日本

| 9.《荷花镇的早市》 | 周翔 | 中国 |
| 10.《体育竞技小百科》 | 周欢 | 中国 |

二年级关于"孝"的选读书目

1.《仰望天空的猫》	曹文轩	中国
2.《再见,钢琴》	曹文轩	中国
3.《当世界年纪还小的时候》	舒比格,贝尔纳	德国
4.《我亲爱的甜橙树》	若泽·毛罗·德瓦斯康塞洛斯	巴西
5.《爱心树》	谢尔·希尔弗斯坦	美国
6.《妈妈的红沙发》	薇拉·威廉斯	美国
7.《有些时候,我特别喜欢爸爸》	阿诺·阿梅哈,侯邦	法国
8.《好新鲜教室》	林哲璋	中国
9.《地球的笔记》	林世仁,唐唐	中国
10.《大自然的心声》	林焕彰,林纯纯	中国

三年级关于"信"的必读书目

1.《花婆婆》	芭芭拉·库尼	美国
2.《三寄小读者》	冰心	中国
3.《淘气包埃米尔》	林格伦	瑞典
4.《要是你给老鼠吃饼干》	劳拉·努梅罗夫,费利西娅·邦德	美国
5.《胆小如鼠的巨人》	安娜格特·富克斯胡贝尔	德国
6.《吹牛大王历险记》	埃·拉斯伯,戈·毕尔格	德国
7.《骑鹅旅行记》	塞尔玛·拉格洛芙	瑞典
8.《和风一起散步》	熊亮	中国
9.《北京的春节》	老舍,于大武	中国
10.《汉字王国》	林西莉	瑞典

三年级关于"信"的选读书目

1.《小飞侠彼得·潘》	杰姆·巴里	英国
2.《爱丽丝漫游奇境》	刘易斯·卡罗尔	英国
3.《上下五千年》	林汉达	中国
4.《月亮宝石》	柯林斯	英国

5.《总有一天会长大》	托摩脱·蒿根	挪威
6.《停电以后》	约翰·罗科	美国
7.《丛林故事》	拉迪亚德·吉卜林	英国
8.《公主的月亮》	詹姆斯·瑟伯	美国
9.《数学诗!》	贝琦·佛朗哥,史蒂文·沙莱诺	美国
10.《两个男孩的完美假日》	马拉·弗雷齐	美国

四年级关于"勤"的必读书目

1.《非常小子马鸣加》	郑春华	中国
2.《苏北少年"堂吉诃德"》	毕飞宇	中国
3.《自在旅行》	松浦弥太郎,若木信吾	日本
4.《草原上的小木屋》	罗兰·英格斯·怀德	美国
5.《假如给我三天光明》	海伦·凯勒	美国
6.《哈利·波特与密室》	J. K. 罗琳	英国
7.《画家,城市和大海》	莫妮卡·菲特,安图妮·波阿提里思克	德国
8.《一辆自行车》	于大武	中国
9.《水与墨的故事》	梁培龙,李青叶	中国
10.《小红豆与街角蛋糕店》	梅思繁	中国

四年级关于"勤"的选读书目

1. "刘墉给孩子的成长书"系列	刘墉	美国
2. "最好的我"系列	刘翔和	中国
3.《警察游戏》	梅子涵	中国
4.《想飞的乔其》	简·兰顿	美国
5.《无字书图书馆》	霍尔迪·塞拉·依·法布拉	西班牙
6.《马列耶夫在学校和家里》	尼古拉·诺索夫	俄罗斯
7.《青鸟》	莫里斯·梅特林克	比利时
8.《细菌世界历险记》	高士其	中国
9.《漫画中国古代科技》	朱抗,洪涛	中国
10.《聂耳传》	冈崎雄儿	日本

五年级关于"和"的必读书目

1.《青铜葵花》	曹文轩	中国

2.《草房子》	曹文轩	中国
3.《男生贾里》	秦文君	中国
4.《小王子》	安东尼·德·圣-埃克苏佩里	法国
5.《苦儿流浪记》	艾·马洛	法国
6.《窗边的小豆豆》	黑柳彻子	日本
7.《铁丝网上的小花》	克里斯托夫·格莱兹,罗伯特·英诺森提	意大利
8.《丽芙卡的信》	凯伦·海瑟	美国
9.《那一年,叶子没有落下来》	葆拉·马斯特罗科拉	意大利
10.《战马》	迈克尔·莫波格	英国

五年级关于"和"的选读书目

1.《乌丢丢的奇遇》	金波	中国
2.《夏洛的网》	E. B. 怀特	美国
3.《金银岛》	斯蒂文森	英国
4.《哈利·波特与阿兹卡班囚徒》	J. K. 罗琳	英国
5.《爱的教育》	亚米契斯	意大利
6.《女儿的故事》	梅子涵	中国
7.《奔跑的女孩》	彭学军	中国
8.《爸爸的故事》	梅思繁	中国
9.《让孩子着迷的77×2个经典科学游戏》	后藤道夫	日本
10.“足球学院绿茵少年小说系列”	汤姆·帕尔默	英国

三、主题阅读相融合

1. 推荐书目和课堂教学的融合

学校推荐的"书目"最后真正变为学生的"读物",还是要依靠教学的融合。如我们在实践中将上述推荐的书目分为必读书目与选读书目两部分。必读书目是指学生在学年内必须完成阅读的书籍,每一个年级每学年十本,上学期五本,下学期五本。每一学年内在课内与课外的联动中,在教师指导下,学生完成阅读。(具体安排如下"管弄新村小学各年段阅读推荐书目与课堂教学整合安排"所示)

选读书目是指推荐学生自由阅读的书籍，每学年十本，按照年级书目全部放置在每个班级的阅读角上，学生也可以凭借学校借书证到图书室借阅，什么时间、读哪一本由学生自由决定，学校不做强制规定。我们还会通过新书推荐的形式，以"线上＋线下"整合的形式通过"阅读排行榜"、阅读微信平台向不同年级的学生推荐各类图书，以调动学生的阅读兴趣。

管弄新村小学各年段阅读推荐书目与课堂教学整合

一年级第一学期阅读安排

综合单元	课文篇目	课中精读	晨间漫读
识字第一单元	识字1　天地人 识字2　金木水火土 识字3　口耳目 识字4　日月水火 识字5　对韵歌	《小魔怪要上学》玛丽·阿涅丝·高德哈,大卫·派金斯(法国)	《三字经》
拼音第二单元	拼音1　a o e 拼音2　i u ü y w 拼音3　b p m f 拼音4　d t n l 拼音5　g k h 拼音6　j q x 拼音7　z c s 拼音8　zh ch sh r	《大卫上学去》大卫·香农(美国)	《三字经》
拼音第三单元	拼音9　ai ei ui 拼音10　ao ou iu 拼音11　ie üe er 拼音12　an en in un ün 拼音13　ang eng ing ong	《有些时候,我特别喜欢爸爸》阿诺·阿梅哈,侯邦(法国)	《三字经》
课文第四单元	课文1　秋天 课文2　小小的船 课文3　江南 课文4　四级	《一年级的小豌豆》商晓娜(中国)	《三字经》
识字第五单元	识字6　画 识字7　大小多少 识字8　小书包 识字9　日月明 识字10　升国旗	《君伟上小学：1年级鲜事多》王淑芬,赖马(中国)	《声律启蒙》

续 表

综合单元	课文篇目	课中精读	晨间漫读
课文第六单元	课文 5　影子 课文 6　比尾巴 课文 7　青蛙写诗 课文 8　雨点儿	《洋葱头历险记》贾尼·罗大里(意大利)	《声律启蒙》
课文第七单元	课文 9　明天要远足 课文 10　大还是小 课文 11　项链	《大个子老鼠小个子猫》周锐(中国)	《声律启蒙》
课文第八单元	课文 12　雪地里的小画家 课文 13　乌鸦喝水 课文 14　小蜗牛	《亲爱的笨笨猪》杨红樱(中国)	《声律启蒙》

一年级第二学期阅读安排

综合单元	课文篇目	课中精读	晨间漫读
识字第一单元	识字 1　春夏秋冬 识字 2　姓氏歌 识字 3　小青蛙 识字 4　猜字谜	《追逐色彩的梵高》基娅拉·罗萨尼,奥塔维亚·摩纳哥(意大利)	《我不想离开你》G. V. 西纳顿(比利时)
课文第二单元	课文 1　吃水不忘挖井人 课文 2　我多想去看看 课文 3　一个接一个 课文 4　四个太阳	《有些时候,我特别喜欢爸爸》阿诺·阿梅哈,侯邦(法国)	《唐诗三百首》
课文第三单元	课文 5　小公鸡和小鸭子 课文 6　树和喜鹊 课文 7　怎么都快乐	《三毛流浪记》张乐平(中国)	《唐诗三百首》
课文第四单元	课文 8　静夜思 课文 9　夜色 课文 10　端午粽 课文 11　彩虹	《你很特别》陆可铎,马第尼斯(美国)	《唐诗三百首》
识字第五单元	识字 5　动物儿歌 识字 6　古对今 识字 7　操场上 识字 8　人之初	《动物狂欢节》马科·希姆萨(奥地利) 《亲爱的笨笨猪》杨红樱(中国)	《弟子规》
课文第六单元	课文 12　古诗二首 课文 13　荷叶圆圆 课文 14　要下雨了	《花田小学的属鼠班1：我们是属鼠班》朱自强,左伟(中国) 《大个子老鼠小个子猫》周锐(中国)	《弟子规》

续 表

综合单元	课文篇目	课中精读	晨间漫读
课文第七单元	课文15 文具的家 课文16 一分钟 课文17 动物王国开大会 课文18 小猴子下山	《君伟上小学：1 年级鲜事多》王淑芬，赖马(中国)	《弟子规》
课文第八单元	课文19 棉花姑娘 课文20 咕咚 课文21 小壁虎借尾巴	《我是一个可大可小的人》任溶溶(中国)	《弟子规》

二年级第一学期阅读安排

综合单元	课文篇目	课中精读	晨间漫读
课文第一单元	课文1 小蝌蚪找妈妈 课文2 我是什么 课文3 植物妈妈有办法	《爱心树》谢尔·希尔弗斯坦(美国)	《弟子规》
识字第二单元	识字1 场景歌 识字2 树之歌 识字3 拍手歌 识字4 田家四季歌	《有一天》彼得·雷诺兹，艾莉森·麦基(美国)	《弟子规》
课文第三单元	课文4 曹冲称象 课文5 玲玲的画 课文6 一封信 课文7 妈妈睡了	《先左脚再右脚》汤米·狄波拉(美国)	《弟子规》
课文第四单元	课文8 古诗二首 课文9 黄山奇石 课文10 日月潭 课文11 葡萄沟	《地球的笔记》林世仁，唐唐(中国)	《弟子规》
课文第五单元	课文12 坐井观天 课文13 寒号鸟 课文14 我要的是葫芦	《妈妈的红沙发》薇拉·威廉斯(美国)	《唐诗》
课文第六单元	课文15 大禹治水 课文16 朱德的扁担 课文17 难忘的泼水节	《荷花镇的早市》周翔(中国)	《唐诗》
课文第七单元	课文18 古诗二首 课文19 雾在哪里 课文20 雪孩子	《再见了艾玛奶奶》大塚敦子(日本)	《唐诗》

综合单元	课文篇目	课中精读	晨间漫读
课文第八单元	课文 21　狐假虎威 课文 22　狐狸分奶酪 课文 23　纸船和风筝 课文 24　风娃娃	《仰望天空的猫》曹文轩(中国)	《唐诗》

二年级第二学期阅读安排

综合单元	课文篇目	课中精读	晨间漫读
课文第一单元	课文 1　古诗二首 课文 2　找春天 课文 3　开满鲜花的小路 课文 4　邓小平爷爷植树	《过新年》徐鲁,周东,徐波(中国)	《弟子规》 《金波四季童话·春天卷·花瓣儿鱼》金波(中国)
课文第二单元	课文 5　雷锋叔叔,你在哪里 课文 6　千人糕 课文 7　一匹出色的马	《我亲爱的甜橙树》若泽·毛罗·德瓦斯康塞洛斯(巴西)	《弟子规》 《神笔马良》洪汛涛(中国)
识字第三单元	识字 1　神州谣 识字 2　传统节日 识字 3　"贝"的故事 识字 4　中国美食	《团圆》余丽琼,朱成梁(中国)	《弟子规》 《二十四节气》刘敬余(中国)
课文第四单元	课文 8　彩色的梦 课文 9　枫树上的喜鹊 课文 10　沙滩上的童话 课文 11　我是一只小虫子	《再见,钢琴》曹文轩(中国)	《弟子规》 《小猪唏哩呼噜》孙幼军(中国)
课文第五单元	课文 12　寓言二则 课文 13　画杨桃 课文 14　小马过河	《当世界年纪还小的时候》舒比格,贝尔纳(德国)	《唐诗》 《骑鹅旅行记》塞尔玛·拉格洛芙(瑞典)
课文第六单元	课文 15　古诗二首 课文 16　雷雨 课文 17　要是你在野外迷了路 课文 18　太空生活趣事多	《大自然的心声》林焕彰,林纯纯(中国)	《唐诗》 《丛林故事》拉迪亚德·吉卜林(英国)
课文第七单元	课文 19　大象的耳朵 课文 20　蜘蛛开店 课文 21　青蛙卖泥塘 渴文 22　小毛虫	《第一次上街买东西》筒井赖子,林明子(日本)	《唐诗》 《想当公鸡的鼠小弟》童丹(中国)

续　表

综合单元	课文篇目	课中精读	晨间漫读
课文第八单元	课文23　祖先的摇篮 课文24　当世界年纪还小的时候 课文25　羿射九日	《体育竞技小百科》周欢（中国）	《唐诗》 《神奇校车·星星诞生记》乔安娜·柯尔，布鲁斯·迪根（美国）

三年级第一学期阅读安排

综合单元	课文篇目	课中精读	晨间漫读
课文第一单元	课文1　大青树下的小学 课文2　花的学校 课文3　不懂就要问	《花婆婆》芭芭拉·库尼（美国）	《弟子规》
课文第二单元	课文4　古诗三首 课文5　铺满金色巴掌的水泥道 课文6　秋天的雨 课文7　听听，秋的声音	《和风一起散步》熊亮（中国）	《弟子规》
课文第三单元	课文8　卖火柴的小女孩 课文9　那一定会更好 课文10　在牛肚子里旅行 课文11　一块奶酪	《骑鹅旅行记》塞尔玛·拉格洛芙（瑞典）	《弟子规》
课文第四单元	课文12　总也倒不了的老屋 课文13　胡萝卜先生的长胡子 课文14　小狗学叫	《爱丽丝漫游奇境》刘易斯·卡罗尔（英国）	《弟子规》
课文第五单元	课文15　搭船的鸟 课文16　金色的草地	《停电以后》约翰·罗科（美国）	《唐诗》
课文第六单元	课文17　古诗三首 课文18　富饶的西沙群岛 课文19　海滨小城 课文20　美丽的小兴安岭	《北京的春节》老舍，于大武（中国）	《唐诗》
课文第七单元	课文21　大自然的声音 课文22　父亲、树林和鸟 课文23　带刺的朋友	《丛林故事》 拉迪亚德·吉卜林（英国）	《唐诗》

续　表

综合单元	课文篇目	课中精读	晨间漫读
课文第八单元	课文 24　司马光 课文 25　掌声 课文 26　灰雀	《两个男孩的完美假日》马拉·弗雷齐(美国)	《唐诗》

三年级第二学期阅读安排

综合单元	课文篇目	课中精读	晨间漫读
课文第一单元	课文 1　古诗三首 课文 2　燕子 课文 3　荷花 课文 4　昆虫备忘录	《要是你给老鼠吃饼干》劳拉·努梅罗夫,费利西娅·邦德(美国)	《弟子规》 《小鹿斑比》费力克斯·萨尔登(奥地利)
课文第二单元	课文 5　守株待兔 课文 6　陶罐和铁罐 课文 7　美丽的鹿角 课文 8　池子与河流	《三寄小读者》冰心(中国) 《淘气包埃米尔》林格伦(瑞典)	《弟子规》 《让太阳长上翅膀》金波(中国)
课文第三单元	课文 9　古诗三首 课文 10　纸的发明 课文 11　赵州桥 课文 12　一幅名扬中外的画	《上下五千年》林汉达(中国) 《吹牛大王历险记》埃·拉斯伯,戈·毕尔格(德国)	《弟子规》 "戴小桥和他的哥们儿"系列　梅子涵(中国)
课文第四单元	课文 13　花钟 课文 14　蜜蜂 课文 15　小虾	《胆小如鼠的巨人》安娜格特·富克斯胡贝尔(德国)	《弟子规》 《列那狐的故事》让娜·勒鲁瓦-阿莱(法国)
课文第五单元	课文 16　小真的长头发 课文 17　我变成了一棵树	《汉字王国》林西莉(中国)	《弟子规》 《宫泽贤治童话》宫泽贤治(日本)
课文第六单元	课文 18　童年的水墨画 课文 19　一只窝囊的大老虎 课文 20　肥皂泡 课文 21　我不能失信	《月亮宝石》柯林斯(英国) 《总有一天会长大》托摩脱·蒿根(挪威)	《弟子规》 《时代广场的蟋蟀》乔治·塞尔登(美国)
课文第七单元	课文 22　我们奇妙的世界 课文 23　海底世界 课文 24　火烧云	《小飞侠彼得·潘》杰姆·巴里(英国)	《唐诗》 《画家,城市和大海》莫妮卡·菲特,安图妮·波阿提里思克(德国)

综合单元	课文篇目	课中精读	晨间漫读
课文第八单元	课文25　慢性子裁缝和急性子顾客 课文26　方帽子店 课文27　漏 课文28　枣核	《公主的月亮》詹姆斯·瑟伯(美国) 《数学诗!》贝琦·佛朗哥，史蒂文·沙莱诺(美国)	《唐诗》 《绿野仙踪》弗兰克·鲍姆(美国)

四年级第一学期阅读安排

综合单元	课文篇目	课中精读	晨间漫读
课文第一单元	课文1　观潮 课文2　走月亮 课文3　现代诗二首 课文4　繁星	《自在旅行》松浦弥太郎，若木信吾(日本)	《论语》
课文第二单元	课文5　一个豆荚里的五粒豆 课文6　蝙蝠和雷达 课文7　呼风唤雨的世纪 课文8　蝴蝶的家	《漫画中国古代科技》朱抗，洪涛(中国) 《细菌世界历险记》高士其(中国)	《论语》
课文第三单元	课文9　古诗三首 课文10　爬山虎的脚 课文11　蟋蟀的住宅	《草原上的小木屋》罗兰·英格斯·怀德(美国)	《论语》
课文第四单元	课文12　盘古开天地 课文13　精卫填海 课文14　普罗米修斯 课文15　女娲补天	《水与墨的故事》梁培龙，李青叶(中国)	《论语》
课文第五单元	课文16　麻雀 课文17　爬天都峰	《画家，城市和大海》莫妮卡·菲特，安图妮·波阿提里思克(德国)	《唐诗》
课文第六单元	课文18　牛和鹅 课文19　一只窝囊的大老虎 课文20　陀螺	《想飞的乔其》简·兰顿(美国)	《唐诗》
课文第七单元	课文21　古诗三首 课文22　为中国之崛起而读书 课文23　梅兰芳蓄须 课文24　延安，我把你追寻	《聂耳传》冈崎雄儿(日本)	《唐诗》

续 表

综合单元	课文篇目	课中精读	晨间漫读
课文第八单元	课文 25 王戎不取道旁李 课文 26 西门豹治邺 课文 27 故事二则	《苏北少年"堂吉诃德"》毕飞宇(中国)	《唐诗》

四年级第二学期阅读安排

综合单元	课文篇目	课中精读	晨间漫读
课文第一单元	课文 1 古诗三首 课文 2 乡下人家 课文 3 天窗 课文 4 三月桃花水	《画家,城市和大海》莫妮卡·菲特,安图妮·波阿提里思克(德国)	《唐诗》 《鸟背上的故乡》胡继芬(中国)
课文第二单元	课文 5 琥珀 课文 6 飞向蓝天的恐龙 课文 7 纳米技术就在我们身边 课文 8 千年梦圆在今朝	《细菌世界历险记》高士其(中国)	《唐诗》 《诺贝尔奖获得者与儿童对话》贝蒂娜·施蒂克尔(德国)
课文第三单元	课文 9 短诗三首 课文 10 绿 课文 11 白桦 课文 12 在天晴了的时候	《警察游戏》梅子涵(中国)	《唐诗》 《风与树的歌》安房直子(日本)
课文第四单元	课文 13 猫 课文 14 母鸡 课文 15 白鹅	《青鸟》莫里斯·梅特林克(比利时)	《唐诗》 《一只狗和他的城市》常新港(中国)
课文第五单元	课文 16 海上日出 课文 17 记金华双龙洞	"最好的我"系列 刘翔和(中国)	《宋词》 《天蓝色的彼岸》希尔(英国)
课文第六单元	课文 18 小英雄雨来 课文 19 我们家的男子汉 课文 20 芦花鞋	《苏北少年"堂吉诃德"》毕飞宇(中国) 《哈利·波特与密室》J. K. 罗琳(英国)	《宋词》 《克雷洛夫寓言全集》克雷洛夫(俄罗斯)
课文第七单元	课文 21 古诗三首 课文 22 文言文二则 课文 23 "诺曼底"号遇难记 课文 24 黄继光	《马列耶夫在学校和家里》尼古拉·诺索夫(俄罗斯)	《宋词》 《相伴一生的伟大传记》凯勒,富兰克林(美国),居里夫人(法国)

续　表

综合单元	课文篇目	课中精读	晨间漫读
课文第八单元	课文 25　宝葫芦的秘密 课文 26　巨人的花园 课文 27　海的女儿	《小红豆与街角蛋糕店》梅思繁(中国)	《宋词》 《蓝鲸的眼睛》冰波(中国)

五年级第一学期阅读安排

综合单元	课文篇目	课中精读	晨间漫读
课文第一单元	课文 1　白鹭 课文 2　落花生 课文 3　桂花雨 课文 4　珍珠鸟	《草房子》曹文轩(中国)	《论语》 《宋词》
课文第二单元	课文 5　搭石 课文 6　将相和 课文 7　什么比猎豹的速度更快 课文 8　冀中的地道战	《战马》迈克尔·莫波格(英国)	《论语》 《宋词》
课文第三单元	课文 9　猎人海力布 课文 10　牛郎织女(一) 课文 11　牛郎织女(二)	《哈利·波特与阿兹卡班囚徒》J. K. 罗琳(英国)	《论语》 《宋词》
课文第四单元	课文 12　古诗三首 课文 13　少年中国说 课文 14　圆明园的毁灭 课文 15　小岛	《铁丝网上的小花》克里斯托夫·格莱兹,罗伯特·英诺森提(意大利)	《论语》 《宋词》
课文第五单元	课文 16　太阳 课文 17　松鼠	《让孩子着迷的 77×2 个经典科学游戏》后藤道夫(日本)	《论语》 《宋词》
课文第六单元	课文 18　慈母情深 课文 19　父爱之舟 课文 20　"精彩极了"和"糟糕透了"	《爸爸的故事》梅思繁(中国)	《论语》 《宋词》
课文第七单元	课文 21　古诗词三首 课文 22　四季之美 课文 23　鸟的天堂 课文 24　月迹	《那一年,叶子没有落下来》葆拉·马斯特罗科拉(意大利)	《论语》 《宋词》
课文第八单元	课文 25　古人谈读书 课文 26　忆读书 课文 27　我的"长生果"	《窗边的小豆豆》黑柳彻子(日本)	《论语》 《宋词》

五年级第二学期阅读安排

综合单元	课文篇目	课中精读	晨间漫读
课文第一单元	课文 1 古诗三首 课文 2 祖父的园子 课文 3 月是故乡明 课文 4 梅花魂	《女儿的故事》梅子涵（中国） 《爱的教育》亚米契斯（意大利）	《宋词》 《呼兰河传》萧红（中国）
课文第二单元	课文 5 草船借箭 课文 6 景阳冈 课文 7 猴王出世 课文 8 红楼春趣	《三国演义》（明）罗贯中（中国）	《宋词》 《西游记》《红楼梦》精彩片段
课文第三单元	课文 9 古诗三首 课文 10 青山处处埋忠骨 课文 11 军神 课文 12 清贫	《丽芙卡的信》凯伦·海瑟（美国）	《宋词》 《呕血》《同情心》方志敏（中国）
课文第四单元	课文 13 人物描写一组 课文 14 刷子李	《青铜葵花》曹文轩（中国）	《宋词》 《感恩生活》冯骥才（中国）
课文第五单元	课文 15 自相矛盾 课文 16 田忌赛马 课文 17 跳水	《奔跑的女孩》彭学军（中国）	《元曲》 《青山不老》梁衡（中国）
课文第六单元	课文 18 威尼斯的小艇 课文 19 牧场之国 课文 20 金字塔	《苦儿流浪记》艾·马洛（法国） 《小王子》安东尼·德·圣-埃克苏佩里（法国）	《元曲》 《桂林山水》王晓东等（中国） 《登泰山记》（清）姚鼐
课文第七单元	课文 21 杨氏之子 课文 22 手指 课文 23 童年的发现	《男生贾里》秦文君（中国） 《爸爸的故事》梅思繁（中国）	《元曲》 纪晓岚趣闻轶事
课文第八单元	综合性学习：难忘小学生活 回忆往事 依依惜别	《夏洛的网》E. B. 怀特（美国）	《元曲》 《为中华之崛起而读书》余心言（中国）

2. 各年段阅读主题的融合

如上文所述，学校五个年级分别围绕"爱、孝、信、勤、和"这五个核心主题，向学生推荐必读书目和选读书目。当然这里所说的各年级分主题推荐指的是相对某一年段的主题凸显，而绝不是完全地割裂。

我们阅读推荐的目的往往是帮助孩子们更好地在阅读中理解"爱、孝、信、勤、和"这五个字的内涵，让它们在孩子的心目中变得更加形象、具体。如在一年级的推荐书目里有《我的野生动物朋友》一书，我们希望通过图本的阅读帮助学生理解主人翁蒂皮和她的野生动物朋友相亲相爱的情感，从而明白"爱"是联系人类和自然动物的纽带。而到五年级的时候，教师会让孩子再看一遍《我的野生动物朋友》一书，这是为了结合语文课本的教学引导进行拓展阅读，我们启发学生在高年级阅读时将关注点从读图移至读文，在字里行间理解本书的主旨——人与自然的和谐相处，从而进一步理解"和"字的内涵。

同样，对于小学二年级的孩子而言，要真正理解"孝"的含义，并不是件易事。而通过《团圆》《爱心树》《妈妈的红沙发》等一系列中外作品的阅读，孩子能很自然地从阅读中感悟"孝"，理解什么样的行为是"孝"，而后再回到生活中以行动学习"孝"，教育效果远胜于说教。三八"女神节"前夕，管弄新村小学的微信平台先是结合"孝"字主题推荐了主题阅读书籍，而后在节日当天给全体学生分发了一份特制的"女神卡"，以下是"女神卡"上的文字：

亲爱的女神：

您每天辛苦操劳，为我和家人付出了很多，我看在眼里，记在心上。家因为您而美丽，您是我们的骄傲！

在这个特别的日子里，为表达我最真挚的感谢和祝福，特为您提供此卡。凭借此卡，您可以享受由我提供的以下服务：

一个拥抱

一个吻

搬东西

拿快递

有感情朗诵诗歌

自由选项：

祝您青春永驻！女神节快乐！

（有效期至：本世纪末）

在之后的日子里，学生或是给予母亲深爱的拥抱，或是为女性长辈做家务、送上关心。（详情见"上海市普陀区管弄新村小学"公众号的《"悦动GL"平台：校园"女神卡"，孩子温馨礼》）

主题阅读书目的融合推荐，带来的是"五字"主题的浸润童心，这是阅读教育的真正意义所在。

第三节　阅读活动的宣传与推广

苏联教育家苏霍姆林斯基曾说过："让学生变聪明的方法，不是补课，不是增加作业量，而是阅读、阅读、再阅读。"让学生进行大量阅读，借助丰富的人类文化精品滋养学生的心灵，充实学生的头脑，无疑是使孩子终身受益的重要措施。

阅读课程的构架基于学生发展的需要，而其推进则是一项需要集学校各部门共同智慧与努力的系统工程。除了在课堂教学中落实外（在下一章节重点论述），丰富多彩的阅读活动宣传与推广是帮助学生在阅读课程中享受阅读、充实头脑的重要载体。在用形式多样的活动推进课程的过程中，需要遵循以下原则。

一、 明晰活动主题

由于年龄段的关系，小学阶段的课程活动设置总是丰富多彩，但对于学生而言，一个阶段中主题明晰的阅读课程活动更有利于他们在某一主题阅读的基础上参与活动、丰富经历、充实头脑从而提升智能。

如每年11月，管弄新村小学都会启动一年一度的阅读节，每年阅读节均有一个鲜明的活动主题，相应的主题阅读课程活动也会在这一年的元旦迎新活动中被推向高潮。

2017年新年，学校阅读节的主题是"暖冬书市，与爱同行"；

2018 年新年,学校阅读节的主题是"百米长卷迎新年";

2019 年新年,学校阅读节的主题是"校园寻秦风,书香话新年"。

每一年的阅读节都是一次阅读综合体验和推广活动,给孩子们和家长都留下了深刻的印象,"百米长卷迎新年"的主题阅读节是其中最为孩子们所追捧的。

绘本故事布上跃　画笔生辉耀明天

提及每年的阅读节活动,孩子们总是欢呼雀跃,因为这是孩子们最喜欢在校园里度过的快乐节日之一。阅读节吉祥物的诞生、暖冬书市的开张、宸宸口袋书屋的成立⋯⋯每一次的阅读节活动都是一次惊喜,一次成长。

我要严苛入选

2018 年伊始,当孩子们得知今年的阅读节闭幕式上可以让他们用手中的画笔将以往阅读的书目中最喜欢的一个故事画出来的时候,孩子们显得异常兴奋。那些平日绘画基础好的孩子们立马开始构思,而那些虽不擅长画画,却也急着想把心中最喜欢的故事分享给大家的孩子们立刻开动脑筋,搬来救兵,和小伙伴组队出击,又或是找家长帮忙出主意。从故事的主题挑选到整图的排版构思,任何一个细节也不放过。经过一个多星期的前期忙活,又通过了学校组委会的严格删选之后,五十幅优选的入围作品小样终于选定。

　　然而要将 A4 大小的 K 画纸画面"搬"到放大几十倍的画布上并不是一件易事,孩子们多次请教有经验的美术老师,上网查找操作方法……小小年纪的他们在一次又一次的困难面前终于寻找到了适合他们的解决方法。瞧,远方,GL 的小画家们左手拎水桶、右手持画笔,正严阵以待。

我是神笔马良

　　操场上一条条白色的画布已整齐地铺在了绿茵茵的操场上,围着画裙的小画家们像模像样地进入了角色。有的三个一组,有的五个一群,各自在自己的阵地里大显身手。"我先勾线条",

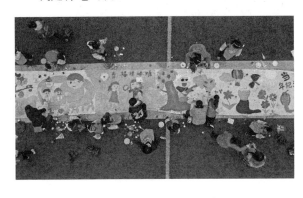

"我去换水","我负责画人物"……孩子们分工明确,配合默契。"你看你的手是彩色的","哈哈哈,你像个大花猫"。阳光下,孩子们用画笔仔细勾勒着故事中的人物,他们边画边分享着画布上的故事情节。几个小时过去了,孩子们的参与热情丝毫没有退减,他们时而蹲着,时而趴着,各种姿势交替。就这样,一笔一笔、一点一点地定线条,上颜料……一个个色彩鲜艳、画面生动的绘本故事已跃然画布之上,远远望去,汇成了一组组有趣的连环画。如果说动画片里的神笔马良用画笔让每

一幅作品都变成了现实,那么此时 GL 的小画家们也用他们的画笔让每一个绘本里的主人公有了生命。

我是 GL 公益员

快乐需要分享,分享后更快乐。活动的尾声,孩子们将百米长卷拼成了"2018"的字样,仰望天空,他们齐声喊出了"2018,我们一起"的活动口号。

"妈妈,妈妈,这就是我画的《幸福棒棒糖》!"参加百米长卷的小画家正自豪地向妈妈介绍着自己的作品。"《仰望天空的猫》,这个绘本我也看过。"清晨来上学的一个孩子似乎在长卷里找到了共同语言。"管弄小学的孩子们画得真好!""好像我们小时候看的连环画。"一个送孩子上学的爸爸边看边自言自语道……

悬挂在学校对面健身步道旁的百米画卷引来了石泉社区过往居民的驻足和称赞。凝结着 GL 全体师生智慧和故事的百米长卷成为了社区的移动阅读书吧,一步一个故事,一个画面一次快乐的阅读!而我们的 GL 学子们放学之后也会义务做一回公益讲解员,把他们喜欢的故事告诉身边的每一个人。

百米长卷的阅读节闭幕式虽暂时告一段落,但同学们的创作热情并未就此停歇。新学期里,美术老师将结合学校的阅读课程,在课堂中与同学们一起探索更多、更新颖的表现

手法,让大家尽情发挥创意。相信会有越来越多的同学迷上绘本创作,更会有精彩的画作源源不断地面世,让我们一起期待 GL 的未来更加精彩!

(案例提供:刘蕾)

正如案例所述,在主题明晰的课程活动中,学生在教师的引导下先是通过自主阅读积累相关知识,再是经由团队合作完成互动任务,最后携手家长共同进行总结反思,相关兴趣和能力均在不断提升。

二、理清活动序列

美国教育家霍勒斯·曼说过:"如果你每天有 15 分钟的时间阅读,一年之后你就会感受到得益匪浅。"让孩子们养成坚持阅读的习惯,除了固定时间和空间的阅读教学外,有序列的阅读课程无疑是很好的载体。为了让阅读课程活动序列化,学校可以从设计伊始就将此作为原则。如 2018 年管弄新村小学的阅读节活动的设计如下:

纵向(年段)序列:

一年级学生:参与"我听妈妈讲故事"亲子阅读故事比赛;

二至五年级学生:参与"GL 好声音"比赛;

全校学生:参与"GL 阅读精灵"的设计评选。

横向系列(时间)序列:

11 月:"一路书香,一路成长"阅读节启动仪式,"GL 阅读精灵"的设计评选;

12 月:"闪亮金钥匙,暖心悦书签"阅读节活动圣诞篇;

1 月:"画笔见功夫,书香迎新年"阅读节活动新年篇;

2 月:"百米长卷亮社区,管小师生喜迎春"阅读节活动新春篇。

（具体阅读活动内容可见管弄新村小学公众号中"乐动 GL"系列）

实践证明，系列活动的宣传和推广，极大程度地激发了学生的阅读兴趣，也受到了学生家长、社区居民的关注和支持。阅读课程活动的序列化本身也向学生证明了"坚持一种行动"能为"养成一个习惯"奠定基础，这是阅读课程活动之于学生而言又一重要的意义所在。

三、丰富活动内容

除了定期的阅读节系列活动外，每年 4 月 23 日，世界读书日的当天，总有著名儿童作家走进校园：辫子姐姐郁雨君，"大头儿子"的母亲郑春华，"课外侦探组"的创始人谢鑫……让这些作家与孩子们亲密接触的"我与作家面对面"活动给予学生与创作者零距离接触的机会。每年六一儿童节，学校举办的"我与童书里的他（她）——亲子cosplay 秀"萤火晚会总能给予学生与书中主人翁"面对面"的机会……近五年的时间里，学校共组织学生参与阅读系列活动近五十场。下文是二年级学生张同学的家长在参加了 2019 年元旦阅读活动"校园寻秦风，书香话新年"之后的感悟。在一次次系列活动中让孩子们感受阅读的快乐与喜悦，深切体会到读书是一件很有趣的事情，是阅读课程设置与推进最大的初衷。

书香"悦"满园，读书伴我行

莎士比亚说，书籍是全世界的营养品。读书，就是在智慧世界里的一次次旅行，在知识海洋里的一次次遨游！

随着"校园寻秦风，书香话新年"活动的开展，"GL 悦读节"也达到了顶峰。校园内满满的"秦"元素，浓浓的节日气氛，趣味横生！让孩子身临其境地感受到"大秦帝国"系列故事书中所描述的各种情景。孩子深深地被吸引着，对历史充满探知欲，对秦朝的历史产生了浓厚的兴趣！

你知道吗？秦始皇称自己是"始皇帝"，是中国历史上第一个"皇帝"，他不仅统一了中国，还统一了文字。秦始皇具有超凡的智慧和才能……那你知道吗？李白的诗歌《古风》第三首是赞扬秦始皇在统一战争中表现出的气魄吗？父子俩讨论着，欢笑着……

书香也从学校"飘"到了我们的家中。在孩子的"阅读区"不仅有许多种类的书籍，还有学校的优秀报刊、科学刊物，这都让他更加喜欢阅读，也养成了良好的阅读习惯，爱惜刊物，整齐排放。在阅读中爸爸与孩子的互动增进了彼此的感情，每天的阅读，成为了他们快乐的"时光"。

是校园的书香活动使他们更喜欢一起研究问题，一起探索。在阅读中孩子获得了美好情感的体验，懂得了许多深刻的道理，学习了博大精深的中华文化。我们一起感受到校园阅读带给孩子的变化与快乐，激发了孩子的求知欲，让孩子爱上了阅读，在阅读中快乐成长。

管弄新村小学　张同学的家长

四、拓展活动成果

阅读课程活动的设置是阅读课程的重要组成部分，而它的成果应该以各种各样的形式固定下来以激发学生更大的阅读兴趣与热情，可以借鉴的做法如下。

（1）主题阅读作业

在主题阅读《我的野生动物朋友》一书时，引导学生进行迎新游园后，老师们结合即将到来的假期为孩子们布置了有意思的寒假作业。

有趣味的作业，有意思的寒假

一年级——主题《我的野生动物朋友》

❀ 语文

（主题）

纸上身边找朋友

（内容）

纸上见"朋友"：利用假期看一本有关动物的绘本故事书，知道自己感兴趣的一些动物的名字。

身边找"朋友"：

1. 和父母去动物园游玩一次，亲眼看看动物们的生活情况。

2. 在喜欢的动物馆前留下足迹，并写一句自己的感想。

3. 搜集电视、广告、书籍里有关爱护动物的标语。

（温馨提示）

1. 身边找"朋友"的三个选项可以选择一项完成，也可以在爸爸妈妈的帮助下选择两到三项完成。

2. "好记性不如烂笔头"，记得随时随地把你的收获用写一写或者画一画的形式记录下来哦。

❀ 数学

（主题）

欢天喜地游"乐园"

(内容)

参观动物园或者阅读一本与动物相关的绘本,对动物们的种类和数量进行观察及了解之后,用画笔将你看到的小动物们描绘出来,并且根据图画编一道与数学学科相关的题目。

(温馨提示)

1. 主题鲜明,图片生动形象,题型可以是计算题、概念题、图形题或是应用题。

2. 纯手工制作为佳。

3. 作业表现形式不限。

❀ 英语

(主题)

神奇动物在哪里

(内容)

制作专属动物单词卡片(至少有四个),扩展各种动物类的单词,理解所学词汇的含义。

(温馨提示)

1. 至少制作四张动物单词卡片,单词可以是课内的,也可以是课外学习的。

2. 单词卡片上要注明这个单词的中文解释,配上相应插图。

3. 单词的积累数量多多益善哦。

❀ 音乐

(主题)

难忘的动物狂欢

（内容）

利用假期去动物园游玩，阅读与动物相关的书籍，了解有哪些"野生动物"，选择自己最喜欢的一种动物进行模仿。

1. 学唱一首描写动物的歌曲。

2. 选择一段描写动物的音乐，按照音乐速度律动来模仿自己喜欢动物的可爱形象。

（温馨提示）

1. 以上的选项可以选择一项完成。

2. 可以用音频或者视频来展示自己的创意作业，开学后晒在班级群内与同学们分享。

✿ 体育

（主题）

"奥运""动物"巧联系

（内容）

现代体育中，有很多项目是受到了动物行为生态的影响而逐一发展到今天的。那么，请你找一找，有哪些奥运会项目是由动物的行为所演变过来的呢？

1. "精彩一刻"：用手机视频将你了解到的与动物有关的体育项目的奥运冠军夺冠瞬间记录下来，可以发在班级群中与同学进行交流。

2. "你找我找大家找"：以图片及简单的文字介绍的形式将运动项目在纸上记录下来。

（温馨提示）

以上两个选项选择一项完成。

❀ 美术

（主题）

动物朋友写真集

（内容）

每一个动物朋友的外形都各具特色，你能够利用寒假，在你的身边发现各种各样的动物朋友，并用你的画笔把他们的身影描绘下来吗？

1. 在身边寻找观察动物，可以在小区里寻找，也可以利用寒假机会，到动物园或者乡村，观察该地有哪些动物，并用草图或者照片的形式将动物外形进行记录。

2. 通过网络或者图书查阅资料，了解该动物的造型、颜色及生活习性等特点，并将资料进行记录汇总。

3. 用绘画的方式，将动物外形描绘出来，并与查找到的文字资料进行整合。每人绘制一张动物朋友写真。

4. 将一个班级所有的动物朋友写真进行整理编辑及装订，制作一本具有班级特色的《动物朋友写真集》。

（温馨提示）

1. 如果需要去动物园，请一定在家长陪同下前往。

2. 不要为了寻找动物朋友而去危险的地方，如河边、树林等。

3. 动物朋友不一定都是好脾气，请你保持一定距离进行观察拍照即可，千万不要用手去摸。

❀ 自然

（主题）

我和动物交朋友

（内容）

相比野生动物，一些家养动物与人类的关系更加密切。过了春节，就进入了我国农历的狗年。

1. 如果你家养狗，就跟着爸爸妈妈学会照顾家里的狗狗。

2. 如果你家不养狗，请和爸爸妈妈一起讨论或查找资料（书籍、上网……），了解一些你不知道的关于狗的生活习性。

（温馨提示）

1. 两项内容任选一项完成。

2. 两项内容都请用照片形式记录下来。

不拘一格的作业带来的一定是学生的二次阅读和拓展阅读，而开学后的微信作业秀又为学生增添了挑战高难度系数作业的底气和勇气。以长作业的形式巩固学生参与阅读课程的成果，进一步激发他们阅读的兴趣是实践有效的方法。

（2）口袋书读本

在参与阅读的过程中，有许多孩子不为人知的天赋不断显现，一年级的小李同学就结合自己的绘画特长，绘制了一本口袋书，书名为《小李哥 GL 入学记》。为了鼓励和小李一样的同学，学校为他专门印制"出版"了这本图画书，并在一个春光明媚的中午在校园门厅为他举行了一个"作者签名赠书会"，像明星一样被同学们追捧的小李哥自然很高兴，被激励的还有更多参与赠书的孩子们，学校 GL 阅读的一大特色，就是让更多的学生都拿起笔，汇编各自眼中的童年故事，而在这样的积极鼓励下，一批批小作家将会在阅读课程的温床中萌芽、成长。

第四节　阅读评价的整合与推进

有效的阅读评价是激发学生阅读兴趣，帮助学生养成良好阅读习惯的助推器，在一定的原则前提下，丰富评价的形式、完善评价的内容，能让阅读评价本身成为学习过程的一部分。

一、 阅读评价的原则

1. 阅读评价是"教、学、读、评"的交融

要建立以评价学生阅读素养为重点,基于课程标准,体现阅读课程目标和评价目标一致性的目标体系。在阅读课程推进的过程中,让评价镶嵌在学生的阅读活动参与、阅读课堂学习中。在阅读评价过程中体现出"教、学、读、评"的交融,使评价引导和推动学生阅读兴趣及习惯的养成,实现"评价亦是学习过程",通过过程性的评价来保障阅读质量。

2. 阅读评价要注重"新""旧"结合

构建学生阅读评价体系,并不意味着绝对地"摒弃旧的评价,只用新的评价",因为传统的评价办法,仍然有助于我们提高评价质量,我们应学会"取其精华""新旧结合"、不断反思。我们的做法是:鼓励教师通过一段时间的尝试后,不断地对现有阅读评价方式的有效性进行反思,在实践的同时完善评价方案,提高评价效果。从内容上看,新的评价标准更加全面,更加符合学生的年龄特征。从途径上,新的评价标准由单一的由教师来评价学生,变为让学生也参与到评价中去,让学生根据标准来客观地进行互评。

3. 评价要注重"上下互动"

要想以评价推动阅读,就必须在评价过程中实现"上下互动"——得到多元的支持和配合,不仅要充分调动教师的积极性,更要让学生及家长参与到评价的过程中去。为了达成"上下互动"的目标,我们的主张如下:一是要尊重学生,建立平等的师生关系,让学生学会评价,同时畅通渠道,让评价与阅读过程紧密结合;二是要协同家长,不断倾听家长的意见,充分利用家校合作的教育资源;三是借用学校的信息平台,以线上和线下互动的方式,落实评价。

二、 阅读评价推进的策略

学习离不开评价,布卢姆认为:"如果教育的作用是使学习者发生变化,那么人们

必须确定哪些变化是可能的,哪些变化是令人满意的。教师与学生的每一种相互作用都是建立在师生双方对于某些变化的可能性与合意性的某些隐含的信念基础之上的。"①因此,学生阅读能力的形成应该建立在多元互动的评价上。

1. 童趣化的阅读评价记录过程

结合等第制评价全面记录　结合当下上海市小学实行的基于课程标准的"等第制"评价,我们以课程标准为基本依据,从阅读兴趣、阅读习惯和阅读成果三个维度展开。学校每位语文教师依据课程标准要求和学生年龄特征,合理设计评价目标、评价内容与评价方式,在日常教学中关注每一位学生,在一个学期中分时间段对班中的每位学生有序地进行观察。通过观察学生阅读活动、完成口头及书面作业等方面的表现,评价学生的阅读兴趣、阅读习惯和阅读成果等,如实反映学生在参与课程学习过程中的情况,以及学生的个性化阅读发展情况。如图书馆阅览这一项,每个学生在一个学期当中最多可以争到四枚"乐读"章,争到的章我们是以"DoDo 券"②的形式发放的,等到一个学期结束以后,学生可以凭得到的"DoDo 券"的积分到大队部的"DoDo 银行超市"里面去换取相应的精神和物质奖励。又如,一些学生阅读量不大,但在阅读理解、语言积累等方面有擅长,而在过程性评价中,更容易发现学生在某一学科中的长处和不足,这远非一个冷冰冰的分数所能涵盖的。

值得一提的是,这些评价贯穿于日常学习过程,伴随每一堂阅读课、每一次阅读活动。通过分项、等第评价来评判学生阅读兴趣是不是浓厚,阅读习惯是不是良好,帮助老师和家长清晰地看到孩子在阅读方面的长处、潜能和不足,更有针对性。同时,教师也明确评价形式的改变不是对学生进行评定或比较,而在于发现学生在目标达成过程中的差距,进而调整阅读教学方案或向学生提供反馈信息,督促学生良好阅读习惯的养成。

以童趣化的阅读评价激发兴趣　如上文所提及的"DoDo 券",学校德育处以学生评选出的校园吉祥物海豚 DoDo 为卡通形象设计"DoDo 券",鼓励学生在各类课程学习的过程中获得相应的"DoDo 券"。学校的每个孩子身边都有一本"DoDo 银行存折",

① (美)B. S. 布卢姆等. 教育评价[M]. 上海：华东师范大学出版社,1987：6.
② 作者注："DoDo"是管弄新村小学吉祥物的小名。

在这本存折里有着孩子们在学校各类课程包括阅读课程中所获得的各项评价贴纸。当孩子们积存到一定数量之后,便可在每周五快乐活动日的时间到学校的"DoDo银行超市"中换取各种相应奖品,当然也可以将评价贴纸兑换成积分,根据一定的存期获得"银行利息"以获取更丰富的物质或是精神类的奖励:换取更多的书籍和家人一起分享,当一次光荣的升旗手,和最喜爱的老师共进午餐,在屋顶花园认领一棵自己喜爱的植物,当一天的校长助理……因此,每周五的下午便是孩子们最为激动和开心的时刻!这样的兑换形式不仅是对孩子们在学业及阅读水平上的一种肯定,更是对他们从小进行财商的培养,亦是学校基于学生童趣化评价方式研发的尝试,从很大程度上激发了学生的阅读兴趣。

2. 综合性主题阅读评价提升热情

为了结合传统的评价形式更好地以评价激发兴趣,在连续几年的时间里,学校在一、二年级的学生学业评价中均以主题式阅读后的综合评价的形式代替传统的纸笔测试。

2015年末,学校分别以《我的野生动物朋友》《团圆》两本书籍的主题阅读为线索推进一、二年级的学生的综合评价。通过评价前的亲子阅读准备(鼓励学生与家长共同阅读、作业准备),评价中的游园闯关(精心设计,将语文、数学等七门学科的综合评价汇集在与两本书籍内容相关的游园游戏中,寓教于乐),评价后的后续鼓励(结合过程性评价评选出各学科达人,以又一本相关书籍为奖励),激发学生的阅读兴趣与热情……

2018年末,学校又结合阅读节,向一、二年级学生推荐阅读了《大秦帝国》和《秦朝一统》两本书,帮助学生了解秦文化,走进秦文化。每天中午,同学们就着午餐聆听"秦故事";每天的语文课、阅读拓展课上,老师们结合课文,和同学们走进秦文化。"寻秦季"的高潮在年末最后一天上午上演,当天上午同学们身着各色古风服装走进期待已久的秦文化主题阅读评价游园会,在娱乐中进行学科统整的学习,参与本学期的"主题阅读评价"。"稚子曰秦语"——在成语故事中学习秦典故;"灯火聚秦园"——在灯谜游园会中了解秦风俗;"孔方识大秦"——在货币游戏中了解货币演化历史学习数学;"GL现秦景"——带起3D VR眼镜参观"秦皇宫";"翰墨展秦风"——执笔写小篆走近秦文字;"秦舞鼓乐坊"——跟着视频起舞击鼓了解秦风音乐;"妙笔绘秦服"——从服饰色彩入手了解历史背后的故事；"砖瓦皆有秦"——动手搭建长城、阿房宫等建模，知晓秦建筑风格；"秦俑牵古情"——以 PAD 玩数字连连看了解秦军事；"大秦竞技场"——玩一玩投壶的游戏同享秦娱乐。满满的秦元素，浓浓的节日气氛，阅读主题评价活动因为各科教师们的精心准备而妙趣横生。孩子们穿着秦服读典故、习风俗、书文字、赏秦景、舞秦韵，换的一枚枚"DoDo 券"是对自己参与阅读主题活动最大的犒劳。

"主题阅读评价"在实践与推进中根据学生的需求不断更迭，而在这种具有创新性的学科考查活动中，孩子的学习兴趣和潜能被激发，教师对学生的学习状况也将会拥有更加全面、客观的评价，有效促进了学生的主动学习。

3. 信息化阅读评价整合效能

诗人惠特尼曾说过："如果你没有经历那个混沌、彷徨的阶段，也许你永远都不会在生活中灵活地、真正地改变你的一些观点"①在学生综合素质评价的研究和实际操作中我们总会遇到困惑与问题，关键是我们要力求避免为了最终改进评价体系而失去在这个评价体系中的主体——学生。在互联网日益融入学生学习生活的今天，我们越来越深切地感受到将信息技术手段融入教学的各项流程对学习效果提升的极大益处，为了更好地关注到学生的成长，依托"互联网＋"的背景，借助信息化手段开发评价工具必不可少，"GL 悦读"微信平台即信息化评价工具中的一项。

为了加大信息技术对学校阅读课程的支撑力度，学校基于微信服务平台开发了"指尖上的阅读"平台，借此平台达成四个目的。一是进行"指尖上的阅读"推荐，通过微信平台，进行自上而下的阅读推荐，并将学生阅读的数据和下一轮"GL 悦读"推荐书籍的调整挂钩，以此提升学生参与、选择阅读的兴趣。二是推进"指尖上的阅读"分享，鼓励教师、家长、学生共同参与阅读分享，从时间和空间两个维度保障三方共同的互动交流，激发学生与家长自主阅读的热情。三是试行"指尖上的阅读"指导，通过阅读方法指导微课的制作、上传，引导学生通过点击微课预习阅读方法，实现阅读方法指导

---

① 《现代学校管理评价指南》编委会. 现代学校管理评价指南　第 3 卷［M］. 北京：中国科技文化出版社，2005：1038.

"线上＋线下"的整合,促进学生阅读能力的提升。四是进行"指尖上的阅读"评价,借由该信息平台,将学生、任课教师、家长等角色进行一一对应:学生在微信平台上发表的书评,同时可以接受他的家长、同学、任课教师的阅读与评价,评价结果与学生"DoDo 银行"的积分挂钩。这样的评价很大程度上激发了学生的阅读兴趣,也为其良好阅读习惯的培养奠定了基础,受到学生与家长的欢迎。综上所述,该数据库的构建,为信息化推进学生的学业评价奠定了基础。

第五节 从课程到课堂: 让孩子在阅读课程中提升能力

本章节是笔者在实践研究的基础上,对学校阅读课程的设计开发和推进实践进行的探索。笔者在实践中发现,要想真正提升学生的阅读能力和语文素养,单靠语文教材中的几十篇课文的教学是不够的,还要依靠学校整体阅读课程的设置与配合。校本阅读课程的开发、设计必须以学生发展为基础,基于以儿童为本的理念,依托明确的课程目标,在教育教学活动中全面推进。阅读课程的落地与推进除了以大量阅读推广活动为载体外,最重要的途径是阅读课堂教学。在将阅读课程落实到课堂的过程中应关注这样几个要素,方能帮助学生在阅读的过程中有所得。

一、 关注课程开发的系统性,根据实践反思调整

校本阅读课程是否符合学生的发展需求是其价值所在,因此结合实践探索的反思与调整显得尤为重要。结合本章节中管弄新村小学的"GL 悦读课程"实践,我们觉得课程实践中需关注以下四个要点。一是阅读主体的自主性。学生是学习和发展的主体,充分给予学生自主实践的机会是使阅读成为学生个性化行为、提升学生读书兴趣和阅读能力的首要保证。二是阅读过程的开放性。课堂中学生的个性化阅读过程呈现出开放性的特点,它必然会打破传统阅读教学封闭、僵化、划一的模式。三是阅读指导的体验性。阅读活动本质上就是学生主体体验、生命成长的过程。我们在实践中鼓

励教师的读书指导要注重让学生在体验中感悟、在体验中创造、在体验中提高语文素养，以主体体验活动建构文本的意义，促进学生对自我的全新建构。四是阅读结果的差异性。阅读是学生个性化的行为，对于同样的文本，学生的反应往往表现出个性的差异。要充分尊重学生阅读过程中的独特体验和理解，把学生的阅读差异视为教学资源加以开发和利用。上述目标与特征的明确与关注是阅读课程在实践中得以不断推进与开发的依据。

二、 关注教师的阅读素养，提升教师对课程的理解力

提高教师的阅读素养在课程转化为课堂的过程中至关重要。俄国教育学家乌申斯基曾说："在教育中，一切都应以教育者的人格为基础，因为只有人格才能影响人格，只有人格才能形成人格。"作为阅读教师，在日常与学生的接触中，自己的人格会直观地影响到学生的人格。教师在阅读中要注重学生情感、态度、价值观的培养，要引导孩子们在领略作品的过程中潜移默化地将正确的价值观和情感融汇在心中，形成自己的情感体验，从中获得对自然、社会、生活的启示，因此教师必须先要有自己的价值观。

此外，教师对孩子阅读的理解、习惯、技巧等，具有干预和引导作用，而在教学的过程中要激发学生对阅读的兴趣，使学生养成良好的阅读习惯，不是老师简单地向学生推荐几本图书就能够实现的：试想一个自己不读书的教师，想要点燃学生的读书热情，无异于"缘木求鱼""登山采珠"。只有老师自己把书读透了，才能知道这本书的关键点是什么，进而组织合适且有价值的教学内容融入教学设计并激发学生去探索，引导学生在课堂内外发现阅读的乐趣。"教师自己不能认识、理解和挖掘、揭示知识背后的道德意蕴、美学价值，学生当然也无从被激起求知欲、道德感和美感。"[1]现实教学中很多老师工作若干年后都有职业倦怠感，把语文教学当成年复一年的重复性工作，逐渐失去了通过阅读来发展和提升自我的动力。而通过阅读教学则可以倒逼老师去读书，老师自己读书的过程也是不断学习、不断历练的过程，在这个学习和历练的

---

[1] 朱小蔓.关于教师创造性的再认识[J]. 中国教育学刊,2001(03)：60.

过程中自身的专业能力也会得到一定程度的提高，从而迎来职业发展的另一个"春天"。

　　阅读课程的专项培训也是提升教师课程理解力的重要元素。每一位教师是阅读课程从设计到落地的真正实践者，只有加深教师对具体的课程目标、课程内容、评价方式的认同和理解，他们才能立足课堂对学生进行指导，才能根据学生的基础运用教育智慧创造性地设计教学，从而激发孩子发现阅读的魅力所在，在帮助孩子走进阅读的同时，掌握正确的阅读方法、养成良好的阅读习惯、提高阅读的能力。我们希望，在这个过程中，每一位教师能因为带着思考的教学实践，从一位阅读课程的实施者走向阅读课程的开发者和领导者。

三、　关注课堂教学的灵动，提高课堂形式的多元化

　　首先，阅读教学的课堂不同于课本教学的语文课，它突破了选材组材、文章脉络、遣词造句的束缚，它是自由的，甚至是天马行空的。阅读教学的课堂是一个积累方法的课堂，它教给学生阅读的方法，又不限制学生一定要用哪一种方法来阅读，鼓励学生积累方法、根据需要选用，目的是能更好地和书本对话，并把自己感悟到的东西与同伴分享。阅读教学的课堂是自由讨论的课堂，是一个引发学生思考的课堂，在课堂中，师生是平等的，是对话式的交流；因为每个阅读者都是独一无二的"哈姆雷特"，他们对阅读文本的解读是个性化和多元化的解读。

　　此外，阅读课程的设置必须规范，符合学生发展的需求，匹配学校育人目标的落实，但阅读课堂形式应该是多元化的。除了传统的课堂教学外，互联网教育的发展，使移动在线教育平台走进课堂。在线的数字化阅读可实现批注添加、阅读报告生成等功能，还可将读书笔记、音频分享出来，课堂上学生可对分享展开交流，教师可通过数据报告掌握学生阅读的信息，针对性地进行教学指导，这些都为阅读课堂教学的变革与推进提供了无限可能。

　　获得美国哥伦比亚大学口述历史硕士学位的范海涛写的一篇题为《美国小学生究竟读了多少书？——重视阅读和写作的美国教育》的文章引起了许多阅读教育者的关注。范海涛作为一名中国留学生，对中美两国学生阅读状况做了一番调查，他在文章

中指出,阅读和写作贯穿着美国的整个教育的课程体系,使得学生习惯在读的同时带着思考,进行思考之后再写作。而美国中小学教师则在日常的教学中将这一理念与教学内容进行了紧密的整合。① 我想,这是如何将课程理念和内容融汇于课堂,让孩子在阅读中提升能力的最好诠释,值得我们思考与借鉴。

① 聂震宇.阅读力[M].北京：生活·读书·新知三联书店,2017：155—156.

/ 第三章 /

阅读融于课堂

第一节　开放阅读学习过程

儿童阅读课程的实践与探索，是基于现代教育对学生发展的关注，也是以课堂教学为突破口全面推进素质教育的需要。学生阅读兴趣的提升、阅读能力的养成必须有一个民主、和谐的学习氛围做支撑。加涅认为，儿童成长过程中有许多不同的"变量"，其中有一个"变量"即"支持变量"，它包括班级学校的文化氛围、家庭的环境、教师的教学引导等。[①] 这些都是"学习的条件"，它有利于学生形成正确的学习态度，从而迅速投入到阅读活动中去。

为了使教师明确培养目标，开放教学思维，让阅读教学在实践中有序、有新意地开展，我们尝试在阅读课堂的教学实践中，从设定旨在起到导向作用的小学各年级学生阅读能力目标入手，帮助教师在教学前有依据地确定各年级教学目标，教学重、难点；在有序的同时求新，即以教学过程的"开放"为途径，为学生营造一个轻松、自如的阅读的氛围，促进学生愉快、有效地阅读。

一、设定阅读能力目标

阅读能力目标的设定是为了避免阅读教学过程中由于教师对不同年级学生所要达成的阅读能力目标不清晰、不明确而造成年段阅读教学错位，导致同样的一份教学设计在任何年段都可以使用的现象。阅读能力的序列目标的梳理应该以发展学生的阅读兴趣，培养学生的阅读习惯为前提，依据中小学语文课程标准，更要遵循本校学生的学习能力基础。

我们根据儿童的年龄特点，以管弄新村小学学情分析为基础，以本书第一章中儿童阅读能力的要求为参考，以年级为单位，将儿童阅读水平分为五个级别。每一级别分别从"阅读量""阅读速度""阅读技能"等方面制定了具体的要求。

---

① 加涅.教学设计原理[M].皮连生，等，译.上海：华东师范大学出版社，1999：355—357.

阅读水平分级表

年级	阅读主题	阅读能力目标(阅读速度、阅读量、阅读能力)
一年级	图画书系列	**阅读速度:**每分钟阅读速度为40—60个字,阅读(亲子阅读)时间每天不少于15分钟。 **阅读量:**学校推荐书目20本(上、下学期总计),自主选择3—5本喜爱的书籍,阅读总量不少于4万字。 **阅读能力:** 1. 喜欢阅读,感受阅读的乐趣,能阅读浅近的童话、寓言等故事,养成认真阅读的习惯。 2. 能借助已认识的汉字对作品进行朗读,做到不加字、不漏字、声音响亮、有感情。(朗读法) 3. 能借助读物中的图画阅读;在阅读的同时展开想象,获得初步的情感体验,感受语言的优美。(想象法) 4. 能读懂故事内容和配图之间的关联,对读物中感兴趣的内容有自己的感受和想法,乐于与他人交流,能用1—2句话简单描述阅读后的感受。(图文对照法) 5. 在老师的带领下,学会到学校图书馆借阅书籍,并掌握正确的借书、还书方法。
二年级	图画书系列	**阅读速度:**每分钟阅读速度为60—120个字,阅读(亲子阅读)时间每天不少于20分钟。 **阅读量:**学校推荐书目20本(上、下学期总计),自主选择5—10本喜爱的书籍,阅读总量不少于6万字。 **阅读能力:** 1. 能阅读浅近的童话、寓言等故事,养成仔细、认真阅读的习惯。 2. 初步学会按要求用不同的符号圈画词语和句子,摘录精彩的语句的方法。(批注法) 3. 在阅读中学会边读边思考,提出自己的疑问并解决。(质疑法) 4. 能根据故事内容进行续编或创作,根据故事配连环画,制作读书卡。(想象法、图文对照法) 5. 学会主动到学校图书馆借阅书籍,并掌握正确的借书、还书方法。
三年级	文字书系列	**阅读速度:**每分钟阅读速度为120—150个字,阅读(鼓励个人阅读)时间每天不少于25分钟。 **阅读量:**学校推荐书目20本(上、下学期总计),自主选择5—10本喜爱的书籍,阅读总量不少于10万字。 **阅读能力:** 1. 能选读自己喜爱的书,经常阅读寓言、童话、叙事类作品、科普作品等。 2. 继续学习按要求用不同的符号圈画词语和句子,摘录精彩的语句的方法。(批注法) 3. 在阅读中主动提出问题,思考问题,积极参与讨论问题的解决。(质疑法) 4. 能通过各种渠道收集与内容相关的资料以辅助阅读。(资料法) 5. 主动到学校图书馆借阅书籍,并能做阅读摘要,根据阅读内容写出自己的体会,要求语言表达连贯通畅,不写错别字。

年级	阅读主题	阅读能力目标(阅读速度、阅读量、阅读能力)
四年级	文字书系列	**阅读速度：**每分钟阅读速度为 150—200 个字,阅读时间每天不少于 30 分钟。 **阅读量：**学校推荐书目 20 本(上、下学期总计),自主选择 10—20 本喜爱的书籍,阅读总量不少于 20 万字。 **阅读能力：** 1. 有课外阅读的兴趣和习惯,能运用各种方法进行阅读,主动阅读报纸、杂志和儿童读物等文字书系列读物。 2. 能在阅读的同时做摘要,对阅读内容进行简要的概括;能根据阅读内容以日记、读后感等形式写自己的体会。 3. 能根据阅读时收集的资料和信息进行处理,在阅读分享、阅读作文撰写时加以运用。(资料收集法) 4. 主动地到学校、社会图书馆借阅书籍,根据自己的兴趣和需要购买书籍,养成运用工具书的习惯。
五年级	文字书系列	**阅读速度：**每分钟阅读速度为 200—250 个字,阅读时间每天不少于 40 分钟。 **阅读量：**学校推荐书目 20 本(上、下学期总计),自主选择 10—20 本喜爱的书籍,阅读总量不少于 30 万字。 **阅读能力：** 1. 能运用各种阅读方法阅读童话、寓言、小剧本等叙事类作品,养成自觉阅读的习惯。 2. 能在阅读中学会边读边思考,提出自己的疑问并解决;能根据故事内容进行续编或创作,根据故事配连环画,制作读书卡;能用各种复述法(详细复述、简要复述、想象复述)理解作品内容并向他人转述。 3. 掌握记人、记事等文体的写作方法,结合阅读中的体会,进行简单的作品创作。 4. 能用积累的信息与伙伴(家长)合作,围绕课内外(校内外)学习感兴趣的主题,尝试撰写以读后感为基础的微型研究小论文。 5. 能熟练使用各类工具书及电脑技术为阅读服务,通过各种方式将上述感受集成成果与人分享。

　　上述阅读能力目标的制定是为了帮助教师在教学过程中更好地指导儿童制定适合自己的阅读目标,找到适合自己的阅读内容与阅读方式。如上表所示,在低年级的阅读中,我们在目标设计中以培养孩子的认读能力、理解能力为主;而到了中、高年级则以在阅读中培养孩子的思维能力、鉴赏能力、迁移能力为重。

　　目标的制定是为了阅读教学的"有序规范",儿童是否能在课堂中享受阅读的"自由快乐"则需要教师基于目标,创造性地进行教学过程与内容的开放。

二、 开放教学过程

关于教学过程,我们从空间和时间这两个不同的角度加以理解。从横向(空间)看,由教师、学生和教材三者构成一个系统。从纵向(时间)看,"制定教学目标—采用教学手段—评价教学结果"是一个过程。我们在看待教师、教材、学生三者的关系时,强调以学生为主体,把发挥学生的主体性和主动性作为施教的前提,同时关注教学过程中教师的指导作用;在实践操作中,则重点从纵向,即"教学内容—教学过程—课后作业—教学评价"等诸多教学环节入手,营造开放、轻松的学习氛围,旨在为每一个学生找到适合其智能发展的阅读方式,激发学生的阅读兴趣,养成自主阅读的习惯。

(一) 备课的开放： 共同参与，提升创造力

实践表明,教师与学生的思维及其方式是存在差异的。教师再细致周密的教学设计也不能完全代替学生的思维过程。如果能够引导学生提出心中的疑惑,教师就可以有的放矢地进行阅读教学。为了能在课堂教学的初始阶段即激发起学生认真阅读、参与学习的兴趣,我们的阅读教学应改一改传统的由教师"备课—授课—评价"的教育模式,实行备课开放。

备课开放可以从运用质疑本、师生互动对话、网上交流以及非确定性的紧急应对几个方面进行实施。

学生每人手中准备一本阅读质疑本,在课前进行交流,或教师收集学生阅读质疑本,然后在归类、分析的基础上调整备课内容。学生则可以凭借各自高质量的质疑,推荐出两至三名学生代表,在教师的邀请下共同参与设计阅读教学活动,教师在听取了学生的质疑与意见后进行教学设计,或对原有的教学设计进行修改。而紧急应对则是,在阅读教学过程中,一旦遇到突发情况,教师可发挥自己的教育机智,敏感地把握学生的意愿,调整组织形式或学习内容。此外,可充分发挥信息技术在阅读课备课中的作用。教师在自己的网络系统中专设一个电子信箱或设置一个个人博客,用来与更多的学生互通联系。学生一旦在网络上发现可以用来辅助学习的信息资料,可在最快的时间里发邮件至信箱,并在邮件中说明自己对本篇课文学习的建议;也可以将自己

的意见粘贴在教师的博客上寻求帮助，甚至帮助教师设计教学辅助课件，这样教师可在第一时间采纳学生的反馈信息，进行适合学生实际情况的教学设计。

如在学习四年级第二学期第14课老舍先生所著的《母鸡》一文时，教师原有的教学设计是从老舍先生的生平介绍入手，帮助学生理清文章叙述的主线，而后通过几个语言点的训练让学生进一步体会老舍先生的文字魅力。但在汇总学生的备课意见时，教师却发现不少四年级的学生通过课外阅读、影视作品已经对老舍先生的生平有了一定的了解，有一位电脑水平较好的学生将其生平介绍做成了一个小型的PPT演示文稿，通过数字教材笔记流转的功能发送到后台，方便在学习中与其他同学分享。也有学生代表在与教师的交谈中表现出了对老舍先生其他文学作品的浓厚兴趣。根据上述情况，教师及时调整了原有的教学设计：课堂教学由学生在PAD平板终端上演示PPT文稿介绍作者生平入手，同时出示学生刚刚学习过的《猫》和尚未学过的《养花》这两篇文章，请学生结合课文《母鸡》进行比较学习，谈谈自己的见解，最终达到了良好的教学效果。课后，教师又向学生介绍了《老舍短篇小说选》和老舍先生的中篇小说集《我这一辈子》《骆驼祥子》，鼓励学生在阅读中体会语言艺术家的文字魅力，受到了学生的欢迎。

上述这些做法，改变了传统教学中教师"独揽天下"而学生却没有发言权，或教师牵着学生跟着自己教案走，造成学生在阅读过程中无任何责任意识的现象。开放式备课能在教学设计中从学生的实际出发，让学生的阅读积极性得到充分发挥。学生对教师阅读教学的意见和建议一定是建立在他们对作品理解的基础上才能提出的，而这样的意见与建议经教师采纳后，也会使学生产生一种受尊重的满足感，一以贯之，学生阅读的理解能力一定能在这个"教学相长"的过程中慢慢得以提升。

（二）课堂讨论的开放：多样有效，提升交流能力

为了一改传统教学中由教师主宰课堂的局面，我们主张在阅读教学中将交流互动的主动权还给学生，让学生在个人阅读的基础上，就自己的观点进行交流表述，并在表达过程中鼓励学生掌握评价的标准，进行有效的、及时的评价。在老师的鼓励下，学生往往会在课堂中集中全部精神聆听、思考，并在发现同伴发言中的错误时进行适时点评：他们或指出同伴发言中的不足之处，或诚恳地向对方提出自己的见解和建议。也

许有时候会因此在课堂中引发一场小小的辩论,但是辩论过后,只会迎来"晴空万里"。

在统编教材五年级下学期第六单元的学习中,孩子们为课文中的"水城威尼斯""牧场之国荷兰"和"埃及金字塔"等世界各地的景观与风光所折服,在他们的建议下,教师组织了一系列相关内容的阅读拓展课,《南极风光》的拓展阅读学习激发了孩子们莫大的学习兴趣:在小组合作学习中,一个学习小组的学生突发奇想,在组长的带领下,演示了一套模拟"平移冰山"的试验。原来他们小组的几个科学迷在课后阅读中了解到南极洲具有丰富的淡水资源后,立刻想到了位于赤道附近的埃塞俄比亚、几内亚等严重缺水的国家。为什么不把这些淡水冰山移到赤道附近,以缓解那里的旱情呢?瞧,五架波音飞机拖着一座小型冰山,在海上飞速"平移",连最佳航线都设计好了,实在是一个奇思妙计。教师当然觉得这个想法有些"匪夷所思",正在考虑如何进行评价时,已经有学生提出了他们的见解:

> 生1:"把这么大一座冰山运到赤道附近,肯定要花许多人力物力。这倒也算了,完全有可能还没到非洲,冰山就已经融化了一半,我认为这种想法不可取!"
>
> 生2:"我倒觉得这不失为一个'南水北调'的好办法。要将这样一座巨大的冰山转移,用的肯定是一种高科技的新方法。但是,这个方法到底怎么实施,建议你们小组再慎重考虑一下!"
>
> 生3:"对,最重要的是尽量在设计方案的时候不要浪费太多的淡水资源和人力资源!"
>
> ……

学生们之间的相互交流,显然要比老师们的一句"回答得真好"有效得多,在一番善意的"说三道四"之后,往往会有一个又一个灵感的火花产生,此时,教师若能够及时引导学生在继续阅读中寻找更佳答案,推荐更大背景的阅读,则能取得更好的教学效果。

为了鼓励学生,教师应充当"引导者"的角色,在教学中多采用无级评价,不断鼓励学生在与教师的对话中完善自己的答案,直到学生自己满意为止;而在学习小组间的竞争中可以多用等级评价，以促进组内成员的密切配合，不断激发学生更浓的学习兴趣和更大的学习热情，此外，还有"悄悄话式""竞赛式"等不同的交流、互动、讨论的方法。根据学生兴趣与实际情况灵活应用。多样化的交流讨论能有效提高学生学习的积极性，加强他们的课堂参与程度，从而促进学生交流能力的提升，而能够自如、顺畅地与同伴、教师进行对话也正是阅读能力提升的一个标志。

（三）阅读作业的开放： 自主选择，提升迁移力

学生本身的学习基础是有差异的，要在阅读实践中促使学生自主阅读就必须为每一个学生的发展提供均等的机会，注重让每一个学生自主参与阅读实践，真正发挥每个学生的主观能动性。教师应努力根据每个学生的差异，提供适合其特点的阅读教学，鼓励不同层次的学生自主提出分层要求，以最大限度发挥学生的阅读自主性。

对于阅读作业，教师采取"自主选择"的开放策略，为学生完成作业的自主性创设一片空间。在传统的教学中，作业是老师指挥孩子的一根魔棒，其数量的多少和要求的高低直接影响着学生一天的喜怒哀乐。为了不让大量机械性的作业充斥孩子们所有的课余时间，为了能让学生在每天的作业中获取创造的快乐、成功的喜悦，并在完成作业的同时获得更多的"阅读时间"，笔者在课堂教学后实施了作业的开放——鼓励学生自主选择课后作业。学生不仅可以就完成作业的时间、作业的内容与教师协商，更可以就作业上交的方法与老师"讨价还价"。如若学生某一天放学后的时间被各类补课班排满了，可以和老师商量将作业延迟几天交；要是学生觉得教师要求的独自复述一篇冗长的课文难度太高，学生则可以用小队合作的形式进行课本剧表演；如果有学生觉得在自主阅读中发现了与学习内容有关的好资料，急于想和老师分享作业成果，则可以用 E-mail、微信的形式把作业上传给老师，而不必等到第二天早晨……教师应鼓励学生自行减少机械性的作业，而将时间、精力投入课外阅读，摘编信息简报，编写小诗、对联，自编课本剧等各种灵活的作业中，以进一步提高他们的学习兴趣。时间一长，学生对作业内容的开发往往令教师感觉出其不意。如在学习《金字塔》一文后，几名学生合作完成了一份《揭秘埃及金字塔》的专刊，专刊不仅栏目明确、格式规范，详尽的内容也令人过目不忘：从埃及金字塔的结构、成因，到学生在大量阅读后罗列出的至今未解的金字塔之谜……专刊编辑的文字流畅、图文并茂，在之后家长会的展示中，

这项有创意的作业获得了许多家长的认同。同样,在学习《猎人海力布》一文时,一个学习小组的学生别出心裁地将"复述课文中海力布劝说乡亲们搬家"这一作业改成了一个生动的课本剧。在"导演"的带领下,课本剧的表演在晨会课上受到了大家的一致好评。学生们觉得:复述是令多数同学头疼的作业,一个人将课文从头复述到尾要用个把小时,如果能用课本剧的形式代替复述,每一个演员在表演的同时必须把台词记住,又要加上动作、神态的表现,难度虽然不低,但胜在兴趣十足,同学们对课文内容的揣摩反倒更加用心。

对于种种被开发的作业,教师不求一律,只求各层次的学生在原有的基础上能力得到提高,个性得到发展。当然,所有发展性作业"讨价还价"的前提是能完成一定量的基础性作业。我们在鼓励一些阅读能力较强、词汇量较大的学生在发展性作业上进行着力开发的同时,也为那些阅读能力较弱的学生留下一定的发展平台,鼓励他们挑战自我、超越自我,在完成基础性作业时取得不断的进步,以实现共性与个性、基础性与发展性的和谐发展。学生的学习目标是他们自己确定的,因此,为了达到这些目标而必须提供的训练形式是"自我训练",而教师让学生尝试自己开发作业的目的,就是要让学生认识到这种训练是他们自己的责任,并且要勇于承担这种责任。

此外,自行选择作业的体验更能提升学生阅读的迁移力,体验思维相互交融产生的迁移作用是语文教学追求的境界。在阅读课堂教学中,教学者常常追求体验与思维的水乳交融,达到"你中有我,我中有你"的境界。而这种课内的引导正是要学生将其运用于课外阅读实践中,如此,才能更好地通过个性化的独立阅读将自己阅读后的感受整合在作业中进行传递。长此以往,学生在课堂教学中的碎片式的感受才能更好地以完整的表达呈现。

(四)学习时空的开放:大胆留白,提升学生的鉴赏力

时空即时间与空间。

阅读教学时间的开放　把时间留给学生,是学生主动学习的基本保证。让学生有充分的时间去读,去思,去看,去悟,去动手实践,去检查修正,去张口表达,才真正有利于学生自我阅读习惯的形成和自主学习意识的增强。如果不将充裕的时间留与学生,

学生又如何在阅读活动中有所思考，有所体验，有所得？又如何能在阅读鉴赏的基础上学会主动挑选自己喜爱的文学作品，奠基个人阅读品味？

所以，在课堂中，教师应注意留下一定时间让学生对所学课文进行感悟、鉴赏，并留有空白鼓励学生将自己的感受与他人交流分享。在这段自由的时间内，学生可以在学习《黄山奇石》后畅游黄山；可以在学习《一个豆荚里的五粒豆》后以小豆子的视角寻找能帮助病中小女孩感受幸福生活的新主张；还可以在学习《将相和》后就廉颇"没有犯过大错，作为一国之将是否一定要负荆请罪"开一场小小的辩论会……大胆想象和幻想是培养学生创造能力和创新精神的重要手段，而创造能力和创新精神的来源正是孩子们对课文、课外读物的阅读、理解和审辨；我们深信，只有想象奇特新颖，才能够与众不同；只有博观约取，才能体现个性，厚积薄发。

激发孩子们的大胆想象可以从打破常规的阅读教学方式入手。我们曾在教学中进行这样的尝试：鼓励全班学生在学习童话类课文的基础上进行一个故事新编的"联播"，故事的主人公是一枚小硬币，他要经历一次历险，出发地是主人的上衣口袋。于是，四十分钟里，教室成了一个"快乐大本营"。笑声、掌声、争辩声此起彼伏，在四十几个孩子的全力打造下，小硬币去了博物馆、臭阴沟、垃圾站，结交了无数的朋友，乘坐了热气球、磁悬浮列车——那惊险程度，绝不逊色于《环游地球八十天》。在课堂学习之外，也有的学生兴趣盎然地或与同学合作，或自己独立完成，用大胆的想象创造出一个又一个的创新杰作：有的孩子连续用五个星期的周记完成了她的长篇连载童话《小克雷传》，讲述了一个身怀绝技、肩有双翼的小英雄克雷帮助百姓除暴安良的故事；也有的把社会的热门问题，如毒品对青少年的危害，编入童话，写出了发生在动物王国中的一起"因毒而发"的悲剧……新颖大胆的创造性思维和创造性想象，无不包含深刻的科学探索意识和敏锐的创新意识。

在"开放"的阅读课堂内，孩子们能插上想象的翅膀，任思想在书的海洋里自由游弋，而学生的鉴赏能力、思维能力、表达能力、合作能力也是在这样的过程中得以提升的。

阅读教学空间的开放　在时间开放的同时，教师也意识到：决不能让学生整天只在一尺见方的空间里规规矩矩地坐着，这无疑是在摧残他们的天性，磨灭他们的灵气。因此，我们在课堂中实行了"黑板""讲台"等空间的开放，允许学生在阅读后自己设计板书，走上讲台发表见解，人人皆可"能者为师"；或根据条件，根据教学内容的需要，创设合作的环境，将教室座位的排列改为"茶馆式""半圆形""口字型"，这也能从一定程度上激发学生的学习兴趣，提高他们对学习的信心，使学生最大程度地处于主动激活状态，主动积极地动手动口，从而使学习成为自主活动。

当然，爱玩是孩子的天性。为了让孩子爱学乐学，我们应该让孩子更多地接触社会，把学习时空的开放延伸到课堂之外的广阔空间里，在充满生机的大自然中，在各种富有趣味的活动中寻找灵感。这堂课，孩子们可以在春天的傍晚踏上草地，淋淋小雨，疯跑一圈，甚至在地上打个滚，感受一下课堂上没有的大自然的"气息与滋味"，而后在《三月桃花水》的阅读中与作者进行心与心的对话。下堂课，学生们可以走进自然博物馆，亲身感受恐龙化石的高大威武，了解白垩纪时代的气候、地理条件，而后在课文的阅读中举一反三，在课外寻找更多的阅读资料为文章的各种观点添加佐证……开放了时空的阅读课堂有着快乐的源泉，学生们在形式各异的阅读活动中品味快乐、捕捉灵感，之后的阅读学习必然不会成为学生的一种负担。

《义务教育语文课程标准（2011年版）》指出："阅读是学生的个性化行为。……不应以教师的分析来代替学生的阅读实践。"为此，我们应当让课堂在开放中灵动起来——让学生在阅读实践中主动地、富有个性地阅读。同时我们也可以在学生自主阅读的基础上产生多种有趣、有效的阅读方法供学生选择学习，并鼓励学生在阅读过程中"思考、质疑、探究、发现、交流"，让他们在主动积极的思维和情感活动中加深理解与体验，有所感悟和生成，从而培养学生的阅读兴趣和信心，在不断提高学生阅读能力的同时提升学生的综合学力。

第二节　融合阅读学习内容

《义务教育语文课程标准（2011年版）》指出："阅读是学生的个性化行为。……不应以教师的分析来代替学生的阅读实践。"这一目标的提出与促进学生自主阅读的主张不谋而合。"教材无非是个例子。"（叶圣陶语）学生阅读能力的形成在于阅读作品的过程中，而不在于得到别人阅读作品的理解结果。语文教师应当借现有的教材让学生在阅读实践中主动地、富有个性地学习，鼓励学生在阅读过程中"思考、质疑、探究、发现、交流"，让他们在主动积极的思维和情感活动中加深理解与体验，有所感悟和生成，从而培养学生阅读的兴趣和信心，着力养成学生的阅读习惯。对现有教学内容的开放式运用，可以从因材施教分层阅读、为学生提供更大"材料背景"、鼓励学生扩展视野多样阅读这三个层面入手。

一、因材施教分层阅读

语文学科基础内容的学习是培养学生阅读兴趣、帮助学生初步掌握阅读方法的有效载体，所谓"教无定法"——教师根据不同教材的不同特性，可以对学科基础内容进行分层阅读教学，具体方法有"平行阅读"与"分层阅读"。

"平行阅读"是从教学内容的需要出发而设置的，学生的发展离不开基础知识的习得和基本能力的培养。但统一的学习内容却不能满足所有学生的需求。因此，我们在教学中可以将教材进行重组，利用统一的教材落实基础知识，发展基本技能。同样是一个朗读练习，可以让学生采用轻声自由读、默读、引读、赏读、复读等多种形式。学生可以选用喜爱的方法，朗读感兴趣的句、段、篇、章；也可以采取"自读自赏""与老师分享"等形式，让不同阅读水平的学生人人有读的机会，使学生产生朗读、表演的欲望，获取自主阅读的快乐。

为了避免过去教学中的"一刀切"及在集体交流中优秀学生"一统天下"的情况，我们也可以在基础知识的教学与练习中采用"分层阅读"的方式。"分层阅读"是从学习者的主体需求出发而设置的。每一个学生由于兴趣爱好不一，思维情感各异，知识经验深浅不一，阅读能力各异，必定存在一定的差异。"分层阅读"的最终目的是为了尊重学生的差异，激发每一个学生的阅读学习兴趣。教师可以在进行中、低年级阅读教学设计的阅读提示时准备有一定坡度的 A、B、C 等多套学习内容，让学生根据自己的能力选择不同难度的内容，让每个学生品尝成功的喜悦。以下是教师在教学三年级上学期课文《掌声》一课时所设计的阅读提示：

A. 运用字典，掌握课文中生字的音、形、义，用自己最喜欢的方式通读全文，并和同桌分享课文中自己最喜欢的片段。

B. 读通课文，领会文章大意，了解文章写的是主人公英子战胜自己的残缺赢得微笑着面对生活的勇气的故事，却用《掌声》为题。

C. 读通课文，在了解课文内容的基础上，想象：多年以后，长大后的英子会向自己的朋友怎样讲述曾经发生在自己身上的这个故事。

在接下来的阅读活动时间里，每一位学生可以根据自己的喜好在 A、B、C 中任选一项或几项作为自己的学习任务，并在之后的集体汇报中进行交流展示。在听到不同的学生做出的不同交流时，教师应该及时评价或引导学生进行自评与互评。"根据情感心理学原理，使学生快乐学习策略的关键是教师要在教学中设法操纵各种教学变量使学习活动能满足学生的需要。"[①]儿童与成人一样，都有获取成功的心理需求，都希望把自己的才智和潜能发挥出来，一旦学生能在这样的阅读学习中获得成功（也许这种成功仅仅是教师和同学对他的鼓励），这种成功的动机对儿童的成长会产生巨大的推动作用。

二、 提供更大"材料背景"

加涅认为：教师和教学媒介必须在呈现一个或一组新的学习项目时，分别或共同提供更大的有意义的知识范围。[②] 笔者以为，这一点是促进学生阅读能力提升的必要条件。因此，在学生牢固掌握了一定的基础知识与基本技能之后，教师可在阅读教学中尝试学科拓展的开放，并以此为方法，在这种循序渐进、有章法的学科的拓展学习中为学生提供更大的"材料背景"。

---

① 卢家楣. 情感教学心理学原理的实践应用[M]. 上海：上海教育出版社，2003：27.
② （美）R. M. 加涅. 教学方法的学习基础[J]//《教育心理学》全国统编教材编写组. 教育心理学参考资料选辑. 山东：山东教育出版社，1982：131.

如，在学习四年级第一学期《蝴蝶的家》之后，教师引导学生结合三年级曾经学习过的课文《昆虫备忘录》，多去阅读一些与大自然、蝴蝶生存条件相关的书籍，并和学生共同商议，列出可阅读的书目名单：

★《和蝴蝶做朋友》

★《成长的秘密——蝴蝶》

★《蝴蝶的名字是怎么来的？——关于蝴蝶和蛾的问与答》

★《奇怪的蝴蝶，奇怪的人》

★《蝴蝶100：台湾常见100种蝴蝶野外观察及生活史全纪录》

★《中国珍稀及经济两栖动物》

……

学生在之后的阅读中显现出较高的兴趣，他们或与同伴合作，共同编写了一份简单的《蝴蝶生存及繁殖条件考察报告》，解开课文中没有明确告知的"蝴蝶的家究竟在哪里"的答案；或根据阅读收获的资料，调查了解"为什么在同一地理条件、同一气候条件下，我国云南省成不了第二个'蝴蝶王国'"，并在问题解决后与同学们分享成果。

同样，在学习了《蝙蝠和雷达》之后，学生从《蝙蝠香》《探寻蝙蝠》等课外书中了解更多有关蝙蝠的习性，以期寻找多种方法为这种原本默默生活在黑暗的山洞里，由于人类的无知和贪欲成为多种传染病的"罪魁祸首"的生物正名；甚至有同学还在阅读的基础上为其赋诗一首，肯定这种动物为仿生学研究做出的贡献，振臂呼吁人类与动物和谐相处……在开放拓展学习的同时，我们无疑也为学生提供了一份阅读栏目，供学生选择，拓宽学生知识的宽度和厚度；而学生对写作的兴趣也能在丰富的阅读之后变得更加浓厚。

当然，为了引导学生在起始年级就能拥有阅读的兴趣，教师可以从低年级的阅读教学起始阶段就使用各种方法为孩子们提供阅读的背景材料，于嫣理老师结合低年级绘本教学，课内进行阅读指导、课外进行阅读材料推荐的做法就很值得借鉴：

低年级的孩子注意持续性差,认识的字又有限。根据低年级儿童认知的特点,低年级的阅读材料应具有以下特点:页码不要太多,文字量适中,最好图文比例兼半,字号大而排版宽裕,可以让儿童一气呵成,连贯读完。而绘本作为一种图文结合的阅读材料,是最适合低年级儿童阅读的。它是由文字和图画合成的一个复合文本。一般一个故事都在三十个页码左右,每一页都以图画为主,文字大,形式有趣,符合儿童认知的特点,所以深受儿童喜爱,绘本阅读也成为低年级孩子阅读经历中不可缺少的重要一环。

首先,绘本能激起孩子的阅读兴趣。对于刚迈进校门识字不多的低年级孩子来说,他们更喜欢色彩鲜艳的图画。绘本版式精致,绘画精美,构图独特,色彩明快,首先在视觉上引起孩子的愉悦情绪。绘本中的图画,多数是世界知名插画家的作品,如五味太郎的《鲸鱼》、谢尔·希尔弗斯坦的《爱心树》、诺尔曼·荣格的《第五个》、李欧·李奥尼的《小黑鱼》等,他们运用各种手法,或水彩,或素描,或手绘,或线描,或剪贴,给孩子们呈现了一场场美不胜收的"视觉飨宴"。《母鸡萝丝去散步》中狐狸狡诈、贪婪的眼神让孩子紧张;《月亮的味道》中凹凸不平、薄薄脆脆的大月亮让孩子咽口水。孩子在阅读过程中,与其说是读,不如说是在玩;与其说是享受文学,不如说是感染美学。阅读兴趣有了,就能轻轻松松地走进阅读,快快乐乐地走进文本。

其次,绘本贴近儿童的世界。在绘本中,儿童文学作家用孩子可以解读的词汇、孩子熟悉的语句结构以及令人着迷的情节将主题巧妙地涵盖进去,汇聚成结构完整、内容丰富的故事。故事的主人公是孩子熟悉的小动物、小玩具、和自己同龄的伙伴;故事的情节是孩子生活中熟悉的,甚至是曾经发生过的事件。《可爱的鼠小弟》之所以一版再版,就是因为它不是以说教的方式、从成人角度来编造的故事,它与孩子已有的生活经验相连接,激发了孩子的阅读兴趣,引起了孩子的共鸣,真正走进了孩子的生活。绘本是孩子看得懂的书,更是孩子心灵认可的书。

第三,绘本为孩子的想象提供了广阔的空间。绘本中简练的语言和丰富生动的图画给孩子预留了许多想象的空间,孩子根据绘本的整体意境,会不由自主地对故事情节展开丰富的联想,设计书中人物的语言、动作,揣摩人物的内心世界。如《第五个》一书,受伤的玩具一个挨一个走进那道门,门开后,它们又光鲜地从门里出来。门后面究竟有谁? 究竟发生了什么事情? 一个个奇思妙想伴随着一个个问题,撞击孩子的心灵,给孩子带来无尽的诱惑。同时,绘本画面中的一些细枝末节也会让孩子产生丰富的联想,对故事进行自我扩充、延伸。阅读中有意义的提问和引导,更培养了孩子的逻辑思考、预测推理能力以及听说读写的语文能力。

优秀的绘本价格比较贵,孩子不可能购买很多;在一节课的时间里,让每个孩子都参与到阅读中来,都有机会说出自己的精彩创造、独特感受也是不现实的。如何克服这些问题,让绘本为孩子的课外阅读引航? 笔者想到了现在非常时髦的活动——漂书,即每个孩子购买一本不同的绘本,大家定期有次序地轮流阅读。

"绘本漂流",妙在同伴互动。绘本漂流实现了好书大家共享的美好愿望。在绘本漂流活动中,书没有真正的主人,每个轮到阅读的孩子都有义务在阅读的同时对绘本加以爱护,这能帮助孩子树立珍惜图书的良好意识;每个孩子都可以在书的加页上写下自己的阅读签名、阅读感受,这样在绘本漂流的同时,彰显孩子个性的一份份阅读心得也随之得到了交流和共享。这种分享和交往不仅使孩子享受到共读的快乐,也充分发展了孩子的社会性。

"绘本漂流",精在教师引导。因为绘本具有字少画美的特殊性,考虑到低年级孩子的年龄局限性,绘本漂流不应是完全放任的课外阅读。教师要在绘本的选择上把好关,把语言规范优美、情节生动有趣、绘画富有表现力并蕴涵丰富细节等待孩子去发现的绘本推荐给孩子。等待"漂流"的书,教师应该先行阅读,以便在亲子阅读的过程中进行有效的点拨,使阅读更深入、发现更奇妙。"导读提示"是一种不错的做法,教师把自己在阅读中发现的孩子能想到的和不能想到的问题,以小纸条的形式粘贴在绘本的扉页上,给亲子阅读以温馨提示。如绘本《爷爷一定有办法》,给予导读提示"引导孩子用自己的语言编编小老鼠的故事";《换换吧! 鼠小弟的小背心》,给予导读提示"引导孩子想象并表达每一个'嗯?'

后面的心理活动";《母鸡萝丝去散步》,给予导读提示"引导孩子想象并表达狐狸的心理活动,说说狐狸的狼狈遭遇"等。教师的指导将给"绘本漂流"一个从量到质的飞跃。在课堂导读的同时,我们也应该尝试向孩子提供更多的材料背景图书,鼓励孩子在家长的支持下去买书、读书。

教学《猜猜我有多爱你》时,可以推荐充满哲理与诗意的经典作品:《逃家小兔》《爷爷一定有办法》《第一次上街买东西》《兔子彼得的故事》《米菲在海边》《可爱的鼠小弟》,引导孩子感受到父母的爱,丰富他们的情感,激发他们的爱心;

教学《爱心树》时,则可以推荐更多适于孩子和家长分享体验的作品:《小迷糊兔》《别再亲来亲去》《发明家奇奇兔》《三只小猪》《你睡不着吗》《母鸡萝丝去散步》《逃家小兔》,借此增进家庭成员间相互珍惜的情感;

教学新奇有趣的童话作品《我有友情要出租》时则可以推荐适于激发想象的作品:《彩色的乌鸦》《石头汤》《离开蛋壳那一天》,了解作者的离奇想象;

教学以一个人成长为主题《蚯蚓的日记》时,则可以推荐内容相近、适于开放互动的作品:《泰迪熊搬家记》《泰迪熊的溜冰派对》《鳄鱼怕怕 牙医怕怕》《嘟嘟和巴豆》《可爱的鼠小弟》《别再亲来亲去》,帮助孩子了解成长的意义……

绘本的价值和魅力在于:它没有一句教条,却能满足孩子的成长需要;没有一丝说理,却能启发孩子的深入思考;没有一点儿喧闹,却能激起孩子的会心大笑。在绘本阅读中"让孩子像个孩子"。正如美国诗人惠特曼一首诗中所说:

"有一个孩子每天向前走去,

他看见最初的东西,

他就变成那东西,

那东西就变成了他的一部分,……"

通过阅读绘本,儿童不断进行着情感的体验;凭借着阅读积累,儿童的情感得到了提高和升华。在孩子的世界里,在轻松愉快的阅读中,在丰富美好的阅读中,帮助孩子埋下影响终身的良好的情感。

(案例提供:于嫣理)

三、扩展视野多样阅读

正所谓课内学方法，课外求发展，我们的阅读课堂教学重在引导学生懂得：语文学习要"两条腿走路"。一条"腿"是"有师指导"，另一条"腿"是"无师自通"。

教师应该让学生在生活中、在自然中、在社会中、在广阔的天地里学会用语文，体会并实践语文的"有用性"。教师的教学应尽可能地扩大学生的见闻，开阔学生的视野，鼓励学生多走走，多看看，多感悟，多思考；让学生在完备的课堂学习和丰富的社会实践中观察、思索、行动，让学生在丰富的阅读中自动探寻到更多的天文、地理、历史等方面的信息，努力提高自身的人文素养及人际交往的能力；让孩子们从小就明白文史哲不分家，阅读课堂学习的外延与生活的外延相等，语文学习的机会无处不在、无时不有，因此要做个有心人，做到"眼处心生句自神，意到手勤文更佳"。

在二年级学生学习课文《黄山奇石》时，教师就鼓励学生在课外阅读的基础上收集了一定的信息与资料，并请家长协助和孩子们一起展开简单的研究学习。学生可以根据总的研究内容"如何在黄山的开发中实施保护"中，自己选择一个感兴趣的研究方向，并在之后的阅读活动中寻找各种资源进行研究。教师和家长则在学生的研究过程中提供必要的指导和帮助。全班六个学习小组的研究内容各不相同，其研究方法、研究内容及成果形式如下：

研究汇总表

方法	研究内容	成果形式
比较法	五岳的环保危机对开发黄山的启示	小型网页
调查法	黄山"环保怪圈"问题的解决研究	小型网页
资料法	关于启用磁悬浮系列交通工具解决黄山未来交通的研究	PPT 演示文稿
资料＋想象法	黄山村营建计划	小型网页
操作法	黄山四绝的环保开发	音像成品展示
实验法	黄山环保危机的纾解	电脑小报

　　小小课题研究完毕之后，教师又鼓励学生小组合作，以周记、信息小报、小型网页的形式加以总结。这样做，不仅能让学生选择自己的学习方向，也能让他们在之后的阅读中对自己这种选择的后果承担责任，有利于进一步提高学生的自我教育力和自我学习力。

　　又如，教师在执教三年级第二学期《赵州桥》一课时，引入初中课文《中国石拱桥》，引导学生进行比较阅读。在教学中，教师现实引导学生快速阅读《赵州桥》原文（节选自《中国石拱桥》），并观察课件中出示的两句修改句，找到不同之处，引导学生理解关联词在梳理层次上的作用。此后再读《中国石拱桥》卢沟桥节选内容，圈画坚固和美观的体现之处，找到最能体现卢沟桥"坚固"的句子，并从结构上思考原因。最后借助"独一无二""奇观"等词语了解国内外对卢沟桥美观的评价及作者的情感了解卢沟桥特殊的历史价值，总结梳理全文的行文思路，引导学生谈谈自己的启发和感悟。

　　这样的学习显然不同于反复咀嚼文本的语文阅读课，孩子们怀着极大的兴趣在比较读书中发现、感悟，思考、讨论，合作、交流，在课后作业中提交了如《又看中国石拱桥》《从卢沟桥的历史价值看七七事变》等大量有意义的作品，多样阅读带给学生的是思维的拓展和能力的提升。

第三节　丰富阅读学习方法

　　语文学习要继承传统语文学习中的好方法，也要借鉴国外先进的教学方法。正如《礼记·学记》中所言："善学者，师逸而功倍，又从而庸之；不善学者，师勤而功半，又从而怨之。"语文学习方法有本学科的特点，不能照搬数理化。中国有两千年学习母语的优良传统，教师应当从传统语文教学中汲取精粹，同时借鉴国外先进的教和学的方法，促进学生阅读能力的形成；更好地发展智力与能力；而智力与能力的发展反过来又促进阅读的进一步深入，形成一种互动。

　　美国哈佛大学的著名心理学教授加德纳在 1983 年公开出版的《智能的结构》

(Frames of Mind：The Theory of Multiple Intelligences)一书中提出了多元智能理论。他对"智能"做出了这样的定义："智能是在特定的文化背景下或社会中,解决问题或制造产品的能力"。①

在教学实践中,我们往往会发现由于学生智力发展水平不一,智能呈现的方式也不一,如有的学生语言表达能力强,有的擅长绘画,有的动手操作能力强……根据多元智能的理论,综合小学生的年龄特点,教师只有在教学过程中提供可供学生选择的若干方法后,才能满足他们的学习需要,激起他们更浓的学习兴趣。上文提到,促使学生进入自主阅读的关键是要帮助他们先多识字,积累词汇量,再大量阅读,积累语言素材,培养语感。因而笔者认为可从阅读学习方法的开放与选择入手,在实践中进行尝试。

一、 运用不同的识字方法，为阅读储备能量

阅读能力与识字量之间的关系毋庸置疑,在本书第一章中"儿童阅读能力的差异"一节中,我们已经阐述了儿童阅读能力的差异带来的识字率差异。儿童认读能力的差异影响了儿童的识字率。儿童记忆能力影响了识字的巩固率。提高儿童的识字率要从教会孩子识字的方法入手,而识字方法的积累是提升儿童阅读能力的基础。

语文课程标准规定小学低年级阶段就要认识常用汉字 1600 个左右,其中 800 个左右会写。这些汉字中有些字的结构复杂,难写难认,其中还存在着一字多音、一音多字、一字多义等现象,低年级学生普遍表现为自主识字能力差,学习兴趣不高,而当学生进入中、高年级的自主识字阶段后,认读中"只读半边"、写字中"倒笔画""画字"现象仍极为严重。为了激发学生的识字兴趣,帮助他们积累词汇量,为其阅读能力的提升奠定基础,我们在低年级识字教学可以实践的识字方法如下表所示：

---

① （美）霍华德·加德纳. 多元智能[M]. 沈致隆,译. 北京：新华社出版社,1999：16.

低年级识字教学方法示例

识字方法	具体操作
一字开花法	运用加部首、换部首的方法帮助学生掌握更多的生字,并为"字族法"的学习奠定基础。
字族法	摒弃逐字分析的教学方法,鼓励学生在了解字音、字形的基础上,选择同一字族、不同生字组成的词语中选择一个或两个练习说话,在语言环境中掌握生字。
游戏法	在课堂上采取多种游戏的形式,如分小组玩字卡、词卡,做摘苹果、找朋友等游戏,把生字编到词语、句子、儿歌、谜语中反复再现,让每个学生在游戏、活动中,在生动的环境中反复多次与生字见面。
广告法	将识字的语境延伸至课外,鼓励儿童在生活中自主识字,认广告、路牌上的字,认电视屏幕上商品的字,认书报杂志广告上的字。
姓氏法	有计划地引导儿童认班上同学姓名中的生字。
儿歌法	让学生根据生字的音、形、义自编儿歌,根据规律将形近字与同音字编成通俗的儿歌,或请学生自编儿歌进行教学,提高学生的识字兴趣,引导学生在识字中进行口语表达锻炼。

在教学实践中,教师往往可以将上述方法灵活穿插运用,以达到最好的学习效果,并随时为之后的阅读学习奠定基础。如教师在用"字族法"教学"肖"字时,并非逐字依次教学,而是鼓励学生在了解字音、字形的基础上选择下面词语中的一个或两个说一句话或几句话:"吹哨、做操、树梢、冲云霄、消灭、削铅笔"。学生能在理解的基础上各抒己见:

"我用小刀削铅笔。"

"早上,老师吹哨,我们做操。"

"小鸟站在树梢上,看着老师吹哨,看着我们做操。"

"同学们又吹哨,又唱歌,嘹亮的歌声直冲云霄。"

"啄木鸟站在树梢上,给老树消灭害虫。"

……

这样的语言训练建立在学生对字义、词义理解的基础上,长期坚持,不仅能帮助学生在语言环境中比较轻松地学习汉字,学生的语感也在通顺流利的表达中渐渐形成,这对提升学生的阅读能力是非常重要的。

以下是姚诗绮老师结合阅读拓展课进行的"广告法"识字教学案例。

一年级拓展阅读"广告法"识字教学案例

背景

《义务教育语文课程标准(2011年版)》中指出识字教学要将儿童熟识的语言因素作为主要材料,充分利用儿童的生活经验,创设丰富多彩的教学情境,激发学生识字的兴趣。电视中的广告语比较多,朗朗上口,低年段学生对生动、活泼、具体的事物最感兴趣,借助广告语来教儿童识字,可提高儿童的识字兴趣,帮助儿童掌握相关方法来扩大识字量,为后续儿童的主动阅读奠定基础。

教学实录

片段一:

师:同学们,汉字可了不起了,没有它我们将无法交流,甚至无法正常地生活。语文课上我们能认字,在生活中我们一样可以认识许多汉字。随着社会的发展,在当今社会,汉字铺天盖地、无处不在、随处可见,你都在哪里见过汉字?

生交流:报纸、杂志、电视、公交车、门面招牌、包装袋、包装盒……

师:你们看看老师手里拿着的是什么?

生:波力海苔。

(板书:波力海苔)

师:你还记得波力海苔的广告语吗?

生:"海的味道,我知道。"

师:看来大多数小朋友都很喜欢吃波力海苔啊!(板书:"海的味道,我知道。")这句广告语中,就藏着我们今天要学习的一个生字"海"。

师:我们通过这句广告语认识了"海"这个字,但是我们该怎么记熟它呢?

(引导学生从这两步去熟记生字:了解生字的字源;自己的识记的方法)

师:我们先来看看"海"的字形演变,再来了解"海"的字源解说。

（出示字形演变图片）

师：海，金文 ＋ ，表示海是万川之母。造字本义：名词，水之母，比喻河流的发源地，即陆地上的大湖或大池。篆文 ![] 承续金文字形。隶书 ![] 将篆文字形中的"水"（![]）写成"三点水"（![]），将篆文字形中的 ![] 写成 ![]。古人称大池为"湖"，称大湖为"海"，称大海为"洋"。

片段二：

师：我们通过一句广告语认识了"海"，发现除了在语文课本中识字，我们还可以在生活中学习认识汉字。老师课前给大家布置了一个任务，找一找生活中的广告牌、包装纸（盒），做一个爱识字的有心人，一边看，一边思考。在这些汉字中，你最容易记住哪一个？哪一个最难记，为什么？有没有好的办法记住它？

（师把学生说出的生字写在黑板上，并标上拼音，让学生认读）

师：在识字过程中，你们发现了什么？有哪些收获呢？让我们在小组里交流一下，让大家来分享你的收获，好吗？

生1：我在"沪发红木"这个广告牌上发现了"沪"这个字，请大家跟我读"沪"，通过查字典和询问家长我知道"沪"是上海的简称。

生2：我从"妇婴用品"广告牌上认识了"婴"字，我特别喜欢这个字，因为我发现"婴"字好像是说两个宝贝女儿。（引导学生观察字形，适当拓展同字形的字：哭、骂、梦……）

生3：我看到了好丽友派的广告语——"好丽友，好朋友"，我认识了"朋友"这个词语，我可以用"朋友"说一句话："小红是我的好朋友。"

片段三：

师：让我们一起来做几个识字游戏。

1. 看电视识字

(1)《新闻联播》 东方卫视

(2)《早间新闻》 《实话实说》

(3)《东方儿童》 《今日说法》

(4)《天线宝宝》 湖南卫视

(5)《哈哈少儿》 《新闻透视》

2. 逛大街识字

(1) 管弄小学 同济医院

(2) 北海中学 工商银行

(3) 品尊国际 农业银行

(4) 好德超市 核心价值观

(5) 上海音乐学院 管弄公园

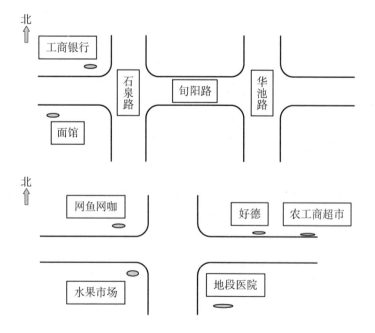

师：从广告中我们能够认识很多的字，但细心的小朋友一定发现了，广告上经常使用不规范的字，有的是用谐音故意使用错别字。如网吧将"一往情深"写成"一网情深"，服装店将"依依不舍"写成"衣衣不舍"。这些现象就像是树干里的害虫，我们一定要想办法找出来修改。老师交给你们一个小任务，都来当一当啄木鸟，找到广告中的错别字，我们下节课再来交流。

（案例提供：姚诗绮）

中国古代传统教学认为"通经必先识字"，"多识于鸟兽草木之名"，所以历代蒙学都重视识字，写字教学。当然，扩大词汇量除了上述种种办法以外，仍需要学生在课余自动自觉地阅读，在自然的语言环境中积累词汇。

二、 掌握不同的阅读方法，帮助学生扩大阅读量

在扩大词汇量的基础上，学生的阅读能力、阅读兴趣都在无形中增长，怎样引导学生更好地阅读？笔者曾在几年的时间里，在小学中、高年级的阅读课堂教学实践中，与学生共同总结了二十多种阅读学习的方法，比较常用的如下表所示：

阅读学习方法示例

阅读方法	具体操作
思维导图法	教师传授思维导图设计的基础知识，引导学生自行以思维导图理清文章脉络，帮助理解文章。在课堂教学中，教师可以利用学生的佳作代替自己的板书以激发学生的兴趣。
抓重点词法	理解文中的重点词语，并在联系上下文的感悟中，加深对文章中心的领悟、体会。
朗读法	在朗读句、段、篇的同时品味文章字里行间的内涵。
注解法	用各种不同的符号在文章中进行批注，在"读—注—悟"中提高阅读能力。
自问自答法	根据阅读的文章，自己提出问题，引发同伴的思考，在别人难以解答的情况下也可以自己做出解答。
绘画法	通过为古诗、课文配画的方法表现自己对文章内容的理解。

续　表

阅读方法	具体操作
图文对照法	借用课文插图,观察景色或人物神态,配合相应的文章句段,加深对课文的理解。(该方法同样适用于绘本教学)
比较法	比较文中前后相似或不同处,体会事态的变化,加深对中心的理解。用两篇类似的课外阅读与课文进行比较,在拓展阅读的同时,学习文章的写作特色。
表演法	用课本剧的方法来表演情节生动的课文,以代替枯燥的背诵与复述。
资料法	在课外通过各种渠道收集与课文内容相关的资料以辅助课文的学习。
辩论法	在课文学习中遇到难以理解的矛盾焦点时,分正反方进行辩论,在辩论中加深对文章内涵的理解。
实验法	通过一些小实验理解课文所叙述的科学道理。
接龙法	用续编、续写的方式,小组成员合作为课文的开放型结尾编写自己想象中的故事结局。

（一）方法指导课

方法指导课上帮助学生掌握一定的阅读方法,所谓"得法与课内,得益于课外",引导学生慢慢将习得的方法运用于自己的阅读中,在积累方法的过程中学会阅读。

1. 图文对照法

以图文对照的方式引导学生在读图的同时理解文字,在读文的过程中看图加深感悟,是适合低年级学生的阅读方法。如,在教育对象为一年级学生的"图文对照法"学习中,这位老师选择了学校一年级推荐书目中的《我妈妈》进行指导和教学。

读文赏图,享受表达
——一年级《我妈妈》绘本阅读指导"图文对照法"教学案例

背景

小学一年级是学生学习阅读的起步阶段,刚入学的孩子识字量有限,所以新课标对低年级的要求是："喜欢阅读,感受阅读的乐趣。"每一个孩子也是从识字、写字、理解和运用语言文字等方面开始逐步发展的,而这些语文素养的培养又离不开阅读。这个年龄的学生学习特别强调运用形象、色彩、声音来思维,由此看来教师必须把为每一位学生们打造一把打开阅读大门的金钥匙——"学会基本的阅读方法"——作为阅读教学的重点。

绘本是采用图文结合来共同叙述一个完整的故事。在绘本里,图画不再是文字的附庸,而是图书的生命。一本好的图画书,能让一个不识字的孩子细看画面也能"读"出其中大意来。生动的形象、鲜艳的色彩、熟悉的感觉总是一下子就能吸引孩子的眼球。学校语文教研组开展的"教孩子这样阅读"系列专题研修,扣住这一主题。我与学生分享英国著名作家安东尼·布朗的优秀绘本《我妈妈》一书,在轻松的绘本阅读教学中,重点从读文赏图入手,让"图文对照法"在不知不觉中在学生心中埋下一颗阅读方法的种子,还可以让学生仿造绘本故事中夸张有趣的画面、生动简单的语言结合自己的生活感知进行再创作。

实录

片段一:

二、读文赏图细品人物

(一) 这是我妈妈,她真的很棒!

继续出示(杂耍演员)(也是一个很会杂耍的特技演员),学生看图欣赏。

重点讨论:

师:"特技演员",为什么说"妈妈又变成了一个杂耍特技演员"? 她和真正的杂耍演员有什么不一样? 她在玩什么?

生:小包暗示妈妈很会理财;

　　抱抱熊玩具暗示妈妈是我的好玩伴;

　　房子暗示妈妈总是把家里打理得井井有条;

　　汽车暗示妈妈是个驾驶的好手;

　　茶壶和香橙暗示妈妈很会照顾家人的饮食……

师：你们觉得"我妈妈"怎么样？

生：能干！

师：妈妈可以把各种各样的事情都做得井井有条，仿佛杂技场里最会杂耍的演员。

（板书：特技演员）

师：再来看看——为什么说"妈妈是一个大力士"？妈妈为什么要提着这么多的东西？

生：妈妈两个手里拎了满满的袋子。

师：一起数数有多少？

师：学着这个样子你也把一本书夹在胳膊里试试站起来走走，说说感受。

生：虽然只是夹了一本书走路，但是还是感觉不是很舒服的。

师：是呀，图片里的妈妈上上下下拎了夹了那么多重重的袋子，可是她的感觉是——（看妈妈的表情）

生：很满足的笑容。

师：仿佛在说——

生：今天太开心了，把想要买回家的东西都买好了！

生：这下好了，好吃的东西小宝贝一定会高兴的。

······

师：妈妈的一切都在笑容里，此时的妈妈是"最强壮的女人"。请你也像安东尼一样夸夸她——我妈妈真的很棒！

片段二：

（二）妈妈真的、真的很棒

师：接下来，安东尼会画妈妈什么呢？请你猜一猜。

生：会说妈妈是个航天员。

生：会说妈妈可能是个音乐家。

师：你的想法和安东尼·布朗是一样的吗？让我们一起来看看。

（观察图片：妈妈的手指都变成了——绿手指）

师：绿手指代表喜欢种花花草草的人。

师：(指导说话)妈妈的绿手指,让花盆里的花结出了——

生：妈妈的绿手指能种出一棵爱心花。

妈妈的绿手指可以种出一条条五彩的鱼。

妈妈的绿手指可以种出一颗颗美丽的纽扣。

妈妈的绿手指可以种出一个个可爱的洋娃娃。

妈妈的绿手指可以种出一座座美丽的花园。

妈妈的绿手指可以种出各种各样的水果：香蕉、苹果、生梨……

师：所以安东尼·布朗说——

生：我妈妈是一个有魔法的园丁,她能让所有的东西都长得很好。

 反思

绘本的显著特点是通过图画来讲述故事、传达信息,同时,结合色彩,线条,构图,文学中的词汇、语句、结构等外在形式,绘本的表达系统和本体之美正与学生的心理发展水平、美感发展特点相契合。

一、聚焦画面美

绘本的图画是画家精心绘制的美的世界,具有大量丰富的细节和各式各样的风格,蕴藏着丰厚的审美元素,我们需要陪伴学生去发现、去欣赏,从而为学生体验美、表现美积累丰富的审美经验。

《我妈妈》的作家安东尼·布朗就是通过简单朴实的语言和精心设计的排比句式,描述了这样一位平凡而又伟大的妈妈。有趣的画面、生动的内容描绘了一位既强壮又温柔、孩子心中最完美的妈妈形象。

采用图文对照法组织阅读活动,课堂中从图入手,先引导学生看图,认识图意,再随图逐段识文。教学中,尝试请学生体验情感：学着画里妈妈的样子夹着东西走路,感受妈妈的辛苦,而妈妈却没有一丝厌倦;妈妈的绿手指把全家的生活变得五彩斑斓又生机勃勃;妈妈能干,把家里里外外打理得井井有条又游刃有余"杂耍"……在这样的阅读中,孩子们在教师的启迪下观察交流,充分感受领略画面的形象美,自然地激发对画中的妈妈的喜爱,还会联想自己的妈妈在生活中类似的点点滴滴,一下子打开思维的空间,既走进了故事,又走出了故事,这就是画面美的体验带给学生的收获。

二、关注语言美

简单纯朴的语言、精心设计的排比句式,用孩子的口吻在绘本故事中"说话",《我妈妈》的故事语言很简练:"我妈妈是……还是……。我妈妈真的很棒!我妈妈真的真的很棒!……"这样的语言对一年级的孩子来说,简单通俗,而且结合画面的故事,一次次升华,使学生在倾听和朗诵中深切地感受语言的声韵和韵律节奏美,体验爱妈妈的愉悦,达到读中悟美、悟中读美,从而欣赏美。

欣赏了妈妈的绿手指,不妨就让学生学着用故事里的语言也说说"妈妈的绿手指,让花盆里的花结出了——",如此,以学生生活经验为基础,以绘本作品为基点,由绘本迁移生活,将生活融入故事,在这样一个宽松、自由、自主的言语表达的氛围中,学生可以充分地感受着绘本内容所带给他们的美的享受。

绘本阅读对于学生来说是一种玩耍,一种情绪体验,一种美的感受。运用"图文对照法"读文赏图,可以带着绘本的"美丽"和"魅力",帮助学生找回纯真,唤起学生的生活经验;"读文赏图"可以打开学生的思维,享受表达的乐趣,萌发心中美的种子。

（案例提供：蒋晓奋）

2. 朗读法

"书读百遍,其义自见",对于低年级的学生而言,孩子的内部语言不发达,因此,书面语言对他们而言是比较难以理解的,这也正是我们的老师在课堂上费力地带领孩子们进行文本理解,可不喜欢语文课的孩子依然不少的原因。在教学实践中,我们发现引导低年级学生在阅读中用朗读法去体味文章的意境是一个好方法。

古人云:"言,心声也。"书面文字在孩子们琅琅的诵读声中跃然于纸上,孩子们能够在动听的朗读声中将书面的文字转化为内心的语言,这是我们在低年级的阅读教学中推进朗读法的主要原因。实践证明,在阅读学习的起始年段即鼓励学生大声朗读是有效调节其陈述性阅读能力差异的方法和途径。

下面两位老师，一是以二年级第一学期课文《坐井观天》为例子，在教学朗读法；一是以推荐书目——绘本《猜猜我有多爱你》为载体教学朗读法的运用，在实践中引导学生从学方法到用方法，取得了良好的效果。

朗朗上口，学习表达
——二年级《坐井观天》阅读指导"朗读法"教学案例

 背景

朗读是语文课堂教学的重要方式，也是提高学生语文能力的重要途径。《义务教育语文课程标准（2011 年版）》对小学一至二年级学段的阅读要求有："喜欢阅读，感受阅读的乐趣。"笔者根据多年低年级的教学经验，觉得在阅读教学中，引导学生用朗读法进行阅读的效果较为良好：一是由于"书读百遍，其义自见"，大声、流利地朗读对于学生理解所读文本的内容是很有帮助的，其次是因为人在放声朗读的时候，大脑也容易被激活。关于这个问题，日本东北大学川岛隆太教授领衔的课题组在"大脑科学与教育"方面的研究结果表明：人在发声朗读的时候大脑的活动区域最广。[1]

基于上述认知，我们在阅读教学中用朗读法引导学生在大声朗读中声情并茂，在朗读中理解文本，在朗读中学习表达，实践证明，这对提升学生的阅读兴趣很有帮助。

 实录

一、朗读课文，演一演，关注表达有感情

1. 朗读理解主人公第一次对话（读出小鸟从很远处飞来口渴的样子，青蛙有礼貌打招呼）

---

[1]（日）斋藤孝.阅读的力量［M］.武继平，译.厦门：鹭江出版社，2016：74.

（1）分别指名读，教师引导评价。

对生 1：你读出了有礼貌的语气，这真是一只有礼貌的青蛙。

对生 2：你注意到了文中的问号的用法，读出了疑问的语气。

（2）师引读指导：一只小鸟飞呀飞，飞过山川，飞过田野，飞过河流，飞到了井沿上，青蛙看见了，有礼貌地问（男生读）。小鸟回答（女生读）。

师：小鸟说飞了 100 多里，使青蛙对小鸟的话产生了质疑，于是他们有了第二次对话。

2. 朗读理解主人公第二次对话（读出青蛙不相信，小鸟反驳青蛙的语气）

（1）分别指名读，教师引导评价。

对生 1：你的声音很响亮，原来青蛙认为小鸟在说大话，我们听到了怀疑的语气。

对生 2：大话就是吹牛，青蛙认为小鸟在吹牛，心里瞧不起小鸟。

对生 3：读得真好，青蛙不仅不相信小鸟，还用反问的语气嘲笑它，这真是一只——井底之蛙！

（2）分角色表演朗读主人公的两次对话。

出示朗读评价表：

朗读评价表

评价	评价标准	我来评	伙伴评
☆☆☆	声音响亮大方读，读通读顺不读错，有声有色有感情。		
☆☆	声音响亮大方读，读通读顺不读错。		
☆	声音响亮大方读，有错就改读正确。		

学生根据表演学生朗读的情况予以评价。

3. 朗读理解第三次对话(青蛙笑了,盲目自大地嘲笑小鸟)

(1) 分别指名读,教师引导评价。

对生 1:你读得很流利,我们听出青蛙笑中的得意,为什么得意?

对生 2:这个小东西是多么盲目自大、不自量力啊,谁也能来读一读?

师引读:小鸟也笑了,它为什么笑呢?

生 1:对于青蛙的眼界浅薄,小鸟在心里嘲笑。

生 2:小鸟觉得这只青蛙真是没有远见,不值得和他交朋友。

(2) 分角色表演朗读主人公的对话。

 反思

在这节课中,我预设朗读法教会学生如何进行阅读。我在教学设计时,给学生梳理了朗读四步法:一读课文,试一试,读通读顺不读错;二读课文,想一想,了解文意理结构;三读课文,演一演,关注表达有感情;四读课文,理一理,有声有色明道理。通过朗读,将课文中无声的语言变成有感情的大声诵读,在有声有色的朗读中读懂文章内容。有了基本的方法,学生可以将其迁移到课内的预习、课外的绘本阅读中,碰到自己喜欢、有趣的故事,不仅可以分角色读一读,也可以用演一演的方法来进行阅读,借以加深对文本故事的理解。

(案例提供:王磊)

大声诵读,感受精彩

——二年级图画书《猜猜我有多爱你》阅读指导"朗读法"教学案例

 背景

通过一段时间的了解以及与家长的接触,我发现家长对培养孩子的课外阅读能力的意识都比较淡漠,爱读书的孩子很少。班里的低年级孩子由于缺乏自信,很不乐意开口表达，而缺乏语言交流又反过来阻碍了阅读能力的提升。因此我借助《猜猜我有多爱你》等绘本教学，用大声朗读的方法，激发学生阅读的兴趣，指导学生阅读的方法。

《猜猜我有多爱你》这本图画书里有一只像孩子的小兔子和一只像妈妈的大兔子。小兔子像所有的孩子一样爱比较。它们俩在比赛谁的爱更多一些。大兔子用智慧赢得了比赛，可小兔子用它的天真和想象赢得了大兔子多出一倍的爱。两只兔子都获胜了。整个作品充溢着爱的气氛和快乐的童趣，小兔子亲切可爱的形象、两只兔子相互较劲的故事构架以及新奇的细节设置都对孩子有着极大的吸引力，是一部经典作品。

实录

一、导入

师：同学们，刚才王老师用朗读法教小朋友们学习了课文《坐井观天》，我们就继续来学习一篇有趣的绘本故事。它的名字叫——《猜猜我有多爱你》。（媒体出示）（大声读课题）

师：这是一则很有趣的寓言故事，让我们通过两只兔子之间的对话，来了解这个故事。

二、通过各种朗读方法感知课文

1. 一读课文，试一试，读通读顺不读错

请同学轻声读课文，做到读通读顺不读错。

2. 二读课文，想一想，了解文意理结构

（1）由于时间关系，范老师节选了一部分故事，都在这张纸上。请小朋友开火车分小节读课文，边听边思考：两只兔子在谈论什么？

（谈论自己有多爱对方）

（2）过渡：他们究竟有多爱对方呢，作者用了许多精妙的对话，让我们一段一段地去体会。

3. 三读课文,演一演,关注表达有感情

(1) 出示第一段对话。

① 指名读

指导:小兔子在表达爱大兔子的时候,做了一个动作,他把手臂张开,张得不能再开(边说边演示)而大兔子的手臂要长得多,他说"我爱你有这么多"。谁能加上动作演一演?

② 指名演(点评:你们的表演都很到位,他们之间的爱就像手臂那么长那么多)

(2) 出示第二段对话。

① 指名读

指导:这一次小兔子不仅仅是大声说出爱,他还激动地(喊起来)。他满怀感情对着大兔子喊——我爱你,像这条小路伸到小河那么远。大兔子也不甘示弱,怀着深情大声说——我爱你,远到跨过小河,再翻过山丘。(引导学生大声有感情地朗读)

② 两名同学分角色读

③朗读评价

······

✎ 反思

《猜猜我有多爱你》是一部非常经典的外国文学作品。两只兔子朴素而真诚的话语令人感动,他们用形象的动作、通俗的语言诠释和表达了相互之间的爱,其中蕴含的爱的意义更是震撼人心。教学过程中,我利用上一节课"坐井观天"中引出的朗读法,组织学生一读课文,自由读,做到读通读顺不读错;二读课文,通过提问两只兔子在讨论什么,了解文意理结构;三读课文,通过各种方式的朗读和肢体表演,关注表达体会情感;四读课文,在有声有色的分角色朗读中,感悟故事中蕴藏的道理。

　　学生一起品读故事情节时，他们精彩用心的朗读，让我赞叹。在童言稚语中，他们已经明白大兔子的爱比小兔子的爱既多又远，因此他们也想尽办法用各种各样的大声朗读来表达自己的爱。为了帮助班级里内向的孩子们"张口表达"，我一直在实践中寻找有效的方法。此前，为了符合二年级学生的年龄特点，我和王老师一起利用朗读法对学生进行阅读方法的指导。在本堂和王老师的课堂教学中，我们发现一个共同点，那就是相对于直接表达读后感受而言，低年级学生对于大声、有感情地朗诵朗读似乎更"情有独钟"，无论是表演读、角色读、比赛读，由于我们的三星评价标准"不加字、不漏字，有声有色有感情"是学生人人能达成的目标，因此他们的积极性很高。

　　课后，我又与家长沟通，通过作业进一步引导孩子们在家中也经常大声朗读绘本作品，孩子在课堂里的表达渐渐变得大胆了，自己的感受也能说得清了。再配合其他的语言表达训练，相信他们的进步会越来越大。

（案例提供：范嘉旎）

3. 比较法

　　比较法在低年级学生中运用，可以引导其在阅读中比较文中前后相似或不同处，体会事态的变化，加深对文章的理解，同时帮助学生提高在阅读中的对比反思能力。到了中、高年级，则可以用1—2篇类似的课外阅读与课文的比较，或是两篇文章的对比阅读进行教学，使学生在拓展阅读的同时，学习文章的写作特色。

比较阅读，引发思考

——四年级《一个豆荚里的五粒豆》阅读指导"比较法"教学案例

 背景

　　《一个豆荚里的五粒豆》是四年级第一学期的一篇课文。这篇文章讲述了小豌豆希望能给人们做件好事,终于在发芽、长叶、开花的成长过程中,给屋内患病的小姑娘带来愉快与生机的故事。全文无一爱字,但读后,总有一股清新的气息萦绕,有一丝从心底自然生成的感动,让人回味,使人的心情不由自主地随小姑娘心情的变化而变化,随小姑娘病情的好转而欢乐,不由自主地因小豌豆的善良和爱而生敬佩之情。小豌豆的爱不惊心动魄,不荡气回肠,但却润物无声,自由流淌。但是,能给他人做件好事的小豌豆被学生表扬一番就结束,这样的学习够了吗?作品的深度和可供学习的地方就这么点吗?

带着上述疑惑,我上网查阅了安徒生童话《五颗小豌豆》,经比较后发现,课文对原作的改编之处还是很多的:课文没有写出在第五颗小豌豆成长的过程中,小姑娘和母亲之间频繁的交流和互动;课文中没有提到小姑娘的家境贫穷以及小姑娘的姐姐之前因病去世的遭遇,而原作在这方面是动了一定的笔墨的……

思前想后,我觉得在阅读教学时,让学生了解原著的故事内容更能帮助他们理解作者的情感。所以,我从网上下载了《五颗小豌豆》的原文。在课上,我先教学课文内容,让学生了解课文;而后出示原文,引导学生比较两篇文章的不同之处;找到之后,师生共同讨论原文这样写,课文这样改的原因。尽管不能详解作者的原作,但是,学生还是很有收获的。

实录

片段一:

师:原著是《五颗小豌豆》,与我们的课文,从内容上进行比较,有哪些不同?

生1:我们课文主要介绍小女孩在小豌豆的陪伴下,逐渐恢复健康。而原著中对于小女孩的生活背景都做了全面的介绍。

生2:原著中对于小姑娘和妈妈的对话也写得很具体。

生3:原著写了许多小姑娘妈妈在豌豆苗生长过程中的心理活动,从她的心理活动中,我们可以得知更多信息,比如说,小姑娘的小姐姐前不久也是因为生病而去世的,而妈妈担心,小姑娘也快不久于人世了。

……

片段二：

师：既然我们现在阅读了原著，你发现原著与我们的课文在语言文字、描写手法上有什么区别吗？

生：两篇文章对比之后我发现，课文的对话更加精炼些。文中最小的豌豆说了三句话，而其余的四颗都只引用了一句话。

师：编者用这种方式告诉我们，对于主要人物，应做详细描写。

生：课文中围绕"小女孩是个可怜的小姑娘"做了具体的描写。抓住了外貌"瘦瘦的、黄黄的"，病情已到了"躺了一年了，下不了床，连坐也坐不起来"的地步。

师：作者运用了"先概括后具体"的方法，突出了小姑娘的可怜。

生：课文中小豌豆的生长过程，与小姑娘的病情慢慢转好，都是有着密切联系的。

师：原著中小姑娘恢复健康的过程更注重情节的发展，而我们的课文突出了小豌豆在恶劣的环境下也能生根发芽，茁壮成长。小豌豆顽强不息的精神唤起了小姑娘对生命的渴望，一步一步给小姑娘带来了战胜病魔的勇气。

 反思

一、比较文章内容，个性化理解文本内涵

语文课堂应坚持"阅读是学生个性化的行为，不应以教师的分析来代替学生的阅读实践"的现代教学理念。在这堂课中，我尝试比较教学，为学生展开个性化的阅读活动创造了有效的时空，把原著与我们的文本进行比较，引导学生从不同的层面、不同的角度理解文本。

通过内容上的比较，学生发现课文虽然以《一个豆荚里的五粒豆》为题，但在编写的过程中，通过语言、行动、神态凸显了最后一颗豌豆的形象，从它身上学生看到了可爱、坚强、助人为乐的好品质。原著通过对小姑娘母亲的语言、心理的描写，对小姑娘的家庭情况做了详尽的介绍，而课文集中讲述了小豌豆的遭遇，以及它的成长给小姑娘带来的生命的希望，这样使文章的主线更突出，便于学生学习。老师巧妙地引导学生在阅读中发现:"比较阅读"能挖掘文本更多的内涵,又不游离文本的价值取向。

二、比较语言文字,多角度地体会艺术技巧

学生通过比较能领悟到作者为什么用此而不用彼的奥妙。因此,在课堂教学中,应当鼓励学生从比较中理解,从比较中鉴赏,从比较中学到他人的遣词造句之艺术技巧。

课堂上我引导学生进一步从语言文字、遣词造句上作细致的比较。首先学生发现,我们的课文与安徒生的原著《五颗小豌豆》相比较,对话更加精炼,更具特色。课文中最小的豌豆说了三句话,而其余的四颗都只引用了一句话。其实作者是用这种方式告诉我们,对于主要人物,应做详细描写,这是写作手法的渗透,突出主要人物。接着,学生又发现,课文中围绕"小女孩是个可怜的小姑娘"做了具体的描写。抓住了外貌"瘦瘦的、黄黄的",病情到了"躺了一年了,下不了床,连坐也坐不起来"的地步。经过我的启发,学生总结出:作者运用了"先概括后具体"的方法,突出了小姑娘的可怜。这种先概括后具体的写作方法,也是本篇课文的写作特点,对四年级学生的写段练习也是很有帮助的。最后,学生们还发现课文比原著更突出小豌豆长叶、爬藤、开花的生长过程,而这一过程与小姑娘的病情慢慢转好,是有着密切联系的。小豌豆长出叶子,小姑娘心里高兴;小豌豆往上爬藤,小姑娘为了看得更清楚,把床移到了窗前;小豌豆猛劲儿长,小姑娘脸色好多了;小豌豆开花了,小姑娘站了起来,身子也好多了。这一梳理使我们的课文思路和条理更为清晰。而原著作为一个童话故事,更注重故事情节的完整性和趣味性。

课堂中学生在老师的引导下,尝试拿课文与经典名著作比较,而迸发出更多的思维火花。学生观察两者间的异同,深入探究这种异同,只有这样,才能使比较不流于肤浅,达到深入理解的目的。

(案例提供:吴萍)

4. 思维导图法

教师在传授思维导图设计的基础知识后，引导学生以思维导图的方法理清文章脉络，帮助理解文章是中、高年级学生学习说明文的好帮手，掌握该方法也有利于学生之后在整本书阅读中理清作者的行文思路。在课堂教学中，教师可以先教方法，再收集学生的佳作代替自己的板书，引导学生概括文章的大致意思，借此激发学生学习和阅读的兴趣。在下面的案例中，这位老师借课文《太阳》教学思维导图法的运用，很大程度上激发了学生阅读此类文章的兴趣。

思维导图，帮助阅读
——五年级《太阳》阅读指导"思维导图法"教学案例

✎ 背景

《义务教育语文课程标准（2011 年版）》提出："在理解课文的基础上，提倡多角度、有创意的阅读，利用阅读期待、阅读反思和批判等环节，拓展思维空间，提高阅读质量。"这是小学学生阅读学习的目标。"读书之法，在于熟读而深思"，教师在实践中发现，中、高年级段学生阅读文本篇幅渐渐变长，人物线索较低年段而言相对较为复杂，若在学生阅读中运用思维导图的方法加以引导，辅助学生阅读，能使困难、复杂的内容主线变得清晰；学生学会运用这样的方法阅读，能有效提升阅读自信，从而进一步激发阅读兴趣。

《太阳》是一篇小学中、高年段的说明文，全文分为两大部分，采用了列数字、打比方等说明方法介绍了太阳的特点以及太阳与人类有着密切的关系。在教学设计中，我拟通过引导学生学习导图法阅读，在帮助学生理清文章思路的同时理解课文是怎样把太阳的特点写清楚的，同时了解到列数字、作比较等写作方法，能将其运用到学习说明文和练笔中去。

二 实录

一、学习太阳的特点

1. 师：请三个同学读1—3自然段,看看课文分别写了太阳的哪些特点?

生：远

　　大

　　　热

2. 师：自由读1—3自然段,课文写了太阳的哪些特点? 用"____"画出有关的句子。

生1：太阳离我们有一亿五千万公里远,到太阳上去,如果步行,日夜不停地走,差不多要走三千五百年。

生2：就是坐飞机也要坐二十几年。

师：不错,你读出了重要的部分,能不能就这个内容说一说课文是怎样把这个内容说清楚的。

生1：太阳离我们有(一亿五千万公里)远,到太阳上去,如果步行,日夜不停地走,差不多要走(三千五百年);就是坐飞机也要坐(二十几年)。

(师板书：列数字)

师：太阳"远"这个特点还用了其他什么说明方法,找找看。(写传说故事,目的让大家产生兴趣,能引人入胜)

(板书：传说)

生1：课文也运用了列数字的方法来说明太阳的"大"。

生2：130万个地球等于1个太阳。

师用课件演示,进行引导：左边是地球的动画,右边是太阳的动画,我们生活在地球上,对我们而言,地球非常大,我们不可能走遍地球的每个角落,然而,拿地球和太阳一比,更突出了太阳的大。这就是(作比较)。

(板书：作比较)

生3：课文在写太阳热的特点时,运用了列数字的方法,告诉我们表面温度有六千度,中心温度是表面温度的三千倍。

(板书:表面温度有六千度,中心温度是表面温度的三千倍)

(板书:列数字)

师:那中心温度是多少呢?请同学们动手算一算。(一千八百万度)

教师再进一步引导:真有一千八百万度吗?

生4:是估计,太阳温度太高了,人们无法进行测量,所以是大概的数。

师:同学们注意了"估计",特别好。说明你们读书很细心,那看一看还有没有其他的方法。

生5:用钢铁遇太阳后的结果,说明了太阳的温度真的很高。

(板书:假设)

二、明确阅读方法

师板书并总结:我们用抓关键词的方法,明确了第一段运用了传说、列数字、假设和作比较的说明方法,分三个小节具体形象的把太阳的"远、大、热"的特点阐述得清清楚楚。你们看,老师边概括边用关键词语和线条梳理文章脉络的这种方法叫"思维导图法"。这是一种能帮助我们理清文章思路的好方法。

(板书:思维导图法)

师:自己阅读课文第二段,完成导图。

远　　　　————(动植物、人类生活)

大　太阳　————(雨、雪的形成)

热　　　　————(防病治病)

三、总结

师:"思维导图",不仅帮助我们理清了文章的脉络,还进一步了解了作者的行文思路。掌握这种阅读方法能帮助我们更好地读懂长文,也能成为我们写作的好帮手。

 实录

在课堂中,我们用"思维导图法",不仅帮助学生理清了文章的脉络,还进一步了解了作者的行文思路。掌握阅读方法后,引导学生尝试着自己用思维导图法自学"太阳与人类的关系"段落,孩子们边读边思,很快地理清了文章的脉络。

实践中,我发现把思维导图运用到阅读教学中,通过课内阅读对思维导图的完善,能帮助学生梳理、巩固、理解和拓展所学内容,将阅读材料中最重要的信息进行组织整理,这样有助于学生有效利用时间,进行高效阅读。

思维导图教学方法不但在阅读上能培养学生的思维习惯,发展思维能力,在写作方面,也能赋予学生极大的创作自由度,引发学生深入思考、用心感悟,从而使学生写出的文章结构更严谨,重点更突出,文章的表现手法更富有特色,故事情节更生动而更充满戏剧性,更有效提高学生的写作能力和创新能力。

思维导图的启发,学生不但掌握了课文中的重、难点,而且可以把课内知识作为第一级的支点向课外进一步延伸,生成了第二级、第三级直至"神经末梢"即最细小的知识点。延伸得越细,课外知识就积累得越丰富,创造性思维也就越发达,当然任何一种优秀的教学方法或策略,都有其优点和缺点。在教学过程中,老师对阅读教学方法的采纳运用,应取其长,避其短。如果不很好结合学生、课型实际,而盲目地生搬硬套,每一课都运用,我想,教学效果或许会适得其反。

（案例提供：徐建慧）

5. 批注法

批注法多用于中、高年级学生,所谓"不动笔墨不读书",教师鼓励学生在阅读中与文本进行对话,并将自己的感悟用"圈、画、写、注"的方式记录在文本的边上,也可以附之以摘记的内容,为日后的写作积累素材。

批注文本，感悟情怀
——《是谁嗯嗯在我的头上》绘本阅读指导"批注法"运用教学案例

 背景

批注式阅读作为一种阅读方法，既能充分调动学生阅读的积极主动性，提高学生的阅读能力，又能丰富学生的情感体验，形成阅读个性。它是一种以问题研究为载体，以主动探究为核心的阅读实践活动，是一个动态的思维过程。在这个过程中，学生根据研究的专题，结合自身的兴趣、爱好、特长等，主动地运用已有的生活经验和知识储备，设身处地地与文本进行广泛的、深入的、全方位的直接对话，从各个层面对文本进行理解、感悟、阐释、发现和点评，并直接在课文中圈点勾画，注明自己思维的轨迹，打上自己认识的烙印，表达自己的思想情感，从而获得自我发展。

 实录

片段：

三、深入研读，说话训练

1. 观察故事前半部分(P1—P14)，初步理解故事内容。

有一天，阳光明媚，天朗气清。小鼹鼠从地下伸出小脑袋来，看着地上这么美的景色，开心地迎着阳光说："哇！天气真好。"可是，就在这时候，事情发生了！一条长长的，好像香肠似的"嗯嗯"掉下来，糟糕的是，它正好掉在小鼹鼠的头上。

(1) 出示句子：一条长长的，好像香肠似的"嗯嗯"掉下来，糟糕的是，它正好掉在小鼹鼠的头上。

指导学生批注：从"长长的，好像香肠似的"知道了什么？（"嗯嗯"的长、粗）

第一步：仿照老师的板书在"长长的、好像香肠似的"短语下加小圆点。

第二步：想一想，"长长的"这个词语写出了"嗯嗯"的什么？

"好像香肠似的"，作者把嗯嗯比作了香肠，平日里的香肠是怎样的？

作者这样一比喻,告诉我们香肠不仅长,还怎样?

第三步:把想好的答案用简短的话(或关键的词语)写在句子旁边空白处。

(2) 出示句子:糟糕的是,它正好掉在小鼹鼠的头上。

提问:此时,小鼹鼠什么心情啊? 画出有关词语,在旁边的空白处写上批注。

(很生气、很气愤、很难受……)

表演:请一个小朋友来学学。小朋友一起来做做。

提问:这时候小鼹鼠会说什么呢?(请小朋友举手回答)

2. 提问:小朋友们,想一想,如果你是这只小鼹鼠,接下来你会怎么想? 怎么做?

说话练习:

如果我是小鼹鼠,我会想:＿＿＿＿＿＿＿＿。于是,我就＿＿＿＿＿。

二 反思

一、运用简单符号,利用书的边角料空间进行批注

学会和掌握"批注法"这一阅读方法,首先了解批注的基本形式。

1. 批注的位置:可以是"眉批"(批在书头上),也可以是"旁批"(字、词、句的旁边,书页右侧),还可以是"尾批"(批在一段或全文之后)。

2. 批注的符号:"～～～"浪线(也叫曲线)画在文章精辟和重要的语句下面。"○○○○"圈,标在文章的难词下面。"＿＿＿"直线,标在文章中需要着重领会、加深记忆和理解的语句下面。"?"疑问号,用在有疑问的语句末尾。"‖""/"分开号,用来划分段落与层次。掌握了基本形式,才能运用这些简单符号,利用书的边角料空间有效地实施"批注法"阅读。

二、运用三种"批注法",走进文本中人物的内心世界

《是谁嗯嗯在我的头上》的作者是德国的霍尔茨瓦特与埃布鲁赫。故事通过一只倒霉的小鼹鼠寻找到底是哪个坏蛋"嗯嗯"在他头上的过程,轻松愉快地让我们了解到:原来每一种动物的排泄物的形状都不同,什么样的动物就"大"什么样的"便"。我们也从书中得到更深一层的认识。

本书通过幽默有趣的故事情节，带领孩子认识各种动物的大小便，满足其好奇心，帮助孩子拥有健康地面对大小便的正确常识，让孩子进一步了解动物的食性、消化功能和排泄方式，是一本趣味性与知识性兼具的图画书。在这堂课上，我引导学生学会批注法，对文本进行赏析、评点，培养良好的深层阅读习惯，提高阅读能力。

批注法的方法众多。有"专题批注""释疑批注""联想、补充批注"……本堂课采用了"专题批注"和"联想、补充批注"。

1. 专题批注

引导学生在阅读过程中对文本中的重点、难点进行批注。在理解句子"一条长长的，好像香肠似的'嗯嗯'掉下来，糟糕的是，它正好掉在小鼹鼠的头上"时，教师把这句话分为两部分。第一部分是"一条长长的，好像香肠似的'嗯嗯'掉下来"，教师手把手教，一步一步减小难度，让学生轻松愉悦地掌握方法。第二部分是"糟糕的是，它正好掉在小鼹鼠的头上"，对这一部分的理解体会，教师不再扶着学生走，而是通过提问，提示学生联系下文"小鼹鼠气得大叫：'搞什么嘛！是谁嗯嗯在我头上？'"中的神态"气得"和语言"搞什么嘛！是谁嗯嗯在我头上？"体会鼹鼠当时的心情，与文本中的鼹鼠一起生气，一起难受。教师之所以采用先扶后放的教学策略，是由于学生年龄小，第一次接触这种批注法，需要慢慢来，因而"先扶后放"是教会学生专题批注的有效方法。

教师以一句话为范例教会学生专题批注法，其二的目的是潜移默化地让学生知道，记事、记人的文章可以从评点人物的外貌、动作（或动作前的修饰语）、语言、神态、心理活动等进行批注阅读。假以时日，学生们自然而然地掌握了方法，从故事中人物的一举一动、一言一行去感悟主人翁的内心世界。

2. 联想、补充批注

在阅读中，当出现省略号，以及略写、空白处时，就可以用这样的批注来加深对文本的理解，从而感悟文本的中心思想。例如，教学中，教师创设了这样一个环节：

小朋友们，想一想，如果你是这只小鼹鼠，接下来你会怎么想？怎么做？

说话练习：

如果我是小鼹鼠，我会想：_____。于是，我就_____。

这个补充批注的设计旨在使教学故事的前后情节更加紧密，角色的转换更能让学生走进文本，和故事的主人翁共命运，对深层理解体会文本有所帮助，同时还丰富了学生的想象力。之所以教师的要求是"说话练习"而不是写批注，这还是因为学生年龄小，识字量不够，应运文字的能力偏低，再加上课堂时间有限，因此，把写改为说。但是，随着学生年龄的增长，语言应用能力的提升，课堂上可以适当地让学生动笔练一练。

古人云："不动笔墨不读书。"在阅读教学中，培养学生良好的批注能力，有助于丰富学生的情感体验，形成他们的阅读个性。读书成为孩子们的精神需求，在这个过程中，学生得到的不仅是知识的增加、能力的提高，更为重要的是，他们在一边阅读一边批注中找到了读书的乐趣，形成了独立的思想，拥有了自主学习的能力。

（案例提供：李旻）

（二）阅读分享课

在掌握了一定种类的学习方法后，教师可以启发学生在课堂中自主选择阅读中感兴趣的问题，自由选用最适当的方法进行分享学习。

如在学习五年级《将相和》一课时，学生可以选用朗读法表现主人公蔺相如的勇敢，可以选用板书法厘清蔺相如在同秦王三个回合交锋中志勇双全的表现，可以用表演法再现这一精彩场面，也可以用比较法研究廉颇对蔺相如前后态度的截然不同；同时，也有学生运用图文对照法体会渑池之会中秦王与蔺相如神态的反差……各种方法的运用，使教学相融，学习变得有情有趣，有滋有味，很受学生欢迎。在这样的阅读分享中，教师的责任则是把学生主动探求所获取的感性认识提炼升华为抽象的理性认识，除了将学生在学习中产生、运用的良好学习方法向其他同学推荐外，还应引导学生不断总结学习规律，改进阅读方法。

因此，在运用上述方法的同时，教师应鼓励学生在学习中不断利用新旧知识、方法的联系，开发出种种新的阅读方法以供交流、选择，并能渐渐地在独立阅读中使用，阅读能力在无形中不断增长，阅读量自然也能随之扩大。

当然，随着互联网与教育教学的渐行渐近，原先的"师生——生生"三边阅读分享互动因为互联网的介入而变得更加丰富多彩，以下是管弄新村小学朱绣慧老师结合学校阅读微信平台引导学生进行阅读分享的案例。

互动体验，阅读分享

——《尼尔斯骑鹅旅行记》阅读分享教学案例

 背景

2011 年微信正式发布，如今，微信注册用户已近十亿，覆盖 90% 的智能手机用户。它正以前所未有的速度与激情，冲击着传统的人际交流方式。它让大家的联系更紧密，对于善于接受新鲜事物的小学生而言，玩微信更成了一种时尚便捷的生活方式。管弄新村小学依托微信公众号而构建的"指尖上的阅读"平台推出已经三年了，全校的学生和家长通过平台阅读了许多古今中外优秀的儿童文学作品，还从指尖汇聚到了笔尖，留下了无数珍贵的书评和阅读体会。

《尼尔斯骑鹅旅行记》讲述了一个不爱学习、喜欢恶作剧的顽皮孩子尼尔斯，因为一次捉弄了一只精灵，而被精灵用魔法变成了一个跟老鼠差不多大的小人。他骑在他家的大白鹅背上，跟着一群大雁出发做长途旅行。通过这次奇异的旅行，尼尔斯增长了很多见识，结识了许多朋友，也碰到过好几个凶恶阴险的敌人。2016 年春天，学校结合春游活动，组织学生观看了童话剧《尼尔斯骑鹅旅行记》。有趣生动的童话剧激发了学生极大的阅读兴趣，我立刻引导学生进行课外阅读，并在之后一段时间借用阅读平台鼓励学生进行阅读分享。

下面我就长篇童话《尼尔斯骑鹅旅行记》为例，谈谈结合自媒体进行互动体验式绘本阅读分享的实践。

实录

片断一：

(1) 学生打开平板电脑,登录学校微信公众号"指尖上的阅读"平台,阅读故事概述

(2) 教师启发

师启发：看了内容简介,你有什么疑问吗？ 你想知道些什么内容？

生1：我想知道尼尔斯去了哪些地方旅行？

生2：我想知道尼尔斯变得那么小,是怎样对付凶恶的敌人的？

生3：尼尔斯结识了哪些朋友？ 发生了什么有趣的故事？

(3) 同学们的问题都很好,下面让我们走进图书馆,借来这本书,到书里去找找答案吧。

片断二：

1. 生图书馆借阅

微信平台的推介显然起到了良好的宣传效果,学生们被精彩的故事吸引住了,开始了饶有兴致的阅读之旅。静静的图书馆中只有学生们翻书的沙沙声,间或发出银铃般的笑声,一定是在和尼尔斯进行心灵交流吧！

2. 小组交流读书心得

学生们有的朗读书中的精彩片断,有的点评有趣的地方,有的分角色朗读主人公对话,体验人物情感,还有的举手表决最佳小演员。

3. 小小读书分享会

师出示分享提示：

★书中有哪些人物？你能用一两句话说说她们各自的特点吗？

★谈谈你最喜欢谁？ 为什么？

★说说你读了这本书以后的感受。

生1：我最喜欢尼尔斯。尼尔斯一开始是一个不懂事的小孩,他整天捉弄动物,后来惹火了住在牛棚里的小精灵,被变成了与小精灵一样小。但后来他在跟

随莫顿和雁群飞行的过程中，学会了帮助别人、遵守诺言，成为有奉献精神的大男孩。

生2：我最喜欢莫顿。莫顿是尼尔斯家的鹅，是不愿服输的代表，一开始饱受大雁的歧视，但为了自己的目标和理想，在挫折中成长。它用自己的勤奋和努力，赢得了大雁的尊重，也创造了自己的幸福生活。

生3：我最喜欢阿卡。阿卡是雁群的领头人，它和养子老鹰之间的母子亲情是那样的高尚和伟大。

生4：尼尔斯从一个调皮捣蛋的孩子变成一个勇敢、帮助别人的好孩子。帮助别人是最快乐的，我也要做这样的孩子。我明白了不能捉弄别人，要互相帮助。

生5：动物不仅是人类的好朋友，更是人类的好帮手。鸽子可以送信，能在茫茫大海里搜寻遇难的飞行员，昆虫传授花粉，花草树木才会成长。人们应该保护好环境，不要伤害动物。

……

片断三：

大家交流完这本经典童话后，再次拿起平板电脑，在微信平台晒出自己的阅读感言。精彩感言得到其他学生的点赞，举例如下：

"在这次长途旅行中，尼尔斯看到了祖国的美丽风光。他经历了许多的困难与危险，并从各种动物那得到了不少的优点，逐渐改正了自己以前的缺点，还培养了勇于舍己、助人为乐的优秀品德。由于尼尔斯变善良了，当他重返家园时，不仅变回了人，而且成了一个勇敢、善良、乐于助人、富有责任感而又勤劳的男孩。"

——薛同学

"尼尔斯虽然身处逆境，但最终能在一次次的'磨炼'中变得勇敢起来。他从一个淘气、贪玩、喜欢恶作剧的小男孩变成一个懂事、乐于助人的好孩子，因为他懂得了给予别人帮助是快乐的！要是让我变成尼尔斯，我也十分愿意，我要去帮助更多需要帮助的人，让我们的世界变得更加美！"

——徐同学

片断四：

经历了"线上阅读简介——线下图书阅读交流——线上发帖感言"的互动式阅读后，学校带领学生进行体验式阅读：带着绘本去春游。

2016 年的春游，管弄新村小学组织全体师生去观赏世界唯一一部获得诺贝尔文学奖的儿童剧《尼尔斯骑鹅历险记》。舞台上小主人公活灵活现的表演，让孩子们身临其境，仿佛正在跟随尼尔斯翻山越岭。台下不时传来阵阵激动的掌声，台上台下互动频繁，舞台效果十分震撼。

在剧场里欣赏完精彩的表演，大家回到家就迫不及待地拿起画笔，描绘自己的所见所闻，这也是体验式阅读的反馈：阅读小报展示。优秀作品会张贴在教室里的黑板报上，还会由学生们投票选出"十佳小报"，予以表扬。通过这种互动体验式教学，学生对绘本阅读的积极性大大提高，对文本有了更深入的了解，不但提高了阅读能力，还提高了书面表达能力。

片断五：

（1）学校通过微信平台的后台数据统计，以学期为单位评选包括本次阅读评价在内的"指尖阅读'双十佳'"。教师推选了各班级学生的优秀阅读小报和一句话书评，和大家分享阅读的收获。

（2）在 2016 年 6 月的学期结业典礼上，揭晓首届"指尖阅读'双十佳'"评选结果，并举行隆重的颁奖礼。学生和家长不但收获了饱含老师鼓励的奖状，还得到了学校精心准备的"绘本学堂书包"。

 反思

一、自媒体平台，推荐阅读书目

在互联网时代，孩子们阅读行动更加多样化，点个赞、签个名、发表一个评论、参与一项讨论，只要在手机平台上对某本书做出一些努力，都可以说是阅读行动的一种。学校应用了微信平台这个半公开的空间，给了每个孩子一个展示自己的舞台，三年以来的运行数据说明了学生都期望在此构建一个更积极阅读的自我形象，传递更多积极正面的阅读情绪。绘本阅读的网络推广行动的重要意义，就是让原本零星的个体阅读行为产生规模效应，激发每个学生每天用几分钟参与到微信平台上的交流。

二、图书馆借阅，引导阅读行为

对于教师而言，要推进绘本阅读的网络推广事务，需要长期不懈的实际行动，而学生们最缺乏的恰恰是进入图书馆，静心阅读、欣赏纸质书的过程。学生们在参与网络论坛后,可能会产生一丝自我陶醉和自我肯定,产生"我已经尽过力了"的错觉,存在减少后续阅读行为的可能性。所以学校特意只在平台上推荐书籍,却不把全部内容做成电子书,就是希望利用孩子们线上交流的热情,把他们拉到图书馆中来,产生真正的阅读行为。

同时,学校在每个教室设立了图书角,把阅读平台上的绘本放进图书角漂流,每班定期更换,保证学生们能利用午休和下课的时间,真正亲近绘本、拥抱绘本。学校还把春游和绘本结合起来,设定春游主题为"带着绘本去春游",组织学生观看由获得诺贝尔文学奖的绘本《尼尔斯骑鹅历险记》改编的儿童剧,而且在微信平台上事先推出作者介绍、故事概述进行预热,提高了图书馆的借阅量。

三、体验式阅读、活动更丰富

学校鼓励孩子发表较长的阅读感言,把绘本阅读与"微写作"有机地结合在一起。在微信平台上,由于学生的阅读心得受众面比较广,教师、其他学生和自己的家长都能看到,孩子在发表前一定会深思熟虑,对语言精雕细琢,对观点辩证思考后,才会发表在平台上,以期得到更多的点赞和好评。"微写作"还可以激励孩子在全校范围内进行比较,促使孩子写出更多更好的读书心得,从而更快地进入每月的排行榜。

孩子们每天为了绘本阅读做出一点点努力,也就没有辜负自媒体赋予的表达与参与的权利。其实学生们原先公共参与的意识还很缺乏,学校推进的微信平台也让孩子们享有了前所未有的话语权,"微写作"让他们的声音能够迅速地被老师和家长知晓。我们有理由相信,利用自媒体推广的意义不仅仅是吸引孩子展开阅读之旅,更在于培养孩子们的公共参与意识,加强主人翁责任感。

四、线上线下结合,阅读视野更开阔

以平台上推出的"书目"为中心,教师、学生都可以给予"微写作"来评论,学生之间也可以互相跟帖,评价"微写作"精彩与否。教师也实时在线,观察评价学生们之间的互动情况。人气比较高的绘本书籍在图书馆的借阅量会大幅增加,学校也会替换人气比较低的书籍，促进"学校推荐书目"不断更新，这样构成的良性循环，已经在学校掀起一股绘本阅读的浪潮，把孩子们带入绘本的海洋遨游，孩子们乐在其中。

依托自媒体的互动体验式阅读分享交流，适应信息时代知识更新的速度，最大限度地开发了学生的洞察力、创造力和思维力，对于学生学习能力的培养是一种极大的激发。实践证明，不仅仅学生对这种课堂新模式兴致勃勃，课堂效率大大提高，师生之间、生生之间的沟通互动更加充分有效。

（案例提供：朱绣慧）

总之，好的阅读方法要在教学中不断生根、不断升级，才能真正促进孩子们的阅读。但笔者深知，方法是为阅读积累服务的。如果过分强调方法以至于忽视阅读量的积累，将导致学生在阅读中失去自我，迷失阅读的方向，终致学生不爱阅读，或者是爱阅读却不爱学语文，爱语文书却不爱语文课的怪现象发生。这显然是与阅读的初衷相悖的。因此，教师在实践引导中应该明确：多种多样的阅读方法只是帮助学生打开阅读之门的钥匙，我们在讲求方法的同时更应当强调的是阅读的内容和过程，我们在提倡阅读分享的时候更应当强调的是交流、沟通和体验。

第四节　不同发展水平学生的阅读指导

学生的学习过程是动态、变化的过程，一个教学班里的几十名学生的学习现状永远处于不同发展水平，这便是教育的差异性。教学的难点在此，而意义也在于此。要帮助不同发展水平的学生找到方法、养成良好的阅读习惯，教师需根据学习者的自主意识、自我发展能力设计分层次的阅读指导策略。

如本书第一章中所述，阅读有四个层次：初级阅读、检视性阅读、分析性阅读和相同主题比较阅读。分析性阅读、相同主题比较阅读对儿童来讲难度较大，但能锻炼培养儿童的比较、分析、判断、推理的能力,从而使儿童变得更有智慧。为了让我们的阅读课堂教学能根据不同水平的学生需求更有针对性,在实践中可以结合上述四个层次分"初级、中级、高级"三个阶段进行推进。

一、营造氛围,帮助学生进入初级阅读

"初级阅读"就是为学生营造一种良好、自由的学习阅读氛围。在阅读教学实施前,首先为学生提供一种能促进学生学习的良好氛围,让学生置身于一种民主、和谐、充满真实、相互关心和理解的心理氛围中;让学生敢于畅所欲言,个性有机会得到张扬,只有这样的氛围,才能让自主阅读成为可能。"但这种气氛最初来自'促进者'(即教师),随着学习过程的进行,学生就会越来越多地,并且很自然地流溢出这种情感与态度。"①而正是在此基础上,阅读、尤其是自主阅读才能更顺利地发展并对学生的成长发挥作用。

在这一阶段,教师可以尝试运用菜单式阅读法提高学生的阅读兴趣,扩大其阅读量,初步养成他们的阅读习惯。

◆ **菜单式阅读**

教师在听取学生意见的基础上与学生在每个学期初共同商拟出本学期阅读课外书籍的"菜单",内容可包括学生感兴趣的童话、小说、故事集,成为在学校推荐的书目外的自选菜单。阅读菜单包括必读书目和选读书目,学生可在两类书目中各选择三分之一,在一学期的各时间段内进行自主阅读。教师也可借用语文阅读课,鼓励学生走出教室,去学校图书馆借书阅读;利用午休时间,鼓励学生在教室里创建"休闲书吧",将自己已经阅读过的课外书籍与同学进行交换阅读。在学期结束前,请学生根据自己的阅读成效进行自我评价,在此基础上举办"菜单式阅读"的主题交流沙龙,引导每一位学生就自己阅读中感受最深的一本书发表见解,并将这本心爱的书籍向同学们推荐。主题交流沙龙结束后,由担任书记员的学生代表将学生意见进行汇总,制定出本学期班中的新书排行榜:《水浒传》《窗边的小豆豆》《小王子》《三个火枪手》……这些

---

① 吴忠豪.小学语文课程与教学论[M].北京:北京师范大学出版社,2004:276.

中外名著是排行榜上的"常客"。在此基础上，教师鼓励学生再次根据自己的喜好和需要制定个人阅读菜单，在寒、暑假期中进行自主阅读。

二、 制定策略，带领学生走进中级阅读

学生在学习中应该学会学习、思维的认知策略，教师应强调认知加工过程和认知结果对学生的学习和发展所起的直接作用，而发展的实质是思维的质的变化。在如今的阅读课堂教学中，较多采用以教师的提问促使学生思维的策略，从表面上来看，教师很重视培养学生的思维，其实不然，学生的思维始终局限在教师所设置的提问"圈套"内，自己对文章的理解却无从谈起。谁问？问谁？问什么？怎样问？这些问题不解决，热闹的课堂教学将永远流于表面，无法形成良好的学生阅读局面。

因此，本阶段的阅读教学提倡学生在课内课外养成独立阅读的习惯，在阅读的过程中逐步形成"自己发现问题"，从而"自己制定学习（阅读）目标"，"自己选择学习（阅读）方法"，"自行布置作业"，最后"自己进行学习的评价"的"阅读自动化"流程，在"五自"的阅读过程中，培养学生的自主性和独立性，并在教师的引导下逐渐培养学生的阅读习惯和学习能力。笔者认为，只有完成了上述"五自"，小学生"自主阅读"的习惯才真正养成。

然而，由于学生的学习基础不同，不可能让所有的学生一下子都到达"五自"的"自主阅读"状态，为了帮助不同发展水平的学生在这一阶段都有所进步，教师可以尝试运用以下两种方法。

◆ **对话分析式阅读**

语文读本浩如烟海，古今中外的名篇名著能让人从"青丝"读到"白发"仍不能穷尽。然而学生是处于不同发展水平的个体，为了帮助一些尚不能立刻进入自主阅读状态的学生，教师可以在学生自我阅读的基础上，在课堂有限的时间内，创设情境，用师生、生生间的对话来交流阅读后的感受，激发学生的阅读兴趣。实践证明，这也是促进学生学会阅读，展示个性的良方。笔者所教班级中每周特设一节阅读兴趣课，就本周阅读中自己最为赞赏的一段文字与师生展开对话交流，孩子们的独特见解常令人大开眼界，令人感慨课堂之外天地的精彩，感慨"世界是孩子的读本"。

比如在"指尖上的阅读"平台上,老师鼓励孩子将阅读完书籍后的感受,用一句话概括,并与全校同学进行分享。正所谓每一个读者心中有各自不同的"哈姆雷特",可能不同年级的孩子阅读同一本书籍后的感受是不同的。而这种借助网络平台跨越年龄的"阅读对话",却也正是一种最好的阅读资源——低年段的孩子在哥哥姐姐的分享中找到了有趣的读本,而中、高年段的孩子也在比自己小的学弟学妹的分享中读到了不同的"哈利·波特",由此激发了他们再读一遍,一探究竟的兴趣。

当然,在网上阅读对话的基础上,老师能适时进行有意识的鼓励和引导,将线上与线下的阅读对话进行整合,效果更佳。管弄新村小学的关瑜老师就在学习《昆虫备忘录》一课的基础上,引导学生进行拓展阅读,并以第一人称来为动物代言,引导人类与动物进行沟通与对话。孩子们的习作虽显稚嫩,但胜在是结合阅读内容有感而发的,因此各具特色。教师在展示的基础上又引导孩子将书面交流的文字进行口头表达,起到了良好的教学效果。

综上,教师在孩子阅读的同时,引导了乐于表达的孩子结合言语交流感受,鼓励了不善口头表达的孩子先通过书面语言进行沟通、交流,这种对话分析式阅读的效果,看似悄无声息,或许远比一堂纯粹的看似热闹的语文课意义重大。

◆ 检视性阅读法

阅读既然是一个个性化的解读过程,学生自然可以根据自身的阅读期待,对课文产生认同、共鸣,或进行质疑、批判。为了培养学生良好的阅读习惯,教师应在阅读过程中将更广阔的空间与时间留给学生,让他们在读中注、在读中悟,在检视阅读中慢慢提升自己的批判性思维和创新思维。

　　不少学生在进行阅读时自觉参与、深深感悟，并与同伴们总结出了阅读三步法：一读——细细品味文章的字句；二注——在通篇阅读后，在重要句子边写下自己的心得与批注；三悟——在批完注解后，更深层次地领悟文章的主题。以一个学习小组阅读《雷神之水》为例：学生在阅读过程中先是选用自己喜爱的方式对文章进行"三读"——反复读三遍，扫清字词障碍；而后在细细品味文章内容的基础上有感而发，在原文旁边做出注解。有的说："该瀑布（指文中描写的尼亚加拉瀑布）流量大，水势凶猛。"有的由衷赞叹："雷神之水天上来。"有的则与自己的生活经历作比较："尼亚加拉瀑布的雄伟壮观比我见到的黄果树瀑布有过之而无不及，是加拿大的骄傲！"……鼓励学生在阅读时参与、感悟，能催生文学的种子破土而出，茁壮成长，而学生经常在阅读过程中学习"读中悟""悟中注"，及时用自己的方式表现对文章的感悟、与作者的共鸣，则能帮助他们更快地进入更高层次的阅读。

三、 开拓空间，教会学生享受"高级"阅读

　　在学生对阅读表现出越来越浓厚的兴趣的同时，教师应抓住关键，乘势而上，帮助学生享受自由阅读的乐趣。在这一阶段，我们鼓励学生在进行相同主题比较阅读的基础上以阅读为途径进行研究性学习。

　　在实践中，教师可以由学生单独或者与其他学生共同设计阅读计划，参加跨越学科领域的探究型学习。这就要求学生有更强的自主性和责任感。让学生探寻自己感兴趣的问题，并以此作为学生个性发展的重要基础。学生可以根据自身实际，自行拟定一个与学习内容有关的小课题进行研究型学习，教师则予以鼓励并指导学生学会利用各种图书资源，领会一些最基本、最简单的课题研究的方法和步骤，在一段相对较长的时间内，在完全自动化的状态下，让学生围绕一个关注的问题自己寻找答案，并在研究的过程中通过独立阅读与主题内容相关的书籍进行阅读，从而获得大量相关的知识，在上述信息处理的过程中习得问题解决的能力。这种独立自主的学习能力也是学生应对未来社会的生存能力，能让学生终身受益。

　　学生经历了这一阶段的"自主阅读"之后就能在课堂之外，将课堂学习、集体学习

中所习得的思想方法,所形成的阅读习惯以一种更快的速度渗透到自己的生活与自我学习之中;能基本形成一种解决问题的能力,用一定的方法来解决学习生活中遇到的一些问题,并在解决过程中让自主学习的能力得到持续发展。

以下是教师在该阶段的学习中借助网络与高年级学生共同尝试的阅读方法。

◆ **网络式相关阅读**

网络式相关阅读是借助网络优势进行主题相关的阅读。如笔者所在的管弄新村小学在网上创设阅读平台,把学生、家长、教师进行连接,在校园内外打造了互动阅读生态。这个名为"指尖上的阅读"的信息平台,将学校学生、任课教师、家长等角色进行一一对应;学生在微信平台上发表的书评,同时可以接受他的家长、同学、任课教师的阅读与评价,评价结果与学生"DoDo"银行(校本综合评价,在本书第五章中会有详细阐述)的积分挂钩。上述数据库的构建,为推进学生的信息化阅读奠定了基础。

在类似上述的网络阅读中,学生之间可以不用直接面对,教师通过网络把分散在各地的学生相互连接,起到良好的阅读效果。如2020年初,由于新型冠状病毒疫情,学生的寒假变成了足不出户的"集体闭关",学校的教师以网络微课为载体,利用微信平台进行了授课,并推进了之后的学生学习团体间的阅读交流,起到了良好的效果,以下是吴萍和关瑜两位老师的微课实录。

《爱心树》
——阅读方法指导比较法微课实录

一、课题引入

同学们,大家好!相信大家都知道,博览群书,能让我们开拓视野,丰富自己的知识储备,不断提升各自的整体综合素质,从而使身心得以健康成长,潜能得以充分发掘。而阅读方法种类繁多,今天吴老师要带着大家一起用比较法来展开阅读的学习。

比较法，是一种新颖的阅读方法。我们在读书的时候可以这样运用比较法：（媒体出示）

多篇文章的比较：把内容上或形式上有一定相似点的两篇甚至更多篇文章加以对比，有分析地进行阅读；

同一篇文章的比较：中、高年级的同学也可以对比同一篇文章中作者表述的异同，在阅读的过程中深入探究这种异同，迸发出更多思维的火花，体验新的阅读乐趣。

二、精细讲解

今天我们要读的这本书不仅有文字，而且有图画。这样的书我们称为"绘本"。这本书的作者是美国诗人、剧作家、作曲家、乡村歌手、插画家谢尔·希尔弗斯坦，书的名字叫《爱心树》。也许大家已经读过，不过今天老师要和大家用比较法来阅读，你一定会有新的发现。

（1）故事中有一句话重复出现了好多次，请学生找一找。（发现相同之处）

"大树很快乐。"

（2）看似相同的地方，背后却有着很大的不同。

这句句子出现了五处，每一次所表达的内容一样吗？让我们来细细比较。

第一处"大树很快乐"是因为——（"男孩儿每天会跑到树下"，"采集树叶"，"给自己做王冠"，"爬树干"，"荡秋千"，"吃苹果"，"捉迷藏"，"在树荫里睡觉"）

第二处"大树很快乐"是因为——（"孩子拿走了苹果，换成了钱。"）

第三处"大树很快乐"是因为——（"孩子砍了树枝，盖起了房子。"）

第四处"大树很快乐"是因为——（"孩子砍了树干，做了船。"）

第五处"大树很快乐"是因为——（"孩子坐在树墩上休息。"）

（3）大树为什么一直觉得很快乐？

孩子的快乐就是大树的快乐，大树的快乐就在孩子的快乐之中。

（4）面对这一幅幅"大树很快乐"的画面，你快乐吗？

我们不仅仅有淡淡的哀伤，还有更多的同情。

（5）让我们再通过比较，来看看孩子的变化。（引导想象画面："于是，孩子坐下了。"）

"坐下了"，简单的三个字岂能表达此时男孩子的内心世界。此时的男孩已经是白发苍苍，一身疲惫；他也许在回忆，也许在向大树倾诉……

（6）在你的生活中，你拥有属于自己的"爱心树"吗？

（父母对你细致入微的关爱，同学间无微不至的友爱）

三、总结延伸

1. 拓展延伸

除了《爱心树》中文章内容的比较，比较法还可以使用在类似的数篇文章中。老师向你们推荐：《春天到了》《冬天来了》。虽是两个故事，却有着一些联系，课后，同学们尝试自己运用比较的阅读方法，发现春天和冬天的不同，感受四季的多姿多彩。

此外，比较法还可以用在同一部作品的不同艺术表现形式的比较上。（媒体出示）

比如说：《哈利·波特与魔法石》是一本极具魔幻色彩的读本，可是有很多低年级的小朋友们就很犯愁："这么厚一本，我可能读不懂。"老师建议你们可以用比较法来读：先请爸爸妈妈从网上下载同名的电影，在看完电影之后，你一定会对书本里的人物关系、故事情节有了初步的了解，这个时候你再捧起书就会发现它并没有想象中的难度，而且会让你获得很多看电影时所没有的惊喜哦。

用同样的比较法，你们可以读读英国作家迈克尔·莫波格写的《战马》，罗尔德·达尔写的《玛蒂尔达》《好心眼儿巨人》，刘易斯·卡罗尔写的《爱丽丝漫游奇境》……这些书都能在我们的图书馆里借到哦！

2. 课后总结

优秀的作品常常会给我们留下许多想象的空间，绘本更是如此。当然，随着年级的慢慢升高，老师也鼓励大家要多读整本书，并且在关注故事情节的同时更加关注作者描写的细节。这节课我们用比较的阅读方法，找到相同的内容，对比不同之处，用心去读，发现了在画面的背后、文字的背后，还有许多值得我们思考的内容，等待着同学们阅读之后和大家一起共享哦！

（主讲人：吴萍）

《坏脾气的格拉夫》
——阅读方法指导表演法微课实录

同学们，今年寒假，新型冠状病毒疫情牵动着全国人民的心。在疫情面前，虽然我们只能宅在家中，但是向那些志愿者们学习的步伐不会停止！我们盼望着春回大地，重聚校园的那一刻！所以，我们不能停止学习的脚步，那么，我们可以学点什么呢？今天关老师就为大家带来一堂阅读方法指导微课，希望能够帮助同学们在家中也能更高效地进行阅读和学习。

今天我要讲的阅读方法是：表演法。表演法就是利用自己适当的肢体动作和表情变化，结合表演性的朗读和配乐，对书本的关键情节和内容做出自己的理解或者模仿。表演法是同学们喜欢的阅读方法之一，到了中、高年级以后老师经常要求我们把很长的一段课文复述出来，好多同学，特别是男同学，都表示碰到这样的作业最头疼，可是当我们尝试用表演法——站在人物的立场上去思考问题，想象当时的场景——加深对书本的理解和感受，你就能做一个善讲故事的小小达人啦！

这种方法你既可以在独自阅读时使用，也可以拉上爸爸妈妈一起来阅读。

那么，怎样利用这个方法来进行阅读呢？今天，老师就拿这本绘本《坏脾气的格拉夫》来举个例子。

（出示图片）"格拉夫是一只熊，一只郁郁寡欢、脾气粗暴的大棕熊。他一直独自住在一个陈旧的洞穴中。因为洞穴很少打扫，洞中到处都是灰尘和霉斑。没有朋友来看望他，他总是孤零零的一个人。"

（出示图片）"其他的小动物一看到格拉夫走过来,都会躲起来。他们给格拉夫起了个外号,叫做'坏脾气的格拉夫'。'哼!'每当这个时候,格拉夫总是重重地吭一口气,表示自己满不在乎。"

读到这里,你就可以试着来演一演格拉夫,请你家里的其他成员们帮忙演森林里的其他小动物,你看,作为格拉夫,你要把它那种满不在乎的样子演出来,注意,模仿格拉夫时,尝试做到:声音响亮表情足,动作自然语气像。

（出示图片）"一天早上,坏脾气的格拉夫经过森林,看到了一件奇怪的事情……格拉夫看到了一只小兔子,正倒挂在高高的树枝上。'你好,熊先生,'倒挂的小兔子向格拉夫求助,'我被卡住了。你能帮我下来吗? 我会很感激你的!'

"'不行!'坏脾气的格拉夫皱紧眉头,满脸不悦。他转过身,想要走开。'别走,熊先生,求求你了。帮帮我吧!'小兔子哀求说。让坏脾气的格拉夫自己都万分吃惊的是,他竟然真的走回去,把小兔子从树上抱了下来。'谢谢你,非常感谢你,熊先生,'得救的小兔子对格拉夫充满感激,'我看到一颗落下来的星星挂在树上,所以想要帮帮它,结果自己却被卡住了,还得麻烦你来救我。'

"'这个给你,'小兔子微笑着说,'我把它送给你。'

"小兔子小心地把那颗星星放在格拉夫毛茸茸的大手上,然后蹦蹦跳跳地回家去了。"

同学们,请你多读几遍文章,同时找一个搭档来扮演小兔子,把这个情节用表演法表现出来,要注意的是:声音响亮表情足,动作自然语气像。注意在表演时加上一些想象,比如说,小兔子怎样求助? 怎样哀求? 他的动作和表情又是怎样的呢? 格拉夫从一开始的拒绝,到后来的帮助小兔子,他的动作和神态又是怎样的呢? 同学们可以试试利用自己的表情、语言和动作来表演故事内容。

你们看,这就是如何运用表演法去阅读,只要大家能做到:声音响亮表情足,动作自然语气像,加上想象自然讲——表演法也不是很困难的哟。不过呀,老师知道,有些同学的爸爸妈妈上班了,家里没有人帮忙,老师建议你,可以利用网络工具进行视频在线互动,大家一起来阅读,一起来表演,老师也欢迎大家随时在线咨询哦。

同学们，你们都记住了吗？在阅读有些书本的时候，可以试着用表演的方法加深我们对书本的理解和感悟，让读书变成一件愉快而有意义的事。

我们今天的微课阅读指导就到这里，希望同学们能够运用今天学到的表演法去阅读更多的书籍，大家也可以尝试在各自年段必读书和选读书籍中选取自己最喜爱的作品尝试表演，把自己的表演过程录下来，那么你就可以在阅读之后也来当当小老师，回看一下自己的表演，找找有什么值得夸奖或者需要改进的地方。欢迎你在爸爸妈妈的协助下登录学校"指尖上的阅读"平台和大家一起分享你表演的音频、视频或是交流你读了这本书以后的感受，期待你们的作品哦。

（主讲人：关瑜）

除了上述运用一定的网络平台推进网络书相关阅读外，老师也可以结合自己的教学，引用"一屏多板"（即一个教师授课演示屏幕和学生自己家中的手机、平板）的方式推进上述阅读教学。如：在教学小学语文五年级第一学期《圆明园的毁灭》一课中，教师自己设计了一个学习平台，借用数字教材的"笔记流转功能"推送给学生，里面有许多网上下载的信息和相关网站链接，同时在借由免费的"红点"APP开设论坛，供学生协作讨论、加强阅读用。课堂上，结合数字教材的使用，学生根据教师提供的阅读主体菜单，与学习小组的同学选定最感兴趣的主题，然后通过上网查询相关资料，结合同学间的相互探讨，最后在"红点"APP上发表自己对问题和课文的看法，提出自己的补充意见。

为了调动学生的参与积极性、主动性，教师还设计相应的评价激励措施。每一个小组成员都非常认真地学习、揣摩、探寻，然后根据自己的理解，充分发挥想象力，按自己的理解在APP上写出一句话或是一段话，表述对课文的理解。短短几十分钟的一堂课中，每个学生都有数次甚至十几次发表自己见解的机会。学生也可以借助网络优势，随时随地上网查阅与课文相关的文章及资料，在比较中加深理解，提高认识。以下是范嘉旎老师引用数字教材，整合数字教材的各项功能进行网络教学的实例。

借助"数字化" 评价促阅读

——二年级《狐狸分奶酪》教学案例

 背景

《狐狸分奶酪》是统编教材二年级第一学期第八单元的一篇匈牙利民间故事,课文讲述了两只小熊捡到一块奶酪,狐狸趁它们拌嘴时提议帮它们分奶酪。在分奶酪的过程中,狐狸故意分配不均,而小熊哥儿俩都不愿意吃亏,让狐狸一次又一次地有机会吃到奶酪,直到整块奶酪都被狐狸吃光,两只小熊这才恍然大悟。课文中的狐狸非常狡猾,它从一开始就打着"如意算盘"想吃掉奶酪,而文中的小熊们却不明就里,总在奶酪的大小上斤斤计较,看不清狐狸行为的用意。这个故事告诉我们,同伴之间斤斤计较,就会让别有用心的人有机可乘。

全文篇幅较长,共有十一自然段。第一至第四自然段写了狐狸分奶酪的原因;第五至第六自然段是狐狸第一次分奶酪及熊哥儿俩的反应;第七至第八自然段是狐狸第二次分奶酪及熊哥儿俩的反应;第九至第十一自然段是狐狸之后几次分奶酪及熊哥儿俩的反应,最后写了狐狸的狡辩。采用对话的形式推进故事的发展,是本课的表达特色。

本文富含想象,幽默风趣,旨在让学生借助拼音识字、朗读,丰富语言积累。本文通过童话故事,让学生感受应该怎样与人相处;故事情节生动有趣,角色个性鲜明,引导学生在学习和生活中与人相处时不要斤斤计较,否则会让人有机可乘。教师结合本单元"综合运用多种方法自主识字、自主阅读"的教学重点,引导学生遇到不认识的字用借助图画、分析字形特点、联系上下文和生活经验等方法猜字阅读。

二年级的学生活泼好动,好奇心强,有意注意力占主要地位,思维以形象思维为主,在语文学习中已初步掌握了基本的阅读方法,如朗读、默读、找相关语句等。初步的语言积累,以及逐步形成的规范的阅读习惯,为教师开展有效的阅读教学奠定了基础。但是,如何进一步让学生关注文本表达,通过朗读体会人物性格,提升阅读能力,为以后的学习打下坚实的基础,是我在本课阅读教学中应着力解决的问题。

　　针对二年级学生的年龄和学习特点,在教学中,教师应注重培养学生的学习习惯、阅读习惯、积累习惯,着力培养学生的语文素养。在本课时的教学中,我把朗读作为学习课文最有效的方法,借用数字教材的功能,引导学生读准字音、读通句子,读出人物不同的语气。在朗读的基础上去体会课文人物的思想感情、人物的心理活动,领会作者的写作意图。

　　综上分析,本节课可通过阅读、做笔记、流转笔记、完成课后练习与插入评价等步骤,提升教学有效性。

实录

教学环节	阅读活动过程	数字化应用说明
环节1	**一、谈话导入,激发兴趣** 1. 结合学过的课文引出"狐狸"的形象 2. 补全课题并齐读:狐狸分奶酪 　教学词语"奶酪"	
环节2	**二、初读课文,了解大意** 1. 轻声读课文 2. 开火车分段读课文,正音 3. 出示"读读小故事,大意连连看",运用 PAD 完成词语的拖拽练习 4. 投屏学生"大意连连看"的结果,反馈交流,并根据词语的提示,试着组织语言,用一句话阐述课文的大意	读读小故事,大意连连看 （ ） （ ）（ ） （ ）（ ） 1.智吵 2.分 3.吃光 4.拌嘴 5.捡到 通过笔记流转功能,用"读读小故事,大意连连看"的练习,帮助学生在初读环节了解课文的大意
环节3	**三、精读课文,随文识字** (一)学习第一自然段 1. 引读第一自然段,学习"捡" 2. 指导用"高兴"的语气读句子	

教学环节	阅读活动过程	数字化应用说明
	3. 区分"俩"和"两",跟读"小哥儿俩",理解"拌嘴"的意思 4. 随文理解"可是",学习用此类词语自然过渡前后语句 （二）学习第二至第六自然段 1. 轻声读第二至第十一自然段,数一数,狐狸帮小哥儿俩分了几次奶酪 2. 提出质疑:这么小的奶酪为什么要分三次 　（因为狐狸分得不公平,所以要分三次） 3. 轻声读第二至第六自然段,运用阅读器功能分别划出狐狸和熊哥儿俩的对话 4. 逐句指导朗读对话,读出人物恰当的语气 （1）"小家伙们,你们吵什么呀?" 　（狐狸假装好奇、假装亲切） （2）"我们有块奶酪,不知道该怎么分。" 　（熊哥儿俩为难、着急） （3）"'这事好办,我来帮你们分吧!'狐狸笑了笑,把奶酪拿过来掰成了两半。" 　（学习"帮""掰",理解狐狸"笑了笑"背后的含义） （4）"'你分得不匀!'小哥儿俩嚷着,'那半块大一点儿。'" 　（学习"嚷",模仿熊哥俩嚷叫的语气） 5. 引导体会熊哥儿俩此时的着急心理 6. 引导学生戴上耳机听课文录音,模仿狐狸、熊哥儿俩的对话口气 （三）同桌分角色朗读第二至第六自然段 1. 同桌练读 2. 运用"点亮小星星"的评价功能,进行自评和互评 3. 指名分角色表演朗读	1. 以读代讲学习第一自然段,引导学生随文识字 2. 运用数字教材阅读器功能划句子,初读人物对话 3. 运用课文录音功能,引导学生在学读、跟读的基础上理解人物的情感,通过分角色对话表演,加深理解 4. 运用数字教学手段进行互动评价,提升朗读兴趣

✎ 反思

结合数字教材的运用，本堂课的阅读教学于我有如下启示。

一是巧用数字教材，激发学生阅读兴趣。本堂课在实践数字化教学的过程中，先后运用了笔记流转、划线和课文录音等功能。将这些功能合理地穿插在初读课文、阅读人物对话、理解文章大意和朗读评价的环节中，尽可能以数字教材为助力，激发低年段学生的阅读兴趣。为了发挥网络"促读"的辅助作用，我校的研发团队针对本堂课的学情和生情，量身定做，开发了一些新的课件，通过笔记流转功能对孩子们进行推送。其一是在初读课文时，设计了"读读小故事，大意连连看"这一笔记，学生可以在 PAD 上根据教师给出的人物关系图和关键词语，进行词语的拖拽填空，在这些关键词的提示下，组织语言，试着说说课文的主要内容，这大大降低了二年级学生概括大意的难度，也让学生在动手又动脑的过程中完成对课文大意的理解。其二是在同桌合作分角色朗读的环节中，结合学校的吉祥物 DoDo，开发了"DoDo 带我评，点亮小星星"的互动评价，每一组学生完成朗读后，每位学生都可以在 PAD 上根据他们的朗读在评价表上打上星星，并根据教师提供的朗读评价表，阐述他们打了几颗星，结合评价标准简述这样评价的理由。这样的评价设计，真正将评价融入教学，并竭力做到让每位学生都参与到自评、互评的活动中来，做自己学习的主人。

综上，以数字教材的使用提升教学的直观性，帮助学生在"学—读—评—议—演"的过程中理解课文、喜欢阅读，是我们本堂课文实践的感受。

二是借助数字教材，师生教学相长。随着"互联网＋教育"的推进，实践者越来越感受到数字教材运用于小学语文课堂，对于教师和学生都有着不同程度的促进意义。

于教师而言，数字教材的使用提供了丰富多样的教学手段，教师不再依靠PPT 完成阅读教学环节，打破了诸多课前的预设，增添了师生互动的灵动性，留给了学生更多的思维天地，在课堂中拓展和接纳更多元化的思考，丰富了课堂的生成性。于学生而言，在数字教材的使用中发扬主动学习，彰显个性学习，阅读能力有了一定的提升。我们常说，学生是网络的原住民，原住民用他们熟悉的模式学习全新的知识时,表现出的是上手快、接受度高、思维活跃等特点,在学生展示的数字化学习成果背后,体现的是一个个有趣却又不尽相同的灵魂,充分体现了数字化教学给学生带来的个性化阅读体验。同时,在师生互动的过程中,教师可以给予学生灵活和自由的学习空间,不拘泥于固定的标准答案,包容学生更多的思考产物,进一步实现课堂的民主化。

本堂课略有遗憾的是,在进行打星评价时,尚不能做到教师端实时统计学生的评价状况,例如多少学生打了三颗星,多少学生打了两颗星等。学生单向评价之后,与教师、同学、课堂之间的联系还有所欠缺,这就需要我们在未来的数字化教学中不断研修和开发更多的功能,真正为学生的阅读课堂助力,以灵动的文字和数字化教学滋养孩子的心田,提升孩子的学习能力。

(案例提供:范嘉旎)

四、 因势利导,开发学生的阅读潜能

在教育对象为几十个学生的大班教学中,我们往往会发现不是所有的孩子都能跟上"集体"的节奏自如地享受阅读,总有那么几个孩子在阅读中表现与别的孩子有所不同,他们通常表现为阅读和书写速度慢、识字很少、缺乏阅读兴趣、注意力难以集中等。但如果我们能够耐心地去观察了解、辨别,就会发现,这些表面看上去类似的现象背后往往隐藏着不同的故事。

1. 发现阅读障碍学生的表征

有的孩子突出的表现是:今天学过的字,明天就忘了;家长经常抱怨,每天晚上反复默写,明明已经全部掌握的生词,第二天到了学校大错特错,时间一长,孩子每天的学习时间都耗费在机械性的抄写上,加上动作又慢,根本没有时间阅读,而阅读量又直接影响了语文成绩,简直是恶性循环。也有的孩子运动、音乐等能力都很正常,就是在学习上有很大的学业问题,作业拖拉,最怕写作文,"写篇作文从桌上写到琴凳上,从站着写到趴着写,一个题目还是只能写出一两句话",家长最怕的就是老师周末布置一篇

周记或作文："一家子鸡飞狗跳，他还不急。"除了作文，做其他事情也没有专注力，好容易有本感兴趣的书，常常翻个两页，就不高兴再看下去了。

这类孩子在实际生活中并不少，尽管表现的症状不同，但实际上他们的问题主要集中或者最终表现都集中在汉字的阅读上。阅读障碍是发展心理学的研究领域之一，但这些孩子基本都在普通学校就读，且智商并不低下。这就需要我们的老师能在教学实践中正确地认识并能够有一定的意识在教学中用有效的方法去开发这些孩子的阅读潜能。

2. 分析成因并有效引导干预

据《走出迷宫：认识发展性阅读障碍》（北京大学孟祥芝博士编著）等专家的研究结果，有阅读障碍的儿童思考过程也和常人不同，他很少用字句去思考，而是先有想法，再尝试找出字句表达出来。

由于学校教育的内容和形式大多是以书面文字的形式进行的，阅读障碍儿童在学习过程中必然面临许多困难和挫折。如果学校老师、家长，甚至儿童本人无法理解正在面临的独特问题，儿童就可能会继发一些情绪问题，如失望、焦虑、愤怒等。应该注意的是，这些情绪或者行为问题，对于大多数阅读障碍儿童来说，是阅读困难所导致的问题。

在教学实践中，我们发现有阅读障碍的孩子一般有两个共性特征：一是较同龄儿童而言识字量少，二是注意力难以集中，阅读速度较慢。上述两点事实上也是孩子阅读障碍的原因。对于严重发展性阅读障碍的孩子必须依靠专业部门的干预治疗，但对于有阅读障碍倾向的孩子，教师可以在正常的教学过程中有意识地加以引导，以有效尽早地对这些孩子进行关心和干预，我们的实践可以从以下几方面进行。

一是用丰富形象的方法帮助孩子扩大识字量。在识字量上的落后，必将限制深层次的阅读理解和书面语表达能力的发展，进而影响孩子的学业成绩。如本章第三节所述，以激发兴趣为前提，帮助孩子掌握更多的识字方法，教师在教学的过程中给予这些孩子以更大的耐心，允许遗忘，鼓励反复识记，并且在字义的理解上下工夫，以"量变"求"质变"。

如于嫣理老师结合多年的教学经验提出用"儿歌法"帮助这些有阅读识记困难的孩子多积累些汉字，她觉得利用编儿歌和顺口溜来帮助学生识字是一种很有效的识字方法；她在实践中创设了一种"儿歌正字法"，希望通过形象化的语言帮助学生识字，让这些孩子在朗朗上口的儿歌中兴趣盎然，在轻松愉快的氛围中识记简单生字，并通过各种形式的反复诵读,逐渐将生字熟记于心、融会贯通。下面是她教学"舟"字的一段教学实录。

实录

　　师:今天老师要带大家出去游玩,(出示图片:小船和桨)图上画的是什么?

　　(学习第一句儿歌:舟船橹桨横中间)

　　师:刚才在看图的时候,有两个小朋友特别认真,老师要先带他们上船了。

　　(学习第二句儿歌:两个小孩上下站)

　　师:"预备——开船!"我们的小舟要远航了。

　　(学习第三、四句儿歌:茫茫大海一小舟,好像树叶飘海面)

　　师:让我们连起来读读儿歌,边读边跟老师写:

　　　　舟船橹桨横中间,

　　　　两个小孩上下站。

　　　　茫茫大海一小舟,

　　　　好像树叶飘海面。

　　师:"舟"的意思就是小船。坐在小舟上,你能看到什么?

　　……

　　儿歌识字的方法,幽默风趣,寓教于乐,易学易记,既能展现语文的趣味性,又能提高识字的效果。除了儿歌法之外,老师也提出用"部首法""字族法"引导这些孩子慢慢地在读中积累,在积累中阅读。允许遗忘,鼓励反复,是帮助这群特殊孩子尝试自己阅读的良方。

　　二是在教学中注重引导孩子视觉和听觉的结合。想让孩子成为熟练的阅读者,前提是拥有良好的视觉和听觉能力。良好的听觉能力使得儿童在早期语言学习时能区分言语和非言语声音如大自然中的各种声响。在阅读学习过程中,听觉和视觉的协调发展帮助个体将相应的词汇、句子与发音相对应,并进一步理解词汇和句子的意义,从而学会阅读。因此，我们在实践中邀请艺术学科的教师对这些孩子进行专项试听结合的练习。以下是学校的音乐教师欧阳慧娟进行的教学设计。

 实录

师：上节课我们认识了一些简单的民间打击乐器，你还记得有哪些吗？

生：听音色猜乐器。（播放《鸭子拌嘴》片段）

师：老师播放其中几个乐器的声音，你猜猜它是谁？

师：（出示儿歌）小朋友们试着一起来有节奏地念儿歌——

师：你能找找儿歌中出现了哪些打击乐器？（小锣，钹，鼓）（让学生听听每个打击乐器的声音）

学生学会读"锣鼓经"，试着根据教师敲击乐器的节奏，用人声模仿：小锣（才）钹（七）鼓（冬）。

师生、生生对念儿歌《七三五一真有趣》

方法：按乐器出现的顺序将学生分成若干小组，以师生对读、生生对读的形式将儿歌朗读完整，学生齐声朗读时可以加入拍手的节奏，其后可分组配上打击小乐器进行表演。

师：想想我们还可以用哪些打击乐器代入儿歌中呢？它们会发出怎样的声音呢？

生分组学编打击乐儿歌《七三五一真有趣》。

在上述教学实践中,音乐教师通过看图片认识打击乐器的外形,帮助学生增强视觉记忆。

此外,可以鼓励孩子在接触作品的初期先用"听"的方法,每天中午学校的校园广播通过各类有声读物 APP 播放优秀阅读作品,教师鼓励这些孩子专注地听,在有兴趣之后将事先备好的纸质书推荐给孩子阅读,假以时日能帮助这些孩子慢慢走进望而生畏的"整本书",而这样的积累,也必定会带动其他孩子阅读兴趣与能力的提升。

三是鼓励孩子在阅读的过程中进行口语表达。口语和书面语共用一个语音意义系统。口语学习是建立语音符号和概念之间的联系,它的发展为书面语言的发展奠定了意义基础,而正如本章第一节所述,词汇量的大小与阅读理解能力的发展息息相关。儿童通过口语发展语义系统的同时,构词法意识也得到了发展。同时,从语音能力发展的角度看,儿童在不断讲话的过程中,也在不停地练习和提高自己的发音能力。相关研究证明,儿童的语音能力和儿童的阅读能力之间有着密切的关系,语音能力越好的儿童,阅读能力往往也越好。

因此我们鼓励教师在阅读教学的过程中尽量让学生进行口语表达,鼓励学生在阅读课里"动口动脑"以获得阅读能力的提升。如一年级的关瑜老师在教学绘本《逃家小兔》的时候进行了丰富的语言表达练习,阅读前引导学生对故事进行猜测,借助封面——一对在草丛中互相对视的母子兔——启发学生猜猜这本书可能会讲些什么,孩子们的想象五花八门:"兔妈妈在和兔宝宝说悄悄话!""它们可能在说这里的草可真好吃!""兔妈妈肯定在告诉兔宝宝当心大灰狼! 森林里的大灰狼可厉害了!"阅读中,当教师引导孩子想象如果自己是小兔会逃到哪里去,孩子们纷纷展开想象的翅膀,把自己当成故事里的兔宝宝,边比划动作边说出自己的想法,如小陈同学一边做跳进水里的动作,一边说:"我跳到水里,钻到水底,兔妈妈就找不到我了!"小叶同学则一边缩着身体一边描述:"我躲在密密的草丛里,兔妈妈就看不见我了!"学生们结合自己的生活经验及其以往文学作品阅读的经验进行大胆想象,在关老师看来是一种教学收获,对于阅读实践探索的我们而言正是借助教学引导学生进行口语表达的良机。

山姆·麦克布雷尼的经典绘本《猜猜我有多爱你》描述的,是一个充满了爱的气氛和童趣的故事,通过大兔子和小兔子的对话揭示了爱是需要表达的这样一个道理。大兔子的语言一直和小兔子一样,相同的话,出自不同的人物,展示了大兔子的一片童心，同时构成了文本语言的节奏美。在《猜猜我有多爱你》的教学导读中，于嫣理老师先读小兔子对妈妈说的话——"我爱你有这么多！"看图后，引导学生和自己共同读兔妈妈的话——"我爱你有这么多。"在此基础上，老师又范读第二段小兔子的话："我的手举得有多高就有多爱你！"让学生单独读兔妈妈的话："我的手举得有多高就有多爱你！"通过听老师读、和老师共读以及自己读等多种朗读方式，帮助学生感受语言，积累语言。在读完这个故事后，老师又引导孩子来表达自己对妈妈的爱。学生们便以模仿的形式表达着自己对妈妈的爱："我爱你从山的这边到海的那边。""我爱你像海那么深。""我爱你到宇宙，再从宇宙那回到这里来。"……实践证明，良好的语音技能是儿童阅读发展的先决条件，在阅读教学中充分运用语音训练引导孩子进行口语表达并加以坚持，是丰富孩子的语言表达，开发儿童阅读潜能的有效途径。

综上，不管在什么情况下，要让学生处于一种良好的"阅读状态"中，让他们喜欢读、愿意读，让阅读成为他们学习生活的一部分，成为一种"惯性"，那就形成了自主的阅读，它对于学生的智力及其终身学习语文能力的培养意义重大。

第五节　从课堂到文化：帮孩子得法于课内，得益于课外

本章节是笔者在实践研究的基础上，阐述对阅读教学的思考与探索。阅读教学之于小学生的必要性及重要性已在本书第一章中涉及，这里不再展开。笔者对于小学生阅读教学的实践与思考是从对阅读课堂使命的思考入手的。

一、阅读课堂的使命：养成兴趣，构筑学生广泛阅读的阶梯

我国的语文教学一直是以阅读为基点的，学生在阅读的基础上获得听、说、读、写能力。虽然课程标准中对每一个学段的教学目标都有具体的表述，但教学实践中很多语文教师对学生阅读能力形成的策略缺乏依据，或是根据所谓的教学经验简单"复制粘贴"，或是根据同行的实践"如法炮制"，这种对于语言教学机理认识的匮乏，导致了

当下许多孩子对阅读课堂、甚至对阅读的兴趣缺失。

"从动态形成的角度看,'语文知识'有多种可能的构成方式。是以外显学习为主还是依赖内隐学习,是以有意识的规则建构为主还是使学生在语文活动中自行发展,是谋求综合养成还是进行分别的技能训练还是施加应用策略指引,是以阅读为基点还是以写作为龙头,是侧重文章还是偏向文学等等,在适用的条件下,各种主张都有可靠的理据,教什么样的'语文知识'的多种答案客观地要求多种形态的语文课程。"①因此,阅读教学不是教师讲了学生就能明白的,学生要通过不断的练习实践才能掌握。

综上,我们的阅读教学绝不能仅仅停留在帮助学生学会获取知识的层面上,需要教师认识到阅读教学应该在一个更广阔的背景中进行,教师只有在阅读教学中积极引导学生养成广泛阅读的习惯,才能帮助孩子们构建自己的精神家园。鉴于此,阅读教学需要建立更多课文与课外读物的联系,教师应该在阅读教学中引导学生掌握良好、适用的阅读方法——这些都是帮助学生构筑广泛阅读的阶梯;而上述努力只有持之以恒,才能使阅读教学由课内延伸到课外,也才能帮助孩子们得法于课内、得益于课外。

二、 阅读课堂的着力点： 依据兴趣，引导个性化的自主阅读

在教授方法的同时,教师在阅读教学中的着力点应放在课内的引导、点拨上,来成就学生在课外根据自己的兴趣进行的个性化自主阅读。一个人精神发育的历史取决于他的阅读史,学生在课外喜欢阅读何种类型的作品,取决于他的审美趣味,取决于他能否自觉地选择与优秀的书籍对话。"鉴赏力可以指导爱好,但也可以与爱好背道而驰;我不喜欢这个作品,但能够看重它,承认它。爱好是确定好的,鉴赏力则不是排他的。有鉴赏力就是能够超脱偏见和成见进行判断。"②理想的书籍就好像智慧的钥匙,因为它包含着时代的精神价值、文化智慧的精华,如果学生能把课外阅读当成精神需求,当成在闲暇时间寄托心情的东西,他的人生也就进入了一个新的自主、自由的境界。而对于小学语文教学者来说,可能也真正完成了这一门课程的使命。

苏霍姆林斯基为探究读书与发展的关系,曾在长达 20 年的时间里,坚持观察积

---

① 王荣生.语文课程标准所预示的范型转换[J].教育研究,2003(02)：85.
② （法）米·杜夫海纳.审美经验现象学　上[M].韩树站,译.北京：文化艺术出版社,1996：89—90.

累，做了 1 200 张卡片，记录学生从小学到初中毕业时的精神发展情况，得出的结论是："凡是道德修养好的，有自觉精神的劳动者，都是在对书籍抱着深刻尊重态度的家里长大的。"①综上，培养学生的阅读兴趣、养成学生良好的阅读习惯是阅读教学的基本任务之一。教师想方设法用优秀的文学作品，用精心的教学设计引导学生热爱阅读，就是为了尽早地帮助孩子从自我需求的角度读书、看书，并在这种个性化的自主阅读中得到真正意义上的成长。

为了促成这种个性化的自主阅读，教师首先要做的是授予学生方法。所谓"授人以渔"，掌握了方法之后，学生能更加自由地于书海中遨游，并根据阅读的经验不断在自我阅读方法上推陈出新。其次，培养学生体验阅读对话的价值和乐趣。真正的对话是对话之后有精神的满足感和成就感，达到这样的境界需要对话的双方在教学对话前先将自己沉浸在阅读中：教师与学生能主动地查阅与文本有关的资料，用自己的经验建构文本，从而加宽加厚文本。师生共同积极地投入文本后的教学对话才会有质量和品位，教师和学生才能享受对话和维持对话的质量。阅读教学的一个重要任务就是培养学生虔诚的态度、合作的能力、审辨的思维、与众不同的创造力，唯有如此对待文本，才能让灵动的文字充满人性的光辉。

同时，教师同样可以在实践中构建从"教读"到"自读"再到"课外阅读"的"三位一体"阅读教学体系："教读"强调教方法、导策略，帮助学生逐渐学会阅读；"自读"强调引导学生运用在"教读"中获得的阅读经验、阅读方法和策略等，将其沉淀为自主阅读能力；"课外阅读"给学生提供更广泛、更丰富的阅读内容，提供更多的阅读方法引领，建立课内与课外、语文与生活之间连接的通道，有效提升学生的语文基本素养。

苏霍姆林斯基说："我坚定地相信，少年的自我教育是从读一本好书开始的，并且表现为他能用最高的尺度——那些英勇的、忠于崇高思想的人们的生活来衡量自己。而如果在少年的精神生活里只有上课、听讲和单单为了识记而死抠书本，那么这种自我衡量、自我认识就是不可能的。"②所以，教师要深切地认识到教材中的课文只是语文学习的例子之一，语文阅读教学必须从只知道对教材的"精耕细作"中解脱出来，把主要精力放在引导、激发学生投身到无处不在、无时不有的课外阅读中去，让学生在大

---

① 魏智渊. 苏霍姆林斯基教育学　下[M]. 桂林：漓江出版社，2014：398—399.
② （苏）苏霍姆林斯基. 给教师的建议　修订本[M]. 北京：教育科学出版社，1984：401—402.

量的阅读中体会、学习运用语文的知识和规律。阅读教学的终极指向应是培养学生良好的阅读习惯、爱好,为其终身幸福提供源源不竭的能量支持。

三、阅读课堂的延伸处: 激发兴趣,将阅读变成校园文化的因子

课程文化和课堂教学改革是学校发展的重要组成部分,也是学校文化的根本表现,居于核心地位。[①] 学校在基于学生阅读能力培养着力打造阅读课程,丰盈阅读课堂的同时,必定会对学校文化带来深切的影响。

在实践中,这种影响是互为渗透,逐渐形成的。首先学校文化的建设是一个潜移默化的过程,阅读课程的实践、阅读课堂的推进使学生受到优秀文化的熏陶,这对于提高他们的文化意识,加强校园文化的建设具有十分重要的帮助。与此同时,学校文化建设可以促进阅读课程及其课堂教学的顺利开展。如上所述,阅读教学绝不是简单的知识的灌输,它需要日复一日的坚持和一以贯之的推进,而通过学校文化的建设,能引导学生在丰富多彩的阅读活动中提升兴趣,养成阅读习惯,从阅读课堂、阅读课程延伸而来的阅读文化的打造必定会对学生的阅读起到推进作用。正如时任建平中学校长的程红兵老师所言:只有当课程与教学充分体现了学校文化中的核心要素——学校的价值取向、教育哲学理念时,才是内化了的、落实了的、具体的学校文化,才能转化为学校的物质和精神财富,才能充分发挥其育人功能和作用。[②]

---

① 程红兵.课程文化建设及其影响的实践研究——以上海市建平中学为例[D].上海师范大学,2010: 67.
② 程红兵.课程文化建设及其影响的实践研究——以上海市建平中学为例[D].上海师范大学,2010: 68.

第四章

阅读浸润校园

第一节 阅读文化，浸润校园文化

一、从阅读文化到校园文化

1. 阅读文化与校园文化

"阅读过程实质是一种文化交流活动。""阅读是一种社会行为，更是一种文化活动。"[①]，阅读文化有狭义和广义之分：狭义的阅读文化是指阅读文学艺术类作品；广义的阅读文化是指阅读人类创作的一切文明成果。校园阅读文化，则是以学生和教师作为阅读的主体，以校园读物作为阅读的客体，两者在阅读活动中产生交流与创造的过程。

校园阅读文化是校园文化的子系统，其发展受校园文化建设理念的影响。其中，师生的阅读活动是重点，阅读精神是核心，文化环境是发展的基础条件，制度建设是保障。校园阅读文化建设是在物质建设基础之上展开的，受所在学校的教育理念和阅读环境影响，包括全体师生的阅读价值观念和阅读文化活动，是校园阅读现象和规律的全部概括。校园阅读文化也与阅读文化紧密相连。学者王余光就国内校园阅读文化建设进行了概念研究，指出校园阅读文化是由阅读文化的领域细分出来的，校园阅读文化与阅读文化有着天然的联系，其中的价值取向与阅读形式在同一时期是大致相同的。2008 年，李铁范、王建军在《论校园阅读文化建设》的概念定义部分，就将校园阅读文化直接归属于阅读文化，并指出校园文化主要受学校教育意识的影响，并与周围物质、人际关系环境形成共享的阅读观和阅读文化活动。

2. 阅读文化浸润校园文化

校园阅读文化从属于校园文化，在其推进的过程中也必将对校园文化的形成起到正迁移作用，我们将这种正迁移称为"浸润"。校园文化是学校历史传统的传承，也是

---

① 王龙,邬卫华.阅读的文化研究论纲[J].图书馆理论与实践,2004：53.

年轻一代创新的结果。校园文化的一个主体是老师,其对学生进行成人价值观的传递;另一个主体是学生,其对所处的文化进行加工、改造。无论是成人有意识保有的传统文化部分,还是年轻一代的内化后的部分,两个模式共同融合才构成了完整的校园文化。校园的阅读文化对于学校教育教学质量和整个校园文化的影响亦如此。简而言之,校园阅读文化建设通过阅读丰富学生的情感世界,培养学生的阅读审美、创新精神和批判精神,从而提升校园阅读品质,打造校园阅读品牌特色,通过文化立校,从而提升学校的整体形象。

校园阅读文化对校园文化的"浸润"源于其建设的教育目的:校园阅读文化是为了培养学生的阅读兴趣、养成学生良好的阅读习惯、使学生形成正确的阅读态度以及适宜的阅读方法。校园阅读文化建设是建立在物质和社会基础之上的,其核心是价值功能。通过阅读活动陶冶学生的情操,培养其高雅的兴趣和爱好,从而促进学生的全面发展。在校园阅读文化建设中,阅读课程的不断开发、阅读活动的进一步打造,对于提高学生阅读品质,打造校园阅读活动品牌,增加校园阅读氛围,完善课程体系,提高教育教学质量,实现校园阅读文化的教育价值有着重要的作用。

二、从"五字阅读"到"五字教育"

校园阅读文化建设的根本目的并不仅是为了让师生们多读几本书,更是为了在潜移默化中实现阅读精神的培植,实现以文养人、以文化人、以文育人的校园精神形态。学校特有的精神风貌、阅读氛围和阅读状态,对于强化学生对校园阅读文化建设的认同感,增强对学生人文素养的培养,提高学生的阅读素养有着重要作用。

五字阅读　如前文所提到的管弄新村小学的"GL悦读课程"围绕"五字一体化"的阅读,分别围绕"爱、孝、信、勤、和"这五个主题,向全校五个年级的学生推荐必读书目和选读书目,在保障本校学生在读五年期间阅览图书的总册数下限为 100 本的基础上,组织丰富多彩的阅读主题活动,营造阅读氛围,鼓励学生在多读多看中完善阅读状态,在实践的过程,"五字阅读"渐渐向"五字教育"演化,校本阅读课程的文化在无形中成就了学校教育的特色和品牌。

五字教育　学校在实践中充分发挥了阅读以文养人、以文化人、以文育人的功能,结合阅读课程的推进，围绕"五字"内涵，在推进学生阅读的同时加以引导，进行了无痕化德育，形成了"五字教育"的目标（如下表所示）。

管弄新村小学"五字教育"目标

五字主题	"五字教育"目标
爱	1. 通过形式多样的主题教育活动，培养学生爱的意识，使学生具备爱祖国、爱民族、爱家乡、爱集体、爱父母、爱老师、爱同学、爱生命的情操和能力。 2. 知道爱的意义就在于：爱是一种给予、一份付出、一个愿望、一种奉献，而不应该是一种占有、一份索取、一种企盼、一份回报。
孝	1. 知道孝敬长辈是中华民族的传统美德。 2. 懂得孝敬长辈就是要敬爱长辈，听从长辈的教导，关心体贴长辈，主动分担长辈的辛劳，在家做个好孩子，在校做个好学生。长大成人后，自觉承担起赡养长辈的责任。
信	1. 诚信，答应别人的事情一定要做到，时刻牢记少先队十个道德好习惯之一："说了就要努力做。" 2. 知道自信是成功的第一秘诀。最关键的是要战胜自己，相信自己。自信是通向成功的第一块奠基石，只有跨过自信这道坎，才会天高任鸟飞，海阔凭鱼跃。即使遇到挫折和失败也要永远保持乐观、自信的态度，要坚信：快乐的日子就会到来！
勤	1. 懂得勤劳节俭的意义。知道勤劳节俭是中华民族的传统美德，也是有理想有志气的人应具备的品质。了解勤劳是人对待劳动的态度与品格，也是道德规范。明确节俭是指人对待个人生活欲望的态度。要继承勤劳节俭传统美德，在平时的生活中不讲吃穿，不乱花钱，不摆阔气，爱惜劳动成果，节约用电、用水、用粮，养成良好的艰苦奋斗的勤俭习惯。 2. 知道勤奋学习是我们少先队员的主要任务，懂得才能来自勤奋学习，如果不勤奋学习便不可能获得知识，也不可能成为有才能的人。而勤奋学习本身是一项艰苦的劳动。这种劳动需要有"头悬梁、锥刺股"的精神，需要有虚怀若谷、不耻下问的态度。坚持勤奋学习，贵在勤奋，难在坚持。
和	1. 让学生认识人际交往和交往方式在生活中的重要性。知道与人和睦相处是融洽的人际关系的一个具体的表现，也是良好的人际交往能力的具体体现。 2. 教会学生学习与人进行人际交往的技巧。要懂得顾及别人的需要，与人和睦相处，树立人人平等的人际交往意识，学会恰当的人际交往方式，懂得尊重别人、相信别人，和别人交往时要礼貌和友善，让学生认识到友善行为是受人欢迎的行为。 3. 知道和平与发展是当今世界的两大主题；知道维护世界和平、促进共同发展是世界各国人民的共同愿望。

在阅读中，学生深切感受到"爱、孝、信、勤、和"这五个字所提倡和包含的正是中华民族优秀传统文化美德，也是中国历史流传下来的，具有影响，可以继承，有益于后代的优秀道德遗产。基于上述认知，学校德育处又结合阅读课程构建校本德育课程，结

合品德与社会课、班队会课进行学习和教育,具体安排如下表所示。

"五字教育"各年级推进阶段主题

	一年级	二年级	三年级	四年级	五年级
爱	我爱校园	我爱伙伴	我爱自然	我爱科学	我爱祖国
孝	母爱深深	父爱拳拳	亲情融融	九九重阳	辞旧迎新
信	我很自信	我很诚实	走向成功	面对选择	面对逆境
勤	我很勤劳	不懂就问	我会思考	我会学习	我的理想
和	学会待客	学会倾听	学会沟通	学会宽容	邻里和睦

整个"五字教育"过程分设五个年级落实,共 5 个单元,25 个分段教学内容,建议低年段学习"我爱校园、母爱深深、我很自信、我很勤劳、学会待客"、"我爱伙伴、父爱拳拳、我很诚实、不懂就问、学会倾听";中年段学习"我爱自然、亲情融融、走向成功、学会思考、学会沟通"、"我爱科学、九九重阳、面对选择、我会学习、学会宽容";高年段学习"我爱祖国、辞旧迎新、面对逆境、我的理想、邻里和睦"。各年级的教学与学校年段的推荐书目相整合,鼓励教师在教学中从阅读入手,在教学中以中华民族的优秀文化滋养学生的心灵,在学习的过程中参与实践,使"爱、孝、信、勤、和"的五字精神在知行合一中深入童心。

综上所述,校园阅读文化建设作为对"第一课堂"的补充,具有重要的育人功能。通过阅读文化不断规范学生的思想、行为,使其在了解中华民族传统文化美德的基础上进一步学习与社会相适应的各种规范,对未来的多重社会角色有更深刻的了解和思想准备,并使之更切合现实社会的需要,进而完成向社会的转变。一方面为学生创造了一个育人的环境,另一方面又为学生提供了一个实践的环境,为学生的个性发展搭建了舞台,从中认识自我,培养理智的情感和较强的心理承受素质。

校园阅读文化建设通过优化育人环境,透过目的性阅读和非目的性阅读,使学生增长知识、完善自我、愉悦身心,从根本上发挥育人功能。与此同时,校园阅读文化建设通过引导师生化被动阅读为主动阅读,实现观念层面和思想层面对人阅读的深入认识,达到以文化人的作用。

萨乔万尼（Sergiovanny）说："最成功的学校领导会告诉你，形成正确的文化以及关注父母、教师和学生所共同认同的意义，是人们普遍认同的创造成功学校的两条基本规律。"的确是这样，较之冰冷的行政指令，以自然而炙热的校园阅读文化引起学生、家长、教师对校园的喜爱和认同；通过营造浓厚的阅读氛围，促使学生和教师积极进行阅读交流，形成一种充实和愉快的文化氛围，潜移默化地熏陶学生和教师，激发师生的想象力和创造力，提高学生的阅读素养，这是每一位教育应该为之而努力的。

第二节　环境文化，校园无处不阅读

环境是重要的教育资源，应该通过环境的创设和利用，有效地促进儿童的发展。学校的空间、设施、活动材料和常规要求等应有利于引发、支持儿童与周围环境之间积极的相互作用。

阅读环境文化的打造是指为学生创设阅读的地方和条件，让阅读渐渐渗入学生的心灵，从而对学生的学习行为起到助推。学校作为学生一日生活的重要场所，校园环境无时无刻不在刺激着孩子的感官。为了能让孩子们浸润在书香环绕的世界里，学校在"营造充满阅读氛围的环境创设研究"下功夫，从阅读空间的营造和阅读时间的保障两方面给学生创设良好的阅读平台。以"浸润式阅读环境"的打造让校园无处不阅读。

一、阅读空间：楼梯间的阅读流动站

创新校园环境文化建设，推动读书活动深入开展，是推进文字滋润心灵的有效途径。学校以读书活动为载体，对学校图书馆、楼面走廊、过道、屋顶花园等校园文化建设硬件设施进行创设，逐步形成了浓厚的"校园无处不阅读"的良好氛围。

（1）GL图书馆——1＋X

"1＋X"指的是120平方米的GL图书馆和学校各楼面转角处的阅读漂流站。为

了给孩子们营建最好的阅读环境,学校把退租还教后的校园空间"割爱"给学生营建校园图书馆,图书馆里,新书推荐区、电子阅览区、休闲评论区一应俱全,深受学生喜爱。为了能让学生在学校里一有闲暇时间就能读到书,学校以"螺蛳壳里做道场"为理念,将教学楼每一层楼面的转角处、校园屋顶花园的休闲区均打造成各具特色的阅读漂流站。每一个阅读漂流站都有其不同的功能特色,二楼的漂流站以"阳光休闲区"吸引孩子,三流的漂流站则以"视听音响区"取胜,孩子们在课余午后、细雨中、阳光下,或三两成群阅读书籍,或聆听音频故事、同学们录制的"GL 好声音",成为校园里又一道风景线。

每个楼面的阅读漂流站里摆放的书籍都是根据不同学段学生的年龄特点安排的,这些图书都没有做标签,也没有敲上带有学校标识的图章,但学生们都遵守"借取一本、归还一本"的原则,图书的总量不少,同学们的阅读兴趣日增。

(2) 红领巾图书吧

"红领巾图书吧"设立在每个教室的讲台边,尽管学校的教室面积不大但还是巧妙利用空间营造了"图书吧"。学校要求书吧要注意读本的摆放、阅读规则提示语的张贴(翻书的方法、保持安静、书架和书的对应标志等)。学校统一为每个班级配备了专用图书柜、读书宣传板、读书成果展示板。"图书吧"的书籍组成分为两类:一是学校结合各年级主题阅读的必读书目和选读书目统一配备书籍进教室;二是学生自己的书,教师也鼓励学生把自己喜欢的书带来放在班级的图书角,自己献出一本好书就可以欣赏到几十本佳作。"红领巾图书吧"的建立弥补了学校图书室藏书量不足的弊端,近在咫尺的书吧也极大地便利了学生的借阅。

（3）"TOP 10 悦读排行榜"

此内容包括新书推荐榜和班级阅读量排行榜,陈设在每个楼面的阅读漂流站旁,左边是新书介绍,有这本书的封面和内容概要,右边是根据"指尖上的阅读"平台统计生成的学生阅读"TOP 10 排行榜"和根据班级借书量依次排名前十的学生,这样很大程度上激发了学生阅读的兴趣。

（4）"五字"走廊文化墙

"五字"走廊文化墙以"爱、孝、信、勤、和"五字校风为主题陈设在学校五个走廊楼面上,文化墙突出中华民族传统美德,以高雅的文化熏陶人,以榜样的力量激励人,营造活泼清新、书香飘溢的校园氛围,时时刻刻激励着学生树立读书成才的远大理想,引领着学生读书的方向。走进管弄新村小学校园,文化艺术氛围弥漫,走廊、回廊悬挂着中外名人名言,学生的书法、画作、艺术作品等,整体布置得清新典雅,让人感觉仿佛走进文化艺术展厅,那一句句有关读书的至理名言、引人入胜的优美画卷天天都在内化着学生的品质,浸润着学生的心灵。

（5）班级"小书虫"俱乐部

班级教育是学校教育的分子,阅读课程的推进、阅读环境的打造当然要从大局着眼,也一定充分发挥每一个分子的力量。在学校的动员和鼓励下,每一位班主任都能和孩子一同创造阅读的智慧,将区区 50 平方米的教室打造成颇具书香的图书漂流站。

教室图书漂流站里的小镜头

镜头一: 课间,教室的图书漂流角前,人头攒动,一列长队占满了整个漂流角。孩子们手里拿着自己精心挑选的书,着急地在队伍里等待着登记。书架前,围满了尚未选定目标的孩子。那一脸专注的神情,可能只在他们看动画片时才有过。转眼间,"漂流书吧"书架上的书已被孩子们"抢借"一空,剩下的是孩子们满心欢喜的喜悦。

镜头二: 午间休息,教室里静悄悄的。每个学生手里都捧着一本书,津津有味地看着。他们有的一脸严肃或悲伤,有的却时不时地捂嘴一笑,有的突然叫出声来"不会吧",有的忍不住捅捅同桌,两人凑到一起看看书上的情节后相视而笑……小小的教室变成了图书馆。

图书漂流,是一段文明美丽的奇妙旅程,她起源于二十世纪六七十年代的欧洲,读书人将自己读完的书,随意放在公共场所,如公园的长凳上,捡获这本书的人可取走阅读,读完后再将其放回公共场所,将其漂出手,让下一位爱书人阅读,继续一段漂流书香。没有借书证,不需付押金,也没有借阅期限。让每一本好书与大家共享,让"知识因不断传递而美丽"。

自班里开展图书漂流活动以来,孩子们中间掀起了一股空前的读书热潮,孩子们乐意让书籍在流动中发挥作用,分享藏书,共享阅读,漂流书香,传播知识,掀起读书热潮,开启文明、智慧的奇妙旅程。

镜头后的小故事: 读本总动员 现在的生活水平提高了,每个家长都舍得花钱给孩子买书看,但读完后就束之高阁,实在是一种资源的浪费。如果让书静静地躺在书架上,这本书的剩余价值基本结束;如果把它们投放到图书漂流中去,让其他人来免费阅读并不断传播,这样会更有意义。图书漂流就是放图书自由,让智慧与思想在不同人的心底回响。为了进一步丰富班级文化建设的内涵,为了让阅读更加富有诗意,我利用班会课绘声绘色讲"漂流瓶"与"漂流图书"的故事,激起孩子探究神秘的欲望,触发他们的阅读情结,让全班学生明确图书漂流活动的目的意义:"图书漂流"漂流书香、漂流知识、漂流文明。同时我向全班学生发出"图书漂流"倡议,鼓励每个学生捐出自己的书与大家分享,并向家长提出倡议——帮助孩子积极参与此项活动。倡议得到了家长和同学们的积极响应,大家纷纷把自己已经阅读过的好书捐献出来,放到"漂流书吧"书架上,让它们在热爱阅读的学生中漂流,发挥出好书的最大价值。知识因传播而美丽,班级成为了一个天然图书馆,为学生们提供了一个更广阔的阅读天地。

镜头后的小故事: 课间读书乐趣浓 创设良好的阅读情境能激发儿童的阅读兴趣,使儿童在与环境的相互作用中学会阅读。因此,为学生提供一个自在、有趣、丰富的阅读情境就显得尤为重要。它是引领学生成为爱书人的必要条件。在教室里,我们也专门开辟了一个自由、宽松的"漂流书吧"阅读区,让学生有了一个属于自己的、没有压力的、轻松愉快的语言运用和语言创造的空间。

渐渐地，看书、借书、还书，成了孩子们课余时间的三大乐事，也成了班里一道亮丽的风景。爱读书的孩子增多了，谈论图书的话语也增多了，读书的数量更是增多了。读书成了孩子们的乐趣。有时候学生拿到书后，由于不认识字，有些图书看不懂，就会走到我们身边，需要老师的帮助时，我们总会请书的主人去帮助这个学生，当学生给好朋友讲述自己的书时，我从他的脸上看到了成功的喜悦。慢慢地，同学们都会主动地给好朋友讲述自己的书。如果教室里有了新书，我们班中的"小博士"们，也会主动地帮助同学们讲述，学会和别人一起分享阅读的快乐，营造书香氛围。

镜头后的小故事：阅读"漂"出好习惯

图书漂流本——专注于阅读的催化剂　没有思考的读书是没有价值的，孩子们在读书的过程中，一定会有与众不同的想法：可能由此联想到自己曾经的故事；可能想与书中的人物一起讨论，甚至想穿越到书中，与书中人物一起生活、游戏……这种感觉稍纵即逝，如何能永恒保留？漂流本给学生们提供了平台。图书在漂流的过程中，有一个漂流本紧密相随，学生可以随时在上面记下感受，与下一个读者分享阅读的喜悦。漂流本留下了每个读者的痕迹，学生们跟随着主人公经历着一次又一次奇妙的旅行，他们的生活从此变得趣味无穷。当然，因为带教的是低年级班级学生，我也鼓励孩子们把漂流本上三言两语的感言和学校阅读平台上的评论相整合，请孩子们的父母线上帮忙发布他们的感想，让成功的喜悦一直伴随着孩子们的阅读。

读书交流会——思维活跃的助推器　每月召开一次读书交流会。召开读书交流会能够维持学生的阅读兴趣，扩大阅读范围，发展阅读能力。每月末，我会让"漂友会"成员统计图书漂流的情况，看看哪些图书漂流的次数多，都有哪些学生读过，然后将全班学生划分为几个小组。接下来，"漂友会"在小组中物色主持人，主持人根据小组成员所读过的同一本书拟定话题，可提前告知小组成员做好准备，也可以是即兴交流。所有准备工作就绪后，"漂友会"正式组织交流会，形式可以是推介会、辩论赛、演讲会等。

"阅读不能改变人生的长度,但可以改变人生的宽度;阅读不能改变人生的起点,但可以改变人生的终点。"共享阅读,漂流书香,就让学生们在图书漂流活动中喜欢阅读、学会阅读、陶醉于阅读,在阅读中寻求快乐,在快乐中茁壮成长!让语言因漂流而精彩,心灵因漂流而贴近,习惯因漂流而养成!

(案例提供:罗黎萍)

良好的阅读环境不仅能激发儿童的阅读兴趣,帮助他们埋下一颗爱读书的种子,培养儿童良好的情感,还会把教师的期盼变成孩子的内在动机和需求,从而提高阅读质量。

二、阅读时间:"每日三读"

科学的时间安排有利于孩子们阅读兴趣和阅读习惯的养成,为了充分运用好孩子在校的闲暇时间,让他们在"劳逸结合"中学会阅读、享受阅读,学校安排了"早、中、晚"三个阅读时间段:"晨间漫读""课中精读""午后泛读"。

1. 晨间漫读

因为家庭环境的原因,学校"GL早托班"大门早上七点就向有需要的学生敞开了,早托班就设在"GL图书馆"里,早早来到学校的学生一天的学习就是在自由阅读中开始的。清晨八点,全体学生走进校园,伴随着悠扬的古筝曲,或是诵读名言,或是漫读唐诗。短短的时间加以累积便能养成孩子们晨起阅读的好习惯。

2. 课中精读

语文课中,孩子们在教师的引领下借"群文阅读"学习阅读方法,结合学校推荐的必读书和选读书在有限的时间里进行拓展阅读。教师在课堂内引导学生选择阅读内容、掌握阅读方法、尝试自主阅读,将课内习得的方法沿用至课外,享受阅读的乐趣。

3. 午后泛读

午后的时光里,阅读又成了一件趣事。午间阅读分成"听读"和"阅读"两种。

鼓励听读　听读指的是,边吃午餐边听读本:在学生享用物质午餐的同时,"红领巾广播"同时推送精神午餐,听读的内容每月更新,可以是同学们录制上传的"GL好声音"。每年阅读节,学校大队部总会鼓励学生将自己喜爱的阅读作品录制成微音频参与"GL 好声音"的角逐。该音频一般包括两个内容:其一是自己最喜爱作品的片段朗读(也可以是和父母一起的亲子朗读),其二是学生对阅读该作品后的感受。每当听到广播里播放自己上传的"GL 好声音",同学们的脸上总会不由自主流露出自豪感。学校也会根据每月阅读排行榜的阅读量推荐一些有声读物为学生"加餐":有时是童趣十足的《淘气包埃米尔》《长袜子皮皮》;有时是讲述历史的《大秦帝国》。这些有声读物一般都是出版社邀请了著名的配音演员演绎的,听来生动有趣,很大程度上丰富了学生的精神世界,也从另一个侧面做好了阅读推荐,听得有趣嫌不过瘾的学生往往会到图书馆里借阅相关书籍一睹为快,"听读"从一定程度上也推进了"阅读"。

关于听读 听人读书是一件非常快乐的事情。这种快乐,在幼年时代就能够体会到。笔者在自己女儿成长中发现,阅读文章时的节奏会让牙牙学语的小宝宝也喜形于色——从出生十九个月开始,笔者就开始一遍遍地将《拔萝卜》《猜猜我有多爱你》等简单的绘本读给她听,她总是会听得不厌其烦。时间一长,笔者还发现,只要是孩子喜欢的,会要你给他读很多遍。在这个反复阅读的过程中,阅读的内容就储存进了孩子的记忆。《藏在名画里的猫》是一本内容较为丰富的绘本,在一遍又一遍的讲述后,笔者吃惊地发现,三岁的女儿能将绘本里的文字一字不漏地复述出来。由此可见,听别人阅读,自己用脑子记忆,对儿童来说是件很自然的事情。只要选对了作品读给他听,孩子们的求知欲会变得越来越旺盛。那种跟大人平时说话不同的语言,会给孩子们带来新鲜感和喜悦。我们在实践中发现,读书给孩子听,对象可以是婴幼儿,小学生也同样适合;而对于听读对象,比起情感细腻、能够静得下来自己阅读的女生,听读这种方式更适合男孩子。

2018 年 9 月,作家谢鑫走进管弄新村小学的校园和孩子们见面,为了让更多的孩子了解谢老师的作品,学校红领巾广播在孩子们吃饭时播放了由河北少年儿童出版社出版的"课外侦探组"系列校园侦探小说。这套侦探故事生动有趣,自播放之日起就收到了孩子尤其是男孩的追捧,由于图书馆事先购买不多,一时间成为孩子们每天中午排队借阅的"网红书"。与许多现代作家们相比较,这套书中撰写的故事情节与孩子们还是有一定的距离,可不知为什么孩子们仍然显示出对它的钟爱。究其原因,再做类似听读推荐,也是引导孩子们爱上读书的好方法。

当下有不少网络游戏问世，许多孩子沉溺在《王者荣耀》等网络游戏中无法自拔、严重影响了学习，家长和老师用尽方法却依然屡禁不止，根本不能理解是什么原因使得这批网络的"原住民"如此痴迷。各种家庭聚会、逢年过节的餐桌前，多见孩子们人手一台手机"开黑"，却少见他们为了读过的一本好书相互沟通交流。事实上，越是高超的制作方充分发挥其想象力创作的游戏作品，越是对孩子们锻炼想象力没有帮助，而越是在网络游戏轻易能寻找到乐趣的孩子，就越不愿意读书。作为家长和教育工作者，我们应该在理解这种"乐趣"的同时，结合孩子们的天性，用更多有趣的阅读作品，更多适当、有效的方法帮助孩子回归阅读，用更多的书本去培养、丰富他们的想象力，去丰盈他们未来的时间与生活。

自我静读　除了让孩子们"听读"外，鼓励他们在和煦的阳光下"窝"在教室的阅读角或每层楼面的阅读漂流站，和最亲密的小伙伴分享阅读也是午间阅读的传统形式。为了让孩子们有更多的阅读空间，学校将原有办公室区域打通，将教学楼五个楼面阳光最好的一块开辟出来打造成阅读角。每天中午，孩子们三两成群静静地阅读，我们可以鼓励他们用这样的方法泛读。

一是"默读"。正如一年级的语文老师罗黎萍在自己教育随笔中记录的："沉浸在阅读的环境中很重要。每天午休时，教室里鸦雀无声，教师不是站在讲台上，而是坐在教室的一角，和学生们一起进行20分钟的持续默读。这完全符合美国著名语言学家、阅读专家克拉生博士对持续默读的指导方针：每天做一点，而不是一次做很多。安排持续默读的时间比期待学生们能坚持的时间再短一些，这样，'饥饿'的学生会想方设法挤时间去获得满足。绝大多数学生能坐下来默读30分钟，所以我们将时间定为20分钟。"以每天的定时间坚持将默读养成习惯。

二是"再读"。再读就是引导孩子把学校推荐放进班级阅读书吧的图书多读几遍。有亲子阅读经历的家长肯定经历过这样一件事：孩子们总是缠着你给他读同一本书，反复读上10遍甚至20遍。作家拉里·麦克穆特瑞（Larry McMurtry）在他70岁高龄的时候勉励青年人："以前读书，是为了冒险；现在读书，是为了安心。无论何时，书都在那里，都可以回顾，多么美好！"孩子眼中的世界时时变换、处处新奇。但同时，新世界中充满着不确定性，我们需要让自己的剧本上演在时代的舞台之上。换句话说，我们脑中预想的世界，需要与现实世界同步。反复阅读的书籍，对孩子来说，就是一个固定脚本。回忆童年，我也曾读了无数次《三国演义》，尤其是"过五关斩六将"这一篇，我读了数百遍。关羽即便受到了曹操极高的待遇，依旧毅然请辞，去寻找刘备，他的忠义形象在一个孩子的眼中伟岸至极。《三国演义》是我的精神庇护所，直接影响了价值观。所以，我们应该引导孩子们，不能因为天下有很多好书而在读书这件事情上"喜新厌旧"，就像韩国儿童教育领域的专家高荣成所建议的那样，泛读可以有"三一定律"，即读三本新书，然后重读一本经典书籍。

书读百遍，其义自见。让午间休闲时光，在孩子们的书读百遍中变得温暖、有趣而难忘。

除了每天的晨间漫读、课中精读、午后泛读，放学后的晚托班里，学生又能利用完成作业后的时间自由读一些自己喜欢的书……在日复一日的"每日三读"中，我们引导孩子们在不知不觉中感受到：原来每一个"边角料"时间都是阅读的好契机。而我们认为，在引导孩子感知"读书是用来休闲的好方式"的同时帮助他们学会"找时间读书"是养成孩子良好阅读习惯的重要方式。

三、 整合资源，校园阅读的内外互动

"资源是所有可以被利用的人力资源、物力资源和自然资源的总和。"在校园阅读文化建设中，校内资源与校外资源都应该同等地被开发和利用。

校内资源是指学校内部可利用的资源。上文所述的校园阅读时间和空间的开发都是充分运用学校内部可利用资源的实践。校外阅读活动和阅读课程资源是相对于传统的阅读课程资源所提出的，所有的学校以外的资源我们都称之为校外资源，主要包括家庭资源和社会资源。学校的资源有限、能力也有限，但企业、社区及家长能更好地补充学校资源，在各个方面对校园阅读文化建设进行资源支持，如人力、图书、资金等。家庭和社区是人们生活的两大重要场所，是阅读拓展和延伸的重要部分，也是重要的阅读环境资源。英、美等国研究了家校联合、辐射社区的阅读文化建设模式。英国阅读推广的成功，在于注重家庭和社区的宣传，使阅读推广效果更深入持久。校园阅读文化建设与社区、家庭的阅读文化建设是相辅相成的。西方在家校联合进行校园阅读文化建设方面，有不少有益的经验可以为我国所借鉴。

第三节　网络文化，指尖上的阅读

21世纪是一个以计算机和互联网为代表的信息时代，以多媒体和网络技术为核心的数字技术正以惊人的速度改变着人们的生存方式和学习方式。早在1972年联合国教科文组织发出全民阅读呼吁的时候，数字技术还是科学家实验室里的一个重要项目，激动人心的蜂窝通信技术业还被限制在特殊的用途中。而今，全民阅读正向蓬勃发展的重要关头推进，数字技术也已经成为人们的新宠。在学校教师不断鼓励孩子们增加图书阅读量的同时，移动互联网却在催生更多的"低头族"。厚厚的整本书有被越来越薄的智能手机取代的危险，数字技术正在大规模地扩展人类尤其是学生这批互联网"原住民"的阅读，传统阅读遭遇新兴阅读的挑战。

然而，回望人类的阅读历史，阅读方式、阅读内容、阅读载体、阅读效果，一直是在变化发展之中。教育者应该清醒地认识到：数字技术对阅读不可能只是一种倒退或者破坏。作为一种通信工具的普及，数字移动终端已建立起对大面积人群的服务，正朝着人们生活的各个角落拾遗补缺。学校教育对学生阅读习惯的养成所要做的应该是善待一切阅读方式，坚守人类阅读认知规律，推动传统阅读与新兴阅读的融合，既不要让读书变成读屏，同时，鉴于"互联网＋"的时代特征，在引导学生阅读上也不妨做一点融合，通过各种方式让学生明白，读屏是为了更好地读书。

基于上述思考，笔者所在的学校以网络与课程有效整合为手段，以学生阅读为内容，开发了"指尖上的阅读"微信服务平台，旨在通过实践，探索网络环境下阅读教学模式，在激发学生阅读兴趣的同时，使学生的实践能力和创新精神得到发展，进一步提高学生阅读的效率和质量，尝试网络环境对阅读课程的突破；同时提高学生应用网络自主选择书目、个性化阅读、自动化评价交流的兴趣，养成良好的阅读习惯，拓宽学生与学生、学生与家长、学生与教师、家长与家长的阅读体会交流平台，以"互联网"成就学生阅读的多元对话。

阅读平台把学生、家长、教师进行勾连，在校园内外打造了互动阅读生态，它的功能包括"指尖上的阅读"推荐、"指尖上的阅读"分享、"指尖上的阅读"指导、"指尖上的阅读"评价。

一、"指尖上的阅读"推荐

"指尖上的阅读"通过公众服务号推荐等形式，进行自上而下的阅读推荐。

1. "指尖上的阅读"推荐内容

具体推荐内容包括三项。一是梳理学校"指尖上的阅读"中一至五年级必读书目与选读书目的相关课程内容，通过教师创建微视频，结合学校的微信公众平台，对学生、家长进行阅读推荐。二是结合少先队德育活动，鼓励学生参与阅读推荐微视频、微信的制作，借此提升学生参与、选择阅读的兴趣。除了各年级的必读书目与选读书目外，学校每周都通过上述平台向学生和家长推荐书籍：结合春游即将观看的《尼尔斯骑鹅旅行记》，向学生推荐这本有趣的世界儿童名著；中秋节来临，向孩子们推荐关于节日来历、风俗的相关绘本；随着季节转换，以"明媚的春光下，一起来读书"和"大雪节气里，窝在家里读点书"向孩子们推荐系列绘本和丛书……

2. 学生获取阅读信息途径

学生成功注册后，点击"指尖阅读"，屏幕底部就会出现三个条目"推荐书目""个人中心"和"阅读指导"。

"推荐书目"展示了教师精心挑选的优秀读物的封面，点击进入任何一个封面，首先就会出现该书的"阅读数"，可以在下方点击"签到"和"立即阅读"，都会给予相应积分。接下来就会看见三行教师内容推荐，继续往下拉，就是孩子们"微写作"的天地了。

在互联网时代，孩子们阅读行动的门槛变得前所未有的低。点个赞、签个名、发表一个评论、参与一项讨论，只要在手机平台上对某本书做出一些努力，都可以说是阅读行动的一种。学校提供了微信平台这个半公开的空间，给了每个孩子一个展示自己的舞台，运行三个月以后我们对学生阅读的后台数据进行了统计，数据显示：学生都期望在这个公众的平台上构建一个更积极阅读的自我形象，而这种希望传递了更多积极正面的阅读情绪。阅读的网络推广行动的重要意义，就是让原本零星的个体阅读行为产生了规模效应，激发每个学生每天花几分钟参与到微信平台上的交流，持之以恒，其规模将十分惊人。

3. 引导孩子从"线上"回归"屏外"

在这个阅读微信平台上，我们将全校学生、家长、教师的数据进行了一一对接，每个孩子都拥有自己的"个人中心"，该页面点开后，就可以看见在一幅阳光沙滩背景图上，出现书本、宝盒、饮料、海星、沙雕和滑板六个卡通图标，下面对应着"喜爱的书籍""收藏的书籍""分享的心得""我的积分""积分排名""积分兑换"选项。进入"喜爱的书籍"和"收藏的书籍"，会出现曾经点击收藏的书籍封面以及内容简介。对于教师而言，要推进绘本阅读的网络推广事务，需要长期不懈的实际行动，而学生们最缺乏的恰恰是进入图书馆，静心阅读欣赏纸制绘本的过程。学生们在参与网络论坛后，可能会带来一丝自我陶醉和自我肯定，给了孩子们"我已经尽过力了"的错觉，存在减少其后续阅读行为的可能性。

而"喜爱的书籍"和"收藏的书籍"这两个页面，正是不断提醒孩子关注图书馆中的这些纸制绘本，去闻闻淡淡的墨香，摸摸五彩的封面，沉浸到主人公的喜怒哀乐中去。学校特意只在平台上推荐书籍，却不把全部内容做成电子书，就是希望利用孩子们线上交流的热情，把他们拉到图书馆中来，产生真正的阅读行为。

同时，学校在每个教室设立了图书角，把阅读平台上（也就是学校向各年级学生推荐的 100 本读物）的纸质书放进图书角漂流，保证学生们能利用午休和下课的时间，真正亲近书本。在推荐必读书目外，我们也注重学生实践活动与阅读推进的整合，2018年 3 月学校组织学生观看由获得诺贝尔文学奖的绘本《尼尔斯骑鹅历险记》改编的儿童剧，老师们先是在微信平台上事先推出作者介绍、故事概述，预热了绘本；同时鼓励学生把春游和绘本结合起来，将春游主题定为"带着绘本去春游"。实践证明，这样的"指尖推荐"大大提高了图书馆的实体书的借阅量，也提升了学生关注同类书籍的兴趣。

"指尖上的阅读"目的是引导孩子们从"线上"回归"屏外"。随着微信平台的推荐，图书馆里的纸质书籍永远同时上架，等待着孩子们的借阅——"指尖上的阅读"，渴望的是孩子们源于内心的阅读兴趣。

二、"指尖上的阅读"分享

1. 多元互动——构建阅读"互联网"

通过微信服务平台，进行自下而上的阅读分享，学生、家长、教师均可登录平台，交流与分享各自读书后的感受。这样的分享，改变了以往课堂教学或读书心得撰写中学生与教师之间的单向交流，使得学生与家长、学生与教师、学生与学生之间形成了一种多元互动的交流、分享模式，如下图所示。

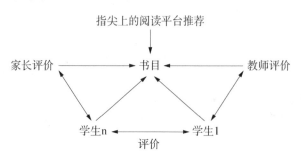

在这个多元交流的过程中,教师、学生、家长的最终目标相同,那就是以交流促互动,用对话促分享,三者具体的关注点如下:

学生:学生只要进入"个人中心"页面"分享的心得"栏目就可以写下自己阅读完本书的心得体会,由于数据对接,他也能读到全校其他年级、其他班级学生对于这本书的阅读感受,这种跨年级的交流互动,本身也是一种阅读思维的碰撞与交织。

教师:有权限进入"我的学生"页面,输入学生的姓名,就能搜索出这个孩子对所有书籍的评论,统计出阅读数量和评论内容,教师可以及时给予评价。搜索栏下方就是班级所有学生对不同书籍的评论,按照时间先后排序,教师可以及时观察学生活跃程度,进行师生线上互动。

家长:家长登录后,可以看见"书目""我的孩子"和"个人中心"三个项目,进入"我的孩子"选项,就能看见自己孩子对某书的评论和其他老师、孩子对他评论的跟帖,实时掌握孩子的阅读动态。

互联网的背景,使我们的孩子能在别人阅读同一本书的不同感受中,获得思维的碰撞;使我们的教师能在全校不同年级的学生针对一本书的不同感受中获得阅读方法指导的灵感,从而更好地调整自己的阅读指导策略;使家长能在无声中走进可能平时被忽视的孩子们的内心深处,了解孩子们的思想与成长……正如二(1)班陶同学的家长在平台上的留言:"指尖上的阅读分享,如同打开了一扇大门,让我们明白了如何从孩子的角度去读,如何蹲下来与孩子做进一步沟通与交流。""指尖上的阅读",等待的是经由小手牵起大手的家庭共读。

2. 无心插柳——促成学生的"微写作"

在下文中我们将提到,学生的"微书评"将通过各种评价的形式兑换奖励,这是鼓励孩子发表较长的阅读心得的一种激励手法,我们发现在实践的过程中这种"无心插柳"的激励促成了孩子们"微写作"能力的提升。由于孩子在阅读平台上发布的每一则阅读心得受众面比较广,教师、其他学生和自己家长都能看到,他们在发表前一定会深思熟虑,对语言精雕细琢,对观点反复思考后,才会点击发表,以期得到更多的点赞和好评。而跨越年级、班级的"微写作"交流也激励孩子在全校范围内比较,以期写出更精彩的读书心得,更快地进入每月的排行榜。

孩子们每天为了绘本阅读做出一点点努力，也就没有辜负沟通新媒体赋予的表达与参与的权利。其实学生们原先公共参与的意识还很缺乏，学校推进的微信平台让孩子们享有了前所未有的话语权，"微写作"让他们的声音能够迅速地被老师和家长知晓。我们有理由相信，利用手机新媒体推广的意义不仅仅是吸引孩子展开阅读之旅，更在于培养孩子们的公共参与意识，加强主人翁责任感。

3. 上下联动——鲜活生动的"GL 好声音"

除了线上的互动交流外，我们也通过"GL 好声音"的录制、评比，推进学生阅读感受的线下分享。每年阅读节，学校大队部总会鼓励学生将自己喜爱的阅读作品录制成微音频参与"GL 好声音"的角逐。该音频一般包括两个内容：其一是自己最喜爱作品的片段朗读（也可以是和父母一起的亲子朗读），其二是学生对阅读该作品后的感受。"GL 好声音"的所有音频上传后在每天的学生午餐期间由线下"红领巾广播"播放，播放的过程不仅是学生阅读分享的过程，更是阅读推荐的过程。在阅读节闭幕前夕，学生会经由"指尖上的阅读"平台对所有的"GL 好声音"进行票选，遴选出的"年度十佳好声音"能得到表彰。线上与线下的阅读分享整合的是阅读推广的形式，推进的是学生阅读能力的提升和阅读兴趣的养成。

三、"指尖上的阅读"指导

1. 初级指导——孩子们阅读书籍的向导

当孩子们通过平台寻找感兴趣的书籍时，如果不能确定内容是否能吸引自己，进入"阅读指导"页面，就会出现不同书籍的阅读指导；点击进入，就可以参考教师提供的"书籍简介"和"阅读指导"。教师会用丰富的语言，提示该书的精华所在，激发孩子的阅读兴趣。以《要是你给老鼠吃饼干》为例，在"书籍简介"中可以看到这样几行文字："小男孩不过是随手给了小老鼠一块饼干，可这个家伙就得寸进尺了，你给他一块饼干，他就要一杯牛奶；你给他一杯牛奶，他就要一根吸管……你再也摆脱不掉他的纠缠了。"如果孩子对上述内容简介感兴趣，再点击进"阅读指导"栏目，就能得到相应的导读帮助："在这本书里，因果关系真像是多米诺骨牌一样环环相扣，一块饼干，既是故事的结尾也是它的开始。孩子们一定会咯咯地笑出声音，一定会缠着大人赶紧读下一页，因为他们想知道老鼠又要说什么了……小朋友快到书里去一探究竟吧!"平台像一位知心的朋友不厌其烦地向孩子们进行着导读，目的是为了激发孩子们的兴趣，回归"读书"。

　　2. 晋级指导——个性化阅读引导

　　本书第三章所述的线下阅读指导课，受益者仅是一个班级的学生，而阅读平台线上的阅读指导课学习者范围则推及大众。我们将不同类型的阅读指导课录制成十分钟左右的微课插播在"指尖上的阅读"平台中鼓励学生、家长甚至是不同学科的教师进行观看，借此将阅读指导的受益群体扩大。实践证明，微课浏览的访问者中，学生家长的账号人数居多，说明广大家长急切地想掌握方法指导学生进行阅读，这从长远的角度而言，对于营造良好的家庭阅读氛围，帮助学生养成好的阅读习惯无疑是极为有意义的。

　　与此同时，阅读平台的后台也在不断生成孩子阅览导读的数据，数据能精确地指出这个孩子对不同种类书籍的喜爱度、点评量，从而在下一阶段阅读书籍导读中推荐两种类型的书籍，即一类是这个孩子经常阅读类型的书籍，我们称之为"投其所好"型，而另一类则是这个孩子较少涉及的类型，我们称之为"拾遗补缺"型。网络，让学生的个性化阅读指导成为一种可能。

四、"指尖上的阅读"评价

　　结合网络统计发布学生的阅读作品的评价，评价的内容包括两个方面。

　　1. 对学生阅读的评价

　　我们将阅读的分享与孩子们的阅读评价挂钩，结合孩子们在阅读时的签到、对相关书籍的交流与点评，教师、家长均可以电子"DoDo券"的形式对孩子做出鼓励，而"DoDo银行"的积分挂钩的激励机制，则更进一步激发孩子们自主阅读的热情。它的具体操作流程如下：当学生进入"积分兑换"选项，会出现一页"积分兑换说明"，内容强调每发表一篇读书心得领取 10 个积分，每月入阅读排行榜领取 20 个积分。下面还有一则"积分兑换"要求：累积 500 积分兑换一张"DoDo券"（"DoDo券"是学校进行过程性评价的奖励单位），每学期末根据"DoDo券"的数量兑换相应的奖品，这个奖品可以是物质类的奖励，如兑换自己喜爱的书籍和家人分享，更可以是精神类的奖励，如：和最喜爱的老师共进午餐，当一天的校长助理，做一次学校大型活动的主持人，在学校的屋顶花园认领一棵植物……

显然，教师为了孩子们能更积极主动地进行阅读运用了大量教育智慧，我们是孩子阅读的点灯人，运用各种激励方法的目的无非是希望孩子们在阅读的过程中发现它的美好，从而将阅读作为一种自觉的行为。

2. 对阅读课程的评价

通过"微视频"的点击率及微信平台的发布率统计各年级必读书目与选读书目中的"TOP 10"，对孩子点击率低即不受学生欢迎的书籍进行排列，分析原因后进行调整；为下一轮"指尖阅读"课程的书目推送提供依据，让"指尖阅读"真正深入孩子们的内心。"指尖上的阅读"，从兴趣伊始，帮助孩子们在慢慢地阅读中领悟读书的真谛。

我们都知道数字阅读存在着明显缺陷。当前的阅读尤其是整本书阅读陷入了一种尴尬的境地：我们都知道整本书阅读给孩子们带来的益处，但碎片化阅读的即时、便捷、迅速等优势尚且让成人欲罢不能，何况是学龄中的儿童？事实上，这也正是教育者在推进阅读教学时的忧虑。为什么称我们的教育对象是网络的"原住民"？当成人还为了学会使用一款 APP 耗费心力的时候，低龄段的学生看手机就很有能力了，当然看平板电脑更有能力，他们可以刷屏，快速刷，很过瘾，效果怎么样权且不去理它，但过程"欲罢不能"。尽管我们认为碎片化式的浅阅读总比什么也不读要好，可是读什么和怎么读还是有层次高低的区别。

我们营造学校阅读的网络文化，打造"指尖上的阅读"平台，其真正意义所在，是希望通过阅读推荐、阅读分享、阅读指导和阅读评价去引导孩子们更好地读一本纸介质书，尤其是优秀的纸介质书籍，用孩子们更为接受的载体，在引导青少年不要沉溺于信息的玩乐大海的同时提倡深阅读，提升他们的阅读力，帮助孩子养成良好的读书习惯，借助这个好习惯帮助孩子不断持续发展。

第四节 从文化到行动：让阅读成为孩子校园内外的生活自觉

如本章节所述，校园阅读文化是以校园为依托，以读书活动为目的，以阅读物质、阅读行为、阅读制度、阅读精神等要素构成的有机整体。它不但是校园文化的基本核心内容，同时也是阅读文化的重要组成部分，是以校园为环境平台，以阅读文化为基本内涵的共同文化物质的交集。

一、关注特点，让文化浸润行动

在探索实践中，我们发现校园阅读文化具有其鲜明的特点。

一是互动性。校园阅读文化是学校师生共同营造的，学校里无论是管理行政人员、教师还是学生都是一名读者，通过各种读书活动参与其中。大家通过"指尖上的阅读"微信平台或面对面的交互对话，分享阅读的书目、探讨读书的乐趣、交流读书心得……正是在这种交流与互动的过程中，"爱书和尊重书的气氛"得以不断渲染，而引导孩子们"对书怀有崇敬的感情——学校和教育工作的实质就在于此"。

其二是渗透性。校园阅读文化就像温暖的春风一样，飘散在校园的各个角落。除了硬件环境的打造，更可贵的是良好阅读文化能渗透到教师的教学、科研，学生的学习成长、做事态度等中，在日积月累中能慢慢改善全校师生的思想观念、言谈举止。以管弄新村小学为例，随着阅读课程的推进，阅读文化慢慢地改变了孩子们待人、接物、处世的态度。他们从数年前的害羞、胆怯，看见新鲜有趣的事物不敢接受、避之不及，变得热情、大方，一旦在校园里遇到来访的外来的教师、家长，总能够热情大声地打招呼。虽然这一小小的举动在常人眼中微不足道，但作为陪伴他们成长的师长，却切切实实能够感受到身边的孩子们因为阅读而产生的变化。管弄新村小学的学生管同学的母亲在陪伴孩子历经书香校园过程中的感悟，是通过校园阅读文化建设为孩子成长带来变化的一个缩影。

我的阅读，与你同行

"书犹药也，善读可以医愚。"在很久之前，古人就发现了阅读的重要性。没错，阅读非常重要，少年强则国强，它是使一个国家繁荣富华的动力。可是与电脑、电视比起来，阅读显得较为乏味，字字都要一个个去认，句句都要一句句去理解，意思也要一段段去思索，没有生动形象的画面，没有悦耳的音乐，对于小学生来说还真是有点"难"！但是，管弄新村小学打破了阅读的一成不变，通过"GL阅读节"的不同活动，让孩子发自内心的喜欢上了阅读，从而改变了他的思维，培养了他的学习能力。

"妈妈，我感觉读书是一种享受，当我打开书本时，会听到各种各样的声音：有智者娓娓的谈心，有勇士激昂的呐喊；有春花凋零的叹息，有小鸟归巢的啾啾声……"现在，孩子经常和我们分享的就是他阅读后的不同感受。是呀，以书为镜，可知真我！

一年级，阅读漂流书，使孩子懂得了坚持不懈。在《鲁滨逊漂流记》中，鲁滨逊以其坚持不懈的精神在孤岛独自一人生活，那里处处充满了危机，可他却咬紧牙关，知难而进，永不退缩。正是他这种精神，深深地感动了孩子，使他做事从不半途而废，坚持不懈地做好每件事。

二年级，指尖阅读，使孩子懂得了什么是爱，什么是被爱。《我是正能量小孩》里记叙了人间多姿多彩的爱与回报，其中有友情之爱，亲情之爱，爱情之爱，让孩子知道了爱的含义，爱的博爱，更明白了感恩的可贵，还说要把这份爱传递给每个帮助过自己的人。

三、四年级，图书馆借阅，使孩子学会了热爱生命，也懂得了挫折是成功之本。在阅读《钢铁是怎样炼成的》中，孩子问道："妈妈，你觉得保尔是一个怎样的人？""我喜欢保尔，因为他是一个有远大理想的人。""人应该有远大的理想，我赞同。但是，真的需要付出自己的生命吗？生命很宝贵，不是只有一次吗？""远大的理想是需要行动支撑的，行动了就要尽力，才能终生无悔。保尔有一颗为了实现理想而拼搏的恒心，有一种对生命的热爱之情，你需要学习的是他无论遇到什么挫折困难,都勇于去面对,甚至不放弃生命。当然,我们也需要量力而行,毕竟生命只有一次。""哦,我明白了,成就伟大事业的人都有坚强的意志,他们在挫折中锻炼了自己,在困境中得到了升华,我要学习的是这种精神。我要摘录下来,好好保存。""对的,只要你有直面挫折的决心,你就会成为一块钢铁,越锤越钢!"

读史使人明智,读诗使人聪慧,演算使人精密,哲理使人深刻,道德使人高尚,逻辑修辞使人善辩!让我们一起参加"GL 阅读节",一起读好书,多读书!

管弄新村小学　管同学家长

校园阅读文化建设的第三个特点是它具有传承性。一个学校的校风、学风、学术传统、思维方式的形成是经过一代又一代人不断缔造,慢慢积淀,代代相传沿袭而成,具有传承性。校园阅读文化一旦养成,必将在实践中传承下去成为一个学校的 DNA 和精神支柱,从而影响到一代又一代学子。我们在实践中以阅读文化浸润校园,让校园处处充满书香的最终目的,就是希望通过校园阅读文化的构建潜移默化地影响孩子们,让良好的阅读习惯陪伴着他们的成长,成为孩子校园内外生活的一种自觉。

二、 关注三个途径,以文化推动行动

我国学者王余光提出提高读书人口数量和质量的三个途径:一是要发展教育,培养大量具有阅读能力的人;二是要营造读书氛围,促进阅读活动开展,使潜在读者成为显性读者;三是要加强读者的阅读教育,提升读者素养。[①] 按照三个层次的要求,依次突出重点进行建设能有效地提升阅读群体的素养。这三个层次为如何以校园阅读文化建设促进孩子们的阅读提出了很好的建议。

首先,校园阅读文化建设是与学校的课程相联系的,学生的识字能力、阅读理解能力是从课堂中学习而来的,因此要在阅读课堂教学上下工夫。按照国际阅读素养进展研究项目(PIRLS)阅读素养评价的描述,小学阶段是完成从识字学习到自主阅读转折

---

① 王余光,汪琴.关于阅读文化研究的几个问题[J].图书情报知识,2004(05):4.

的阶段,学生将在这个阶段中成长为具有阅读能力的人,因此抓住这个学生阅读成长的关键期很重要。

其次,学校着力打造阅读环境,通过开展阅读活动,从硬件和软件两方面营造阅读氛围,让更多的人参与进来,实现人数的最大化。而这里的阅读人数所指的不仅仅是学校的教育对象学生,也包括家长、学校周边社区的居民……让校园阅读文化的受益面不断扩大,用阅读文化滋润人的心灵。

最后,校园阅读文化建设的第三层次、最核心的部分,即提升读者素养,有针对性地对阅读群体进行指导。我们通过对学生进行阅读指导来实现教育价值,为学生树立正确的阅读价值观念和阅读方式,提升学生的阅读素养;对教师同样需要进行阅读指导培训,提升其本身的阅读能力,用其渊博的知识设计教学和以其人格魅力影响学生;对家长和社区阅读者更要有一定的阅读指导。校园阅读文化是社会学习风气发展的灵魂和基石,其建设和梳理是以学生为实践主体,通过学生对新媒体环境下的各种新兴媒介的探究以及应用来完善自己的文化体系,但只要在实践中坚持不懈,假以时日它能促进的是以学生为核心的周围人群的阅读行为跟进和阅读素养提升。

苏州大学教授朱永新先生曾经指出:"一个人的精神发育史,就是他的阅读史。……一个民族的灵魂史就是这个民族的阅读水平。"①所以,阅读本身就是一种文化。通过阅读,孩子们拓宽视野,丰富学识;通过阅读,孩子们提高阅读能力,养成良好的习惯。而书籍是校园的底色,是学生走向智慧彼岸的桥梁,营建书香校园,在校园中给孩子们铺就一条爱读书、读好书的路,可以引领他们在阅读的实践中主动地获取知识,汲取人类智慧,受到情感的熏陶,提升人格。因此,营造浓厚的校园阅读文化氛围,在实践中不断丰厚校园阅读文化建设,弘扬中华民族的优秀文化和道德,让学生在阅读中放飞理想,感悟历史,体验社会,了解科学,拓展思维,憧憬未来,引导孩子们多读书、读好书、好读书,是每一个教育者的追求。

---

① 朱永新.朱永新教育演讲录——创新教育才能创造未来[M].北京:人民教育出版社,2018:130.

／第五章／

阅读滋润心灵

第一节　全学科阅读，大阅读大精彩

著名作家余秋雨曾说过："阅读的最大理由是想摆脱平庸，早一天就多一份人生的精彩；迟一天就多一天平庸的困扰。"我们努力在实践中引导学生通过全面的、有质量的阅读汲取精神营养，丰富、充实、深化学生对世界的观察感受和思考，正是基于提高他们综合素养的考量。

而要达成综合素养的提升，仅仅将阅读理论和阅读实践基于语文学科的教学，或是局限于语文学科教学领域，是完全不够的。学生的阅读实践活动和阅读应该是跨越语文学科的，数学、科学、音乐、英语等学科都呼唤着课内与课外的结合，学科之间的整合，在培养学生的知识结构综合化的背景下，我们旨在从关注单门学科阅读的观念中跳出来，进行综合立体全学科阅读的探索——针对学生的阅读动机、阅读兴趣、阅读能力的培养而实践的广泛、统整、动态的阅读教学研究。根据小学阶段各学科的知识点，选择适合不同年龄段学生的阅读材料，运用阅读指导策略，激发不同学生对不同学科知识的兴趣，提升学生对知识的理解力，使其将良好的阅读习惯逐渐融入学习生活，提升其自主学习的能力，让全学科大阅读带来学生成长的大精彩。

一、跨学科阅读教学

（一）扩充学科学习内容

跨学科的阅读教学，以教学书内容为基础，向外拓展，并为课外拓展知识做了大量的资料准备，为各学科教学内容的扩充提供了重要的保障。

1. 英语学科：丰富内容，消除英语阅读障碍

小学英语教学是以阅读教学为核心的，英语阅读会广泛应用到词汇、语法与句型等知识，英语写作也需要以阅读为基础来积累素材、总结写作技巧，所以阅读教学一直都是小学英语教学的重中之重。但是，教师逐渐发现常规的英语教学，虽然能帮助学生掌握一定的英语知识，却限制了小学生英语思维的发展，导致大多数学生片面地认

为翻译才是英语阅读的重点，无法展开深度阅读。在实践的过程中，管弄新村小学的徐玉峰老师面对上述阻碍学生英语阅读发展的障碍，带领学校的英语教师结合实践，以多种阅读策略消除学生的英语阅读障碍。

一是注重阅读教学与文化背景知识的有机结合，避免造成对阅读材料理解的误差。任何一门语言学习离不开其文化背景。同样，英语阅读教学也应注意将语言教学与文化背景知识进行有机结合，从而使我们的小学英语教学不会脱离英语的文化背景，避免学生在阅读过程中形成理解误差。李善雯老师认为：在积累文化背景知识的过程中，教师应该以引导学生了解中西方的文化差异为主。就拿最常见的姓名来说，我国姓名先写姓氏，再写名字，姓在前，名在后，如"Li Ming"。但是，西方人不同，西方人以名在前，姓在后，如"William Clinton"。这些常识都会影响小学生对英语文本的理解，所以教师应在阅读活动开始之前主动讲解这些文化背景知识。另外，还有一些有明显差异的文化背景知识需要着重说明。比如，受传统文化的影响，中国人认为"龙"的寓意十分吉祥，认为"龙"是神兽之首，是神力、权力与地位的化身，所以对龙有一定的崇拜之情。但是，西方人不同，西方人认为"龙"的形象是邪恶、凶残的，所以通常会用"dragon"来表示不好的寓意。如果小学生无法在阅读前区分中西方的不同文化，就势必会产生错误认识。但是，中、西方文化都十分丰富，教师不可能提前将所有的文化差异总结出来，所以还需学生主动积累与收集相关资料，还应时时翻阅，以加深记忆。

二是要引导孩子自主探究文本内容。李老师觉得，引导学生自主探究文本内容是提升小学生英语阅读效率，优化英语课堂结构，培养小学生英语素养的重要途径。如在教学"In our school"一课时，李老师鼓励学生利用课文对话展开阅读，初步了解课文对话的内容，确定本节阅读课的学习重点。大多数学生都能通过预习了解对话的意思，迈出自主阅读的第一步。然后，她又将四名学生分为一组，使其根据教材插图与对话内容总结对话主旨，在组内总结出课文的重点句型与词组。小学生在组内分析探讨时，能够总结出"Where is the...? It's next to/behind..."等用来问路、表示方位的英语句型，以及 near, next to, behind 等介词或介词短语的含义与用法。接下来，各个小组需轮流展示本组所总结的英语知识，还可结合对话内容或造句解释相关知识。当然，学生的英语阅读能力、信息分析能力与资料总结能力有限，所以他们的表述会出现一定的错误。对此，教师应该利用错误来指导阅读。如，班上有一个小组在用"in the science museum"的时候,错误地使用了"at"。所以,老师便引导学生对比分析了"at"与"in"的含义与用法,然后再结合具体的阅读情境,选择正确的介词。上述教学引导在结合文本内容的解读探究中引导学生掌握语法要点,也为学生后续的阅读提供了保障。

三是拓展阅读内容,激发阅读兴趣。兴趣是激发孩子主动阅读最好的动力,英语阅读相比母语阅读,其教学难度不言而喻。让孩子们在阅读中体验兴趣与快乐,增加阅读的"厚度"是关键。张唯益老师在教学四年级上册英语"Around my home"这一教学内容的第三课时"Design the new neighborhood"时,就结合拓展阅读进行了实践。张老师先是在教学中结合教材帮助孩子们了解课文主人公 Jill 的街区中各种各样的设施,它们分布在 Jill 家的周围,构成了一个完整方便的街区体系。继而引导学生观察:我们学校周围的小区由于建造于 20 世纪 80 年代,很多设施已经老旧且缺乏实用性,所以需要学生在学习本单元的内容后,与学校周围街区进行对比,借阅各种书籍,同时利用自己已有的生活经验对学校周围进行改造。

当然,这样的教学设计较传统的英语教学设计是有难度的:要求学生先学会如何看懂地图,并且能准确地找出学校的位置,以及自己上学的路线,这是孩子在之前的学习经历中所没有的;其次,那些适度的改造建议适合周边以老年人为主的生活需求,又不乏时代的气息,例如星巴克(Starbucks)、路特斯(Lotus)等让学生匹配相应的中文店名,且能分析利弊、权衡引入改造设计,此为难点二;最大的难点则是在最后的设计过程中,学生如何科学合理地做"加法"与"减法",结合生活情境来用英语介绍,再从英语情境回归到生活,深化设计思维与工程创想,用文本写出后续问题的解决方案。为此,教师进行了独特的教学设计。首先,通过介绍 Jill 的街区对前两课时的内容进行复习,然后对 Jill 街区中的设施进行评估,考虑其利用率的高低。其次,呈现管弄新村小学周围的地图,引导学生组队进行研究,"读懂"地图,在读懂的基础上集体讨论并画出各自的上学路线。鼓励学生阅读相关书籍(可以是中文书籍,但也鼓励阅读英语资料),了解社区相关设备设置与居民生活之间的关联。通过小组讨论与分析,评估每个设施的利用率和学校距离之间的内在联系,并写出建议。收集所有小组的意见与建议,汇总在一起,并让学生自行选择可以修改的意见并阐述理由,集思广益,发现一些具有创意的意见。最后布置分层作业:可根据上课所生成的新街区进行绘制;除了上课生成的街区外还需加入自己的新想法。

学生的作业如下图所示：

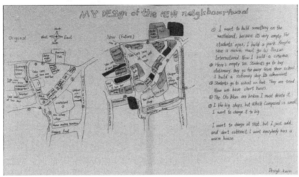

在日复一日的坚持中，学生的阅读兴趣随着学习的成功感与日俱增。

2. 美术学科：丰富内涵，故事阅读积淀学习

任力晶老师是学校的美术教师，他在教学实践中尝试整合阅读丰富孩子们的认知世界，结合美术的学科知识帮助孩子表现和展现自己心目中所谓的"美"。

在教学"船"这一课时，任老师并不满足于仅仅教会孩子画船及对其进行装饰的绘画技巧，而是引进了《鲁滨逊漂流记》这本有趣的故事书，以《鲁滨逊漂流记》为主题，设计了一堂美术阅读课程。在引导学生事先阅读的基础上，任老师针对孩子们大多久居城市，对于主人公的代入感不强这一问题，先鼓励学生在课堂上扮演书中的角色，让学生体会荒岛求生的心理与生理环境，并通过模拟书中在荒岛上饮食、住宿的场景，增强学生的代入感。而后，任老师引导学生扮演鲁滨逊，用手工制作的方式，用各种彩色手

工纸制作一艘用来逃离荒岛的帆船，注意运用各种美术元素，如线条，造型，图案等为帆船添加装饰，且该装饰可以体现主人公鲁滨逊的特点。在这个环节的教学中，任老师在教材原本"手工制作船身""添加装饰"两个教学要求的基础上，将"添加装饰"环节细分为"基础型装饰"和"个性化装饰"两大部分，他引导学生了解："基础型装饰"是运用美术学科的常见元素，如线条、形状等对船身进行装饰；"个性化装饰"是运用学生既有的和教师新授的美术学科知识，让学生在帆船的帆上设计一个个性化的图案，通过图案来展现自己的特点、个性和对自身及对美的认识。

在学生完成手工制作帆船的造型及用线条形状添加"基础型装饰"后，任老师提出了一个问题，以下是任老师的教学实录。

师：我们手工制作了逃离荒岛的小帆船，并用线条和形状为小帆船的船身添加了装饰，但是老师发现一个问题，大家的帆船好像都有些相似，那么你有没有什么办法让别人一眼就能认出这是你这位鲁滨逊的小帆船呢？老师这里有一艘帆船，大家来看一看这是谁的帆船呢？（出示一幅图片，一艘印着海盗旗图案的帆船）

学生异口同声：海盗的帆船！

师：那么大家是怎么看出这是海盗的帆船呢？

生：帆上有海盗的图案。

师：大家说得很好，一个好的图案，可以向人展示自己的特点、性格、甚至职业等诸多信息。海盗通过一个具有自身特点的图案来让人感到恐惧。那么我们每一个聪明善良的小朋友，你能不能设计一个图案，让人感受到美感、欢乐、愉悦，从而既能带给别人正面的情绪，又能展示你自己呢？相信聪明的你一定可以在你的课堂作业里体现出来。

在上述教学环节中，任老师采用了海盗旗的图案作为引导学生的要素之一，之所以这么做是因为学生在阅读的过程中对海盗旗产生了极大的兴趣，而且海盗旗中又包含了美术学科图案中的简化与保留特征等美术要素。当然，年轻的任老师也意识到：

海盗并不是一个正面形象,因此他也在教学中有意识地引导学生,学画旗帜的目的不是让他们学习海盗,而是通过相同的方法与美术知识,通过自己设计的图案让人感受到美感、欢乐、愉悦,从而既能带给别人正面的情绪,又能展示自己。通过整合阅读,学生形成积极正面的审美情趣,在乐画、学画的过程中完善人格;阅读,让美术课堂绽放出别样的魅力。

3. 科学学科:丰富形式,自然笔记拓展学习

徐翠珍老师是一位中、高年级的科学学科教师,她在教学实践中引导学生用做"自然笔记"的方法选择自己喜欢的事物或方向去观察和了解,借此拓宽学生学习自然科学知识的途径。自然笔记的特点就是先从实践开始,回到理论(阅读),在自然里观察、发现、思考,再通过阅读的方式寻求答案,这是自己探索学习自然的过程,是一种积极的认知自然的方式,学生在这种学习中经历了从无知到略有了解的过程。

例如在进行"形形色色的植物"主题教学时,徐老师对孩子们指出:"知道植物的名字不是学习的最终目的,了解一种植物,不仅要想办法知道它们的名字,更要深究与之相关的信息;获取植物的信息有很多途径,可以直接翻看图谱,可以通过关键词搜索,可以在专业网站上查询,可以去图书馆翻阅相关资料。只要是在观察过程中产生的疑问,都可以有针对性地拓展阅读,这样做,过程也许会非常曲折复杂,但是每找一次,你都会多记下几种感兴趣的花,顺便知道查图鉴所涉及的植物的共同特征。"又例如上海的街头种满了梧桐树,学生在课堂中质疑,为什么我们习惯性叫它"法国梧桐"? 老师引导学生以此为主题做好自然笔记,孩子们通过阅读,发现原来是法国人将二球悬铃木带到上海,作为行道树种在霞飞路上,上海人就把它们当成是法国梧桐。与此同时,孩子们又在其他读物中进行了延伸学习,发现我国一共引进了三个树种,一球悬铃木叫"美国梧桐",二球悬铃木叫"英国梧桐",三球悬铃木叫"法国梧桐"。而我们最常见的梧桐,其实是"美国梧桐"与"法国梧桐"杂交出来的……扩充学习内容的学科拓展阅读不仅让孩子们感受到大自然的神奇,也化解了高深的科学理论,激发了孩子们的兴趣。

每年的 4 月 1 日是国际爱鸟日。学校微信平台向学生推出了 10 本关于鸟的精美书籍,让师生一起"悦游"书海,一同了解鸟、欣赏鸟、关爱鸟。徐老师科学学科的教学也依据教学内容,结合图书推荐引导学生通过阅读后做以鸟类为主题的自然笔记。在

通过阅读了解各种鸟类的习性后，孩子们用文字、图画的形式介绍心目中最喜爱的鸟类，这种融艺术性、文学性与科学性于一身的自然笔记比教师在课堂上简单的说教更具有教育意义——正如五年级的吴同学在自己的自然笔记中所描述的："这是一扇心灵的转门，它让我们去爱，去珍重，去敬畏，树上的麻雀，迷网中的飞鸟，所有生灵，都不该是我们猎杀的对象，而是像星星一样宝贵，同为地球的孩子，与我们人类一样。"

教学实践中我们通过课内知识点补充进行拓展阅读，用课外的阅读材料给予教材有效的支撑，使学生通过对所选材料的阅读，更有效地达成对教材内容的理解和掌握，从而真正提高教学的有效性。

（二）丰富学科学习内涵

长期以来，我们一直认为阅读指的就是对文学作品的阅读和理解，这是最终导致儿童阅读能力不均衡、阅读内容不丰富的主要原因。我们主张跳出语文学科的全学科阅读：除了语文学科外，数学、音乐、体育、美术……每一种学科都蕴含着丰富的阅读材料。

如执教四年级数学的刘德全老师在羡慕语文老师能为学生提供那么多的阅读书籍来润泽孩子的生命的同时，也想在数学阅读的世界里为孩子们点燃一盏灯，带着这样的执着，他从挑选适合四年级学生阅读的数学课外读物《天哪！数学原来可以这样学》《马小跳玩数学》等书籍入手，引导学生进行学科阅读。但是刘老师发现，午读的时间里，只要不是教师硬性规定应该阅读什么书籍，很少有学生主动地拿起有关数学方面的书籍来阅读。为什么学生喜欢看杨红樱的《笑猫日记》，而不喜欢看她的《马小跳玩数学》呢？刘老师认为这是因为与文学故事相比，数学文本没有艺术作品那样富于动人的情节或鲜艳的色彩，儿童一般不会自发地对事物背后抽象的数学属性产生兴趣。发现问题后，刘老师仍旧想方设法引导学生参与到数学阅读中来，以数学阅读调动学生潜在的思维灵性，通过阅读数学读物等相关材料，用数学的方法和观点来认知、理解、汲取知识和感受数学文化的无限魅力。

在进一步的教学实践中，刘老师发现，数学阅读不同于文学阅读，它需要学生一字一句地认真研读，才能懂其意，一目十行阅读法不适合数学阅读。学生阅读数学必须经过个体的独立阅读，才能让文本的意义脱离语言的外衣，而焕发出内在的生命光彩。

因此数学阅读有这样几个小窍门。

一是关注方法，在质疑中读。教学中年级数学的张春燕老师发现大多数学生在学习中缺乏阅读数学教材的能力和习惯，对阅读数学教材也只是草草而过，读不出要点，发现不了问题。因此，教师可以引导孩子在阅读前，先提出问题，让学生带着问题去阅读教材，阅读概念时要抓住关键词，弄清概念的含义；阅读定义、公式、图表时，要知道条件和结论是什么，要边读边思考，充分挖掘课本阐述的思想方法；阅读时需要教师给予科学的、清晰的指导，让学生养成边读教材边进行圈点勾画的习惯，边阅读边实践的习惯。

二是养成习惯，在解题中读。教学一年级数学的施双瑜老师在日常的教学过程中十分注重学生阅读的习惯，要求学生拿到题目首先要读题，只有理解题意了才能够落笔计算。而在阅读题目的过程中，施老师也非常注重学生对于关键字句的圈画，要求学生做到看题要看深、看透，借助圈画关键字词来找到题目的重点。计算过程重点读，计算教学中不仅要读算式、读法则，更重要的是要训练学生阅读中间过程，通过阅读促使学生理解题目要求，看清运算数字、运算符号和运算顺序，明白运算方法。数学概念应按其结构来精读，力求让学生学会理解概念的方法，在此基础上指导学生精读概念。解决问题要巧读，关键词语重音读、省略句式补全读、意思隐含换词读。只有养成良好的阅读习惯，数学学习的效能才会提升。

三是动手操作，在读中理解。数学教师要边读边让学生做一做、画一画、写一写，让学生在"动手"中阅读。在低年级的应用题教学中，以"动"带读对提高学生的解题能力和培养学生抽象思维能力有着重要的作用。小学阶段尤其是中低年级的数学练习往往可以把题目转化成简单的图形或数字帮助孩子理解，而在中高年级要让学生学会边看题边画线段图，或简单列出条件、问题以帮助解题。例如在应用题教学时，教师可以引导学生用画图的方法帮助解决问题，教材中都是用纯文字的形式出示问题，学生在对文字的阅读中，能对需要解决的问题有一个大概的了解。但因问题本身具有一定的复杂性，此时学生对题中数量关系的理解还有些模糊。这时教材恰到好处地提示："可以根据题目的条件和问题，画出示意图。"那么教师就可以引导学生画出示意图表示题目中的条件和问题。这样题目中数量的增加或减少便一目了然，学生也能很轻松地通过示意图方便快捷地解决问题。

四是巧用脑图，记录阅读。2018 起，管弄新村小学参与了上海市教委教研室的数字教材项目试点，施双瑜老师结合数字教材中资源分享和笔记流转的功能，把数字教材和阅读思维导图教学有机结合，课堂内结合教学内容进行演示教学，课堂外借助数字教材的辅助功能加深理解创造，大大提高了教学效率和学生的学习效率。在一年级数学"速算"的教学实践中时，在新授、练习环节后，施老师边总结边带领学生回顾在做速算题时的一些方法，并将其画成一张简单的思维导图。课后施老师布置了一个开放性的作业，让感兴趣的同学发挥想象力，画一画自己脑海中速算的思维导图，然后直接用平板拍照上传至学生笔记，教师进行审阅。作业布置之后，施老师陆续收到孩子们有创意的作品，她从中挑选比较好的、有代表性的作品，在课堂演示中再通过笔记流转进行作业的反馈和表扬，同时鼓励其他孩子也要去大胆地尝试。在学完一年级下册第二单元"100 以内数的认识"后，施老师又鼓励学生结合课本目录，把自己认为本单元中重要的知识点用思维导图的形式表现出来，并且通过作品回传进行交流分享。在分享作业的环节中，有的孩子把单元整体框架表现了出来，有的孩子则在呈现出整体框架的基础上，把每节课他认为重要的内容用概念叙述、题目重现、直观画图等形式表现了出来。事实上，孩子们画的过程就是深层阅读、复现巩固的过程；而课堂上的交流反馈，则给了学生更好的阅读表达的机会，激发了学生极大的学习热情。学生的部分思维导图作业如下所示。

综上所述,积极开发与各学科有关的阅读资源,丰富学科的教学内涵,对于激发学生各学科学习兴趣、提升学习效果而言有很大的帮助。

（三）促进学科间的交流融合

联合国教科文组织所撰写的《学会生存》一书指出：在创造艺术形式和美的感觉的过程中我们获得了美感经验。而对美的感受往往是建立在学生对美的理解力和鉴赏力之上的。美术老师常常在教学实践中感叹,传授孩子们用一定的技巧依样画葫芦简单,而要引发孩子们对美的事物欣赏与共鸣却很难。因此,我们在实践中通过跨学科的阅读,努力尝试通过学科融合解决上述问题。

在绘本《小种子》的教学中,我们的老师进行了这样的尝试,由自然、音乐、美术、语文老师共同执教同一本绘本阅读。学期开始,学生在自然老师的带领下走上学校的屋顶花园,在花盆里种下蔬菜的种子,此后用两个月的时间进行浇水、养护,观察长子的成长;两个月后由语文老师引导学生阅读这本美国作家艾瑞·卡尔的文学作品《小种子》,声情并茂地讲述了一颗小种子历经千难万险的成长历程;而后由音乐老师带领学生进行音乐鉴赏——让学生们听音乐、编舞蹈感受小种子冲破土壤、努力生长;最后,由美术老师启发孩子们用 PAD 绘图软件绘制美丽的希望之花,想象展望种子长大后盛开的美丽鲜花的形态和样子。《乐记》有云："凡音之起,由人心生也。人心之动,物使之然也。"说的是音乐发自人的心灵,而前提是以为外物所感动。音乐是情感的艺术,有了这样的阅读铺垫,音乐老师发现学生在课堂中表现的情感非常丰富、肢体语言生动而灵活;美术老师发现学生描绘的作品比起以往的作品,构图大胆,色彩丰富,说明学生对相关作品的阅读理解以及在学习过程中的知识积累已达成建构,内化为自己对画面的理解,让教学效果有了质的改变。

我们不难相信,通过这样的学科融合,阅读积累,学生的素养会进一步得以提升。跨学科阅读教学能使学科与学科之间有一定程度的交流和融合,避免各个学科过于独立和单一,而学科之间进行资源共享和配合,最后得益的一定是孩子的综合能力。

二、 跨学科阅读教研

各学科教师打破学科界限,实践学科阅读无非是为了让学生确立正确的阅读态度与方法,养成良好的、能使其终身受益的阅读习惯。而阅读课程在教育教学实践中的落地有赖于教师的理解与实践。因此,在课程实践的过程中,教师的地位与作用极其重要。为了帮助小学语文教师理解课程设计,有效组织教学,以教师课程领导力提升促进学生阅读力的提升,我们提倡跨学科主题教研。以下是管弄新村小学的各学科教师以绘本《狼大叔的红焖鸡》为主题的跨学科教研,教师在教学形式上尝试"跨界"——由美术、音乐、语文学科的教师共同执教一个绘本故事。

教学引入,看一看

根据教研组对低年级学生阅读习惯的了解与课堂观察,这个年龄段的孩子由于已经掌握了一定的识字量,加之对故事内容的浓厚兴趣,初次接触到新的绘本时,他们往往最关注的是故事内容,大多会迫不及待地去阅读书中的文字,而忽略了对图片的欣赏。然而,绘本的最大魅力就在于书中一幅幅精心绘制的图画。所以,在这次"MINI教研"中,教研组打破常规教法,由美术老师导入新课,引导学生对绘本《狼大叔的红焖鸡》封面图案进行分析,用生动、形象的语言提升学生对主人公狼大叔图案的关注度,引导学生从色彩、人物形象、构图等方面来分析作者的绘画风格,充分调动学生原有的美术学科知识,让他们将欣赏画作后的直观感受表述出来,从而提升对绘本"以图画为主"特性的认识,以及对整个故事的期待感。

故事激趣,读一读,问一问,议一议,想一想

由语文教师教学绘本故事,在读一读、问一问、议一议、想一想的环节中加深对故事情节的了解,学会图文结合走进人物的内心世界。

在导读故事的基础上,音乐教师通过音乐和故事情节相结合的教学,引导学生通过欣赏音乐想想音乐所描绘的故事场景,不仅借助音乐帮助孩子们理解了故事中描绘的狼大师"蹑手蹑脚""偷偷摸摸"等动作,还把孩子带入到音乐的想象空间中,发现音乐作品中活泼欢乐的景象,在感受乐曲带来的欢快而热烈的情绪之余加深对故事理解和对画面的感悟。

想象收尾,画一画

在教学的最后环节,美术教师又一次登上讲台,她引导学生通过对一组狼大叔头部图片的分析,得出这样的结论:"我们可以通过改变人物五官及眉毛等部位的造型使人物的表情变得丰富多彩。"引导学生尝试将这种方法运用到对故事情节的续编创作中去,实现了从理论学习到实践操作的过渡。

本次以"跨界"为主题展示的"MINI教研"让展示的教师与听课的教研组均感触良多,执教的老师在反思中谈道:

> 这是我初次尝试绘本阅读与美术教学的融合,在教学中,我比较注重引导学生以美术欣赏的方式去分析作品的画面,强调美术术语在表述中的运用,这对提升学生的欣赏和评价水准很有帮助。但是,回顾整个教学过程,放给学生自由发挥的时间和空间还略显不足,在今后的教学实践中我将尝试通过更有效的途径加以弥补。抓住学生喜欢绘本阅读的教学契机,在看故事、听故事、画故事中提高学生的美术综合素养,通过以绘本为载体的美术活动,带给学生一个更广阔的艺术空间。
>
> ——美术教师王雯
>
> 绘本讲述的大多是贴近儿童生活的故事,故事的情节简单而又清楚,描述的语言浅近、具体、形象、富有音乐感。为此,在绘本阅读中借用音乐欣赏教学,利用音乐所表现的情绪、节奏等为学生营造身临其境的氛围,将学生带进绘本故事所展现的情境中。让学生在多感官的参与下学习绘本,从中提升节奏感、力度感、速度感、音高感、音色感、结构感——绘本教学与音乐学科的整合,为教师留下一个想象的空间。
>
> ——音乐教师欧阳慧娟

听课的教师更是被这种新颖的教学方式所吸引,部分初涉绘本的教师表示通过教研活动终于明白了什么是微信上热推的绘本;部分给自己孩子读过绘本的教师认可这种教学方式的新颖性,并力推可以由音乐教师独立承担整堂绘本课的教学,同时也指出,由学生续画故事的设计于我们的学生而言有一定的难度;更有教师提出将绘本教学与探究型课程相结合的设想,得到了同行的认同与赞赏……而这些建议与意见为绘本教学后续的推进奠定了良好的基础。

主题阅读教研的流程不定，在实践的过程中可注重以下三点：

一是聚焦课堂。阅读主题教研邀请全校教师参与，它的推进打破的不仅仅是学科界限，更是一种观课反思的思维：在教研过程中，我们引导教师抓住阅读课堂教学的三点进行反思，即：抓阅读教学的"亮"点——教学中"不曾预约的精彩"生成点；抓堂阅读教学中的"常"点——课堂教学中让教师们习以为常但与现代教学理念相悖的教学行为；抓阅读教学"败"点——反思自己教学行为的不足或缺失，并从理性的高度反思教学中"败"点的原因，提高教师反思能力，打磨课堂。我们深信，唯有关注课堂，才能更好地提升阅读教学的有效性，这是提高学生阅读能力的根源所在。

二是同伴互助。跨学科的主题阅读教研将教研组的团队合作功效发挥到了最大化。它打破了"为了教研而教研"的局面，以解决日常阅读教学中的问题为抓手，开展教研活动设计；充分利用教研平台，促进不同学科教研组同伴间的真情互动；关注集体备课，鼓励各教研组教师在碰撞交流中实现教学智慧的创造和提升。

三是专业发展。经由这样的主题阅读教研，教师能直观地了解阅读方法指导课的范式，并会思考结合自身的学科教学，如何有效地整合相关理念推进学生的阅读。这种打破学科界限、重组教学内容的做法，是教师课程领导力的体现，假以时日在学生阅读能力提升的同时也能促进教师专业能力的发展。

三、 跨学科主题阅读作业

跨学科主题阅读作业指的是学生在自主阅读的基础上，参与系列阅读活动，在教师的引导下，打破学科界限完成一个阅读主题下的长作业。以"古风中品年味　秦汉事知文化"主题阅读作业为例，学生的阅读分为以下几个部分：

第一阶段：推荐阅读——在教师及微信平台的推荐下阅读《大秦帝国》《上下五千年》《凯叔讲历史》等读物，了解相关知识。听读交流——每天中午固定在午餐时间收听"小书迷广播"，听 APP 讲述《秦朝那些事儿》。

第二阶段：体验阅读——参加"校园寻秦风，书香话新年"游园会，着秦服、晓秦史。

第三阶段：自主阅读——完成长作业，带着作业中的问题进行自主阅读。

第四阶段：阅读分享——优秀作业通过微信平台推介向其他同龄人分享。

主题阅读作业完成的过程是从激发学生阅读兴趣到引导学生进行自主阅读的过程，而学生在完成跨学科主题阅读过程中的思考、合作、自主乃至个性化的阅读，是我们引导学生完成作业的缘由。

古风中品年味　秦汉事知文化

一年级——主题"小小少年知《史记》"

 语文

【主题】

成语画卷识秦汉

【内容】

"读万卷书"：利用假期阅读与秦汉相关的成语故事，知道自己感兴趣的一个成语。绘制手绘小报或四格漫画，展示这个成语故事的时间、地点、人物、起因、经过和结果。

"行万里路"：实地参观秦风古迹，用照片记录精彩瞬间，做一张照片拼图，并写一句自己的感想，适当美化，右下角留下班级和姓名。

【温馨提示】

1. 两个选项可以选择一项完成，可以在爸爸妈妈的帮助下完成。

2. 秦风古迹寻找地可以去博物馆、图书馆或者旅游景点。

3. 小报和漫画以学生手绘为主，主题鲜明、色彩丰富、图文并茂。

数学

【主题】

小小秦币大学问

（内容）

参观博物馆、上网查找资料或者阅读一本与秦朝相关的绘本，对秦朝的货币"秦半两"进行观察及了解。

1. 用画笔描绘一下秦币，并且利用已有的数学知识简单介绍。

2. 和父母带着一些秦半两（折合成人民币）出去购物，你能买哪些物品？买几样？请你画一画，并且根据图画编一道与数学学科相关的题目。

（假设 1 枚秦半两≈10 元人民币）

（温馨提示）

1. 主题鲜明，图片生动形象，题型可以是计算题、概念题、图形题或是应用题。

2. 作业表现形式不限。

❀英语

（主题）

秦朝家畜知多少

（内容）

古代有句谚语："六畜兴旺，五谷丰登。"那么你知道秦朝有哪六畜吗？请小朋友们制作"六畜"的信息卡。

（温馨提示）

1. 至少制作三张"六畜"信息卡，可运用本学期课内所学。

2. 信息卡上要注明"六畜"对应的英文单词，配上相应插图，描述一下它们的外貌、颜色和叫声。

3. 信息卡的积累数量多多益善哦。

❀ 道德与法治

（主题）

除旧布新学秦礼

（内容）

据典籍记载,先秦时期就有了年终扫除的习惯。寒假里,全家迎新大扫除时,帮爸爸妈妈做一件力所能及的家务活。

（温馨提示）

1. 在爸爸妈妈的帮助下学做一件家务,如扫地、拖地、整理房间、擦桌子等。

2. 用相机拍下做家务时的照片,配以文字,发在班级群里与同学分享。

❀ 自然

（主题）

秦汉烟火赏花树

（内容）

早在秦汉时期就出现了不少种类的植物,有的是从外国引入的,有的到现在已经灭绝了,有的却已经传遍世界,想知道都有哪些吗? 古人是如何描绘这些植物的呢? 选择其中一项内容了解一下吧。

1. 参观并收集与秦汉时期有关的植物(有植物元素)的资料。

2. 你也可以参观并收集与秦汉时期有关的动物(有动物元素)的资料。

（温馨提示）

1. 两项内容任选一项完成。

2. 可以用画画、拍照、说说的形式来记录你的探究之路,并和家人、小伙伴一起分享。

❀ 美术

(主题)

秦砖汉瓦筑精品

(内容)

秦汉时期的建筑在我国的建筑史上有着重要地位,如气势恢宏的长城,拥有"天下第一宫"美誉的阿房宫,富丽华贵的汉代华表等,你能通过收集身边的废旧材料,并用这些材料展现一幅立体的秦汉建筑手工作品吗?

1. 选取一个你最感兴趣的秦汉时期建筑,通过查阅资料了解它的外形,并做好记录和保存,也可以画一画该建筑的简易草图。

2. 根据你所选的建筑外形,收集身边的废旧材料,如空包装盒、一次性纸杯纸盘、吸管等。用剪贴结合的方式,通过你收集到的材料,制作一个秦汉时期建筑的简易模型,完成后可以用你的画笔添加装饰。

(温馨提示)

1. 查阅资料时,注意在官方正规网站查阅,注重上网规范,并做好记录保存。

2. 收集材料时请选用废旧材料,注意节约成本。

3. 使用剪刀时注意安全,避免造成伤害。

❀ 唱游

(主题)

我型我 show 秦汉风

(内容)

了解秦汉时期的歌舞音乐,选择一段舞蹈模仿其中的三到四个动作。

(温馨提示)

1. 摆出一个最有特色或最喜欢的造型,用相机记录下来,发在班级群里与同学们分享交流。

2. 如能加上服饰的装扮更能体现秦风古韵。

❀ 体育

主题

秦汉纵横闹新春

内容

了解秦汉时期的体育运动。柔术是中华民族源远流长的一种表演形式，有研究称，它正式形成于春秋战国时期，成熟于隋代，唐代进入宫廷。本学期我们在体育课上学习的"纵横叉"正是柔术的一种。

温馨提示

1. 练习纵横叉，练习前和练习后请做好相关的热身放松运动。将自己最满意的形态以图片形式呈现在作业中。

2. 邀请爸爸妈妈做好保护及拍摄等协助工作。

二年级——主题"'秦汉'春秋纸上读"

❀ 语文

主题

秦汉之韵诵美文

内容

1. 利用假期，在父母的帮助下，在网上查找有关秦汉的古诗，进行积累，并进行吟诵。

2. 自己通过网络或工具书查找古代成语故事，朗诵成语故事，并了解成语的意思。

(温馨提示)

1. 在查找古诗和成语故事资料的基础上，也要找一找能体现秦汉古韵之风的音乐，在吟诵的时候要配上秦韵之风音乐。

2. 记得选择自己最好的作品，请父母帮你录好小视频哦。

✿ 数学

(主题)

孔方兄巧识大秦

(内容)

在秦朝通用的货币是秦半两，假设一枚秦半两约等于现代的十元人民币，本次创意作业的素材是压岁钱，学生需要记录每一笔压岁钱的来源及金额，以秦半两的形式统计，并且规划制作一个压岁钱的使用方案。

1. 记录压岁钱的来源，如可以用条形统计图的形式记录下你的压岁钱分别是从哪位长辈那里得到的，分别可以换算成多少秦半两。

2. 制定压岁钱的使用情况，可以用饼图等形式记录。

3. 若有记录前几年的压岁钱的收入情况，也可制定一张关于近几年压岁钱收入情况的条形统计图。

4. 根据你所制作的各类统计图，试着提出相关问题并进行回答。

(温馨提示)

1. 动动小手，以自己的手工绘制为佳。

2. 创意作业形式不限。

✿ 英语

(主题)

秦汉名人知多少

内容

查找关于秦朝、汉朝历史上有名人物的资料,从体形以及相貌对其中的1—3位进行描述,制作小报。扩展各种描述人物外貌的单词,理解所学词汇的含义。

温馨提示

1. 结合插图至少描述三句话,单词可以是课内的,也可以是课外学习的。

2. 小报上要注明课外拓展单词的中文解释。

3. 单词的积累数量多多益善哦。

❀ 音乐

主题

秦舞飞扬迎新年

内容

秦汉时期的民间舞蹈种类很多,有"巾舞""长袖""剑舞"等,请同学们上网搜索舞蹈视频,选择模仿其中的舞蹈动作。

温馨提示

1. 只需选择一种舞蹈种类进行模仿。

2. 录制1分钟以内的舞蹈视频。

3. 如能加上服饰的装扮更能体现秦风古韵。

❀ 体育

主题

秦汉趣桥闹新春

内容

秦汉时期为我国古代桥梁的创建发展时期。东汉是我国建筑史上的一个灿烂发展时期,发明了人造建筑材料的砖,创建了砖结构体系及以石料为主体的石结构,并演进为新的拱券结构。这为后来拱桥的出现创造了先决条件。秦汉时代,建筑群的总体设计规模得到了扩展,个体建筑的形象变得高大。这时修建在都城的渭桥、灞桥,实用功能与艺术审美交融为一体。

本学期体育课上学习的"推起成桥"正是用肢体演绎了"桥",是一种锻炼身体的方式,属于全身性有氧运动,请你在假期中练习此项目,以增强身体的柔韧性、协调性和力量性。

温馨提示

1. 练习前和练习后请做好相关的热身放松运动。

2. 练习时间至少 10 分钟以上,可以用照片、视频等方式呈现哦。

❀ 美术

主题

小小汉服设计师

内容

美丽的汉服是我们中华民族的代表性服饰,也是我们华夏民族精神的传承,你能运用你所学的美术知识,设计一套外形美观、具有特色的汉服吗?

1. 通过查阅资料,了解汉服的外形特点、装饰原理以及颜色搭配。

2. 运用你独具匠心的巧手,用剪贴或绘画的方式设计一套汉服,可以完美再现,也可以加入你独特的构思与创新。

3. 为你的汉服找一位"试穿"的模特,可以是你自己,也可是你的家人、朋友。可以用你的画笔画出他们的形象,也可以用多余的照片作为底版,选择一种适合你的方法即可。

温馨提示

1. 设计时特别注意汉服的款式、颜色特点,不要与其他朝代的古装混淆。

2. 绘画时请选择合适的材料,最好从你的身边进行寻找。

3. 使用剪刀时注意安全,避免造成伤害。

❀ 自然

主题

秦汉发明知进步

内容

在秦汉时期,我国在科技领域就有了许多发明,有的领先于以往的朝代,有的甚至改变了当时人们的生产生活方式,想知道这些伟大的发明吗? 选择其中感兴趣的内容了解一下吧。

温馨提示

1. 参观并收集与秦汉时期有关的科技发明。

2. 可以用画画、拍照、说说的形式来记录你的探究之路,并和家人、小伙伴一起分享。

❀ 道德与法治

主题

知书达礼扮秦人

内容

身着带有秦汉元素的服饰,学着秦朝人行"拱手礼"。拍下行礼时的照片,配以文字,并在一位家长的朋友圈发布。

温馨提示

1. 中国古人以左为敬，所以男子行拱手礼时，左手在外，右手在内。

2. 女子行拱手礼时，左手在内，右手在外。

三年级——主题"匠心独具识'秦汉'"

 语文

主题

"秦汉"成语串串烧

内容

收集秦汉时期为背景的成语故事 3—5 个，在阅读过程中了解故事的大致内容，并以"长作业"的形式完成。

温馨提示

1. 创意作业形式不限，手绘小报、思维导图、连环画本、目录卡片等均可。

2. 主题凸显、绘画清晰、构图精细。

3. 绘画、文字均由学生自行完成，家长不包办代替。（只起辅导作用）

数学

主题

度量沿袭学问大

内容

学生通过上网查询、资料翻阅等多途径地了解秦汉时期的丈量单位，并通过自己动手对所住房间的面积大小进行测量与计算,进一步增强学生的数学量感。

1. 了解秦汉时期的丈量单位。

2. 以平面图的形式先画出自己的家的房间格局,用学过的面积单位平方米计算出每个房间的面积,并在图上标出尺寸。

3. 通过计算,将常用的面积单位平方米转换为秦汉时期的丈量单位。

(温馨提示)

1. 纯手工制作为佳。

2. 在平面图中写清单位转换的过程。

3. 有兴趣的小朋友也可以在平面图绘制成立体图形,并用秦汉建筑特点进行勾勒描绘。

♣ 英语

(主题)

秦朝服饰知多少

(内容)

查找关于秦朝的服饰的资料,从服饰的款式、颜色、大小、花纹、长短等方面进行描述,制作小报。扩展各种描述服饰的单词,理解所学词汇的含义。

(温馨提示)

1. 小报结合插图至少描述四句话,单词可以是课内的,也可以是课外学习的。

2. 小报上要注明课外拓展单词的中文解释。

3. 关于秦朝服饰单词的积累数量多多益善哦。

❀ 品德与社会

主题

"秦汉"礼仪我来秀

内容

通过网络或书籍收集并了解秦汉时期的一种礼仪形式。通过短视频的形式，向大家介绍。

温馨提示

1. 视频图像清晰，声音响亮无杂音，背景干净整洁。

2. 形式可以多样，如：同伴联合，父母参演，穿着秦汉服饰边说边演示等均可。

❀ 音乐

主题

鼓乐声声旺新年

内容

鼓是秦汉时期重要的演奏乐器之一，了解秦朝的乐器鼓，上网搜索带有鼓声的乐曲或视频，用所学过的音符创编两小节的节奏为乐曲伴奏。

温馨提示

1. 配乐拍击自己创编的节奏并用视频的形式记录下来。

2. 视频时间不超过 1 分钟。

3. 如能加上服饰的装扮更能体现秦风古韵。

❀ 体育

主题

秦汉技巧闹新春

内容

了解秦汉时期各种杂技内容，以及它与现代体育锻炼项目的演变关系。选择一种合适自己的冬季运动方式，坚持每天锻炼 10 分钟，并用一个特别的秦符号记录下每天的锻炼数量。

温馨提示

练习仰卧起坐，练习前和练习后请做好相关的热身放松运动。将自己最满意的形态以图片形式呈现在作业中。

❀ 美术

主题

巧手妙笔绘"秦服"

内容

进一步了解秦汉两代的服饰特点，用画笔表现一款秦汉服饰。

温馨提示

1. 阅读介绍秦汉历史的绘本及少儿读物，观看以秦汉历史为背景的影视作品片段，进一步了解秦汉服饰的款式、纹饰及色彩特征。

2. 可以寻找相关的空白涂色模板，尝试在此基础上添加色彩与纹饰。

3. 在画面的一侧用简短的文字介绍这款服装的名称、特点。

❀ 自然

主题

秦汉器物识材料

内容

本学期在"随处可见的材料"单元中，我们知道了中国运用陶器有着悠久的历史。假期里，让我们走进上海历史博物馆，走近秦汉陶器。

1. 找一找秦汉时期陶器的种类。

2. 用黏土材料或软陶材料仿制一件博物馆里的陶器，并简单介绍它的用途。

温馨提示

用照片的形式对比原件和仿制品，并用简单的文字描述这件器物在生活中的作用。

四年级——主题"审辨合作思'秦汉'"

❧ 语文

主题

功过是非议嬴政

内容

进一步阅读与秦始皇有关的历史书籍和绘本，从一件具体的历史事例来分析秦始皇的功与过，用文字来阐述自己的观点，做一个关于秦始皇的创意名片。

温馨提示

1. 与小伙伴两人合作完成一份秦始皇的"创意名片"。

2. "创意名片"的表现形式不限，可以是明信片，可以是PPT，可也是扇面、书签、邮票……只要你们能想到，相信你们就能做到。

3. 对秦始皇功过评价的文字表述，能反映自己真实的观点，严禁抄袭。

❧ 品德与社会

主题

一砖一瓦皆有"秦"

内容

　　阅读学校推荐的有关秦朝的书籍和绘本，了解秦朝的建筑，了解这些建筑修建的原因，对后世的影响，感受中国古代劳动人们的智慧。

温馨提示

　　1. 可以制作一份立体的模型。

　　2. 可以绘制一份小报，图文并茂，勿忘描述自己的感受。

　　3. 小报可以是手绘，也可以是电脑小报。

　　4. 也可自创成果形式。

❈ 数学

主题

　　天圆地方秦半两

内容

　　在秦统一六国之前，各国钱币的形状不一，如铲币、刀币、环钱等，且只能在各自管辖范围内流通；秦始皇在统一六国后，也统一了货币，圆形方孔的秦半两钱在全国通行，结束了我国古代货币形状各异、重量悬殊的杂乱状态。"秦半两"青铜币以"圆形方孔"为货币造型，方孔代表地方，外圆代表天圆，"圆形方孔"即象征着古代"天圆地方"的宇宙观。

　　假设你是一个秦朝铸币师，请你绘制一下秦货币的设计图。

　　1. 结合圆和正方形的知识，绘制一枚"秦半两"的货币设计图。

　　2. 利用本学期的圆与角的知识以及之前学过的图形知识，设计一下你想象中的大秦货币的样子。

温馨提示

　　1. 设计在 A4 纸上，主题不限（小报或绘图作品等）。

　　2. 要图文并茂：主题凸显、图片清晰、构图精细，再适当配上相关文字介绍。

3. 可以是手绘,也可以是电脑绘图,或者是立体纸艺设计。

❀ 英语

（主题）

秦朝长城知多少

（内容）

秦始皇三十三年(公元前 214 年)遣大将蒙恬北逐匈奴,又西起甘肃临洮、东至辽东筑长城万余里,以防匈奴南进,史称秦长城。那你能用英语来介绍一下你了解的长城吗? 并配上你心目中长城的样子。

（温馨提示）

1. 描述正确,语句通顺。

2. 配上你眼中的长城,可把自己"穿越"到你的长城中。

3. 可打印,可手绘,也可贴你与长城的合照。

❀ 自然

（主题）

秦汉环境换新颜

（内容）

秦汉文明主要集中在我国的关中地区,当时那里气候温暖湿润,水资源充沛,植被茂盛,土壤肥沃。正因为如此,全国政治中心都选择关中。秦汉时期的自然环境和今天有着比较大的差异。这些差别具体有哪些? 我们如何来改变现在的环境面貌? 小伙伴们,动手做一份调查报告吧。

（温馨提示）

1. 可以通过网络收集资料和参观各类博物馆来了解与秦汉时期的气候、水环境、植被、土壤的信息。

2. 可用思维导图、自然笔记、电子小报等形式记录完成作业。

❀ 音乐

（主题）

铮铮古琴奏秦风

（内容）

秦汉时期的民间乐器有琴、瑟、笛子、埙、笙、箫、琵琶、编钟等，了解秦汉时期的民间乐器，选择其中一个乐器主奏的音乐，下载并欣赏。

（温馨提示）

通过图片和简单的文字，向大家介绍你所欣赏的这首乐曲的主奏乐器和作品简介。

❀ 美术

（主题）

匠心妙手复秦俑

（内容）

气势恢宏的秦始皇兵马俑不仅是秦国军事实力的象征，更代表了那个时期匠人们智慧的结晶，你能用自己灵巧的妙手，把秦始皇兵马俑完美地再现出来吗？

1. 通过网上查阅兵马俑资料（有条件的小朋友可以实地参观），知道兵马俑的外形、种类、特点等，并做好记录。

2. 在自己身边寻找合适的材料（如瓦楞纸等），并用你的美术工具把兵马俑完美复原。

3. 用剪刀将你画的兵马俑剪下，并运用所学的美术知识想办法让它站立起来（如添加底座等），完美复原气势恢宏的兵马俑。

（温馨提示）

1. 查阅资料时，注意在官方正规网站查阅，注重上网规范，并做好记录保存。

2. 绘画时请选择合适的材料，以便最好地展现兵马俑的风貌。

3. 使用剪刀时注意安全。

✿劳技

（主题）

慧心巧手筑古风

（内容）

了解秦汉建筑特点，然后利用身边的废旧材料，搭建具有秦汉古风的环保建筑模型，小伙伴们，大家一起动手创作吧。

（温馨提示）

1. 材料可以选择用原本要丢弃的快递箱、零食盒、包装纸、易拉罐、塑料瓶等。

2. 纸艺、木工以搭建立体模型为主，易拉罐或其他材料若剪裁精美可选用深色硬纸板为背景。

✿体育

（主题）

秦汉蹦跳闹新春

（内容）

中国古代的绳技运动，源于史前人类自身的活动和生产劳动实践，随着社会的发展和人类文化的进步，至秦汉之际，这一运动形式已经成为精神文化形态之一的"乐舞百戏"艺术的主要内容。其中许多项目都需要高度的身体技巧。这些丰富的以展现身体的高度技巧为主的运动形式，经汉代以后，基本上确立了其在中国古代盛行的"百戏"艺术中的地位。

古代的绳技流芳百世,现代的绳技也独具一格,通过跳绳的练习来锻炼自己和体会绳技运动的博大精深。

（温馨提示）

练习跳绳,练习前和练习后请做好相关的热身放松运动。将自己最满意的形态以图片形式呈现在作业中。

五年级：主题"阅读探究识'秦汉'"

 语文

（主题）

寻觅英杰话"秦汉"

（内容）

阅英杰故事:利用寒假,阅读有关秦汉时期出现的英杰的故事。讲一个英杰故事。

话秦汉英杰:在阅读秦汉英杰故事之后,一定有一个或几个英杰给你留下深刻的印象。让我们一起穿越时空,与书中的人物密语,交流内心的情感。

（温馨提示）

1. 英杰故事的音频在3分钟之内,要有配音。

2. 以"与书中的人物密语"为主题,撰写一篇文章,题目自拟,主题突出,字数在500—600之间。

数学

（主题）

秦兵马俑知多少

（内容）

我们以秦兵马俑为主题，自拟一种形式，利用已学过的数学知识做一份有关兵马俑的种类统计或者空间分布位置图。

（温馨提示）

1. 通过网上或实地了解有关兵马俑的种类。

2. 了解兵马俑的占地面积、空间大小以及分布情况。

3. 用 A4 纸做一张小报。

❋ 英语

（主题）

秦朝古物知多少

（内容）

制作一张关于秦朝古物的小报（至少有 2 个古物），扩展各种秦朝古物的单词，用英语做简短的介绍。

（温馨提示）

1. 用 A4 大小的纸张完成本次的小报。

2. 介绍的古物上要注明这个单词的中文解释，配上相应插图。

3. 单词的积累数量多多益善哦。

❋ 美术

（主题）

博物馆里寻"秦风"

（内容）

认识一件秦汉时期的文物，了解它的纹饰、造型，用写生的方法记录下你的观察发现。

温馨提示

1. 结合本学期美术学科"参观上海博物馆"一课,实地参观上海博物馆。

2. 在上海博物馆的青铜馆、玉器馆、陶瓷馆等主题展馆中选取一件秦汉时期的文物,仔细观察它的造型特点、纹饰特征,先用拍照的形式记录下来。

3. 用画笔细致描绘出这件文物的造型与纹饰,并配以文字简介。

❀ 品德与社会

主题

历史长河探"秦汉"

内容

上网收集"秦汉"资料:

1. 秦朝与汉朝的建朝的年限。

2. 秦朝与汉朝时期在政治统治方面有哪些重要举措,有何重要意义?

3. 思考:秦汉王朝更替的必然性,以表格等形式向秦王嬴政提出几条治国建议。

温馨提示

结合收集的资料出一份有关历史长河探"秦汉"的小报。主题自拟。用A4 大小的纸张完成本次的小报。

❀ 音乐

主题

秦腔高亢庆新年

内容

了解中国古代秦汉时期的特色戏曲"秦腔"的起源、发展历程、服饰装扮、代表剧目等,选择其中一个主题深入学习,用小报的形式展示出来。

（温馨提示）

制作一张关于戏曲秦腔的小报，要求图文并茂。

✿ 劳技

（主题）

慧心巧手筑古风

（内容）

了解秦汉建筑特点，然后利用身边的废旧材料，搭建具有秦汉古风的环保建筑模型，小伙伴们，大家一起动手创作吧。

（温馨提示）

1. 材料可以选择用原本要丢弃的快递箱、零食盒、包装纸、易拉罐、塑料瓶等。（可适当添加木料）

2. 纸艺、木工以搭建立体模型为主，易拉罐或其他材料若剪裁精美可选用深色硬纸板为背景。

3. 五年级同学若有木工创意可先去老师处选取材料，领完即止。

✿ 体育

（主题）

秦汉奔跑闹新春

（内容）

秦汉时期在继承先秦体育的同时，活动规模不断扩大，新的形式陆续产生，竞技性和娱乐性日益增强，为体育运动的勃兴创造了新的历史条件，对当时乃至后世的体育运动产生了深刻影响。

从古代至今，我们秉着传承和发展的体育精神前行。请用"规定时间跑"这一形式来反馈，并且可以在时间和路线上画下自己的前进方向。

温馨提示

　　根据个人身体条件定跑的时间,练习前和练习后请做好相关的热身放松运动。将自己最满意的形态以图片形式呈现在作业中。请自行设计一张统计表,记录锻炼的日期与数据。

　　跨学科主题阅读作业的完成有必选和自选,一般布置的时间为寒假和暑假,学生可以根据要求以及自己的兴趣选择3—4门学科作业完成,并可在开学后的微信发布中看到自己的优秀作业。跨学科的主题阅读作业目的是为了引导学生在完成作业的同时继续翻阅相关书籍、团队合作探究,也是将学校阅读主题活动成果物化,为下一轮跨学科阅读主题活动提供借鉴的有效载体。

第二节　去功利阅读,以阅读促成长

　　作为促进儿童阅读的教育工作者,我们必须认识到儿童和熟练的读书爱好者的大脑有着很大的不同之处。韩国作家高荣成在他的《极致阅读手册》中指出:"当儿童读书时,其脑部造影显示,大脑的活动程度高、活动区域广泛。儿童为了识别文字和单词并理解其意思,需要使用大脑的许多领域。并且他们理解文字时,使用的是传递信息速度慢、效率低的脊神经后根(运动性)。这意味着他们需要多消耗一些时间,以便组合单词中的音素和理解单词的多种含义。"这就意味着我们在做儿童阅读的这件事情上必须要秉承一个原则,那就是:慢慢等待、一以贯之、坚持不息。只有去除了用阅读解决问题的功利心,孩子们才会在慢慢地阅读中逐渐爱上读书、逐渐学会读书。

一、慢读——培植思考的力量

20 世纪 50 年代,日本的一位国语教师桥本武只用一本《银汤匙》教育学生。这所学校位于偏僻之地,毫无名气,但那些接受过桥本老师缓慢阅读教育的学生们,长大后纷纷登上了日本各界的领袖之位。

受此启发,2018 年年底,我们在管弄新村小学也推荐了中信出版社出版的《大秦帝国》一书,用了近两个月的时间,引导五年级学生进行慢阅读。我们的阅读从以下几个阶段推进:

第一阶段:引导学生尝试阅读《大秦帝国》。学校的校园广播每天中午播放由中央电视台主持人录播的《大秦帝国》听读版。

第二阶段:教师告诉学生,如果有兴趣对书中内容做进一步了解的话,可以再找 3 本书读,但教师并不直接告诉学生应该读什么,为的是能够让孩子们进行自我探索。期间,教师结合阅读课教学查阅资料的阅读法,鼓励孩子们在家长的帮助下检索图书、阅读论文,并去书店购买相关的图书。

第三阶段:教师要求学生反复回顾之前他们阅读过的所有书籍。重复阅读让部分学生感到无聊,但有学生坚持后震惊地发现,具备一定的秦史知识积累后,他们开始注意到书中的一些新东西。

第四阶段:当学生积累知识到一定程度后,教师引导他们写周记、写日记,记录他们对秦朝历史人物和相关知识的想法,学生可以自由书写,不用担心文章的好坏。

第五阶段:学校借阅读节闭幕式,组织相关主题的游园会,鼓励学生佩戴具有秦

朝历史元素的服饰参加游园,游园会中的所有项目源于本书的阅读内容。

第六阶段:项目已经开始并持续了几个星期,教师请学生利用寒假时间完成相关长作业,其中的一个选项是让学生完成最后一项任务:写一篇相关小论文,自定主题,不限字数。

作业设计之初,教师是怀着尝试的心态布置的,但有一小部分的学生经过这样的慢读已经对秦史有了相当的了解,也做了一些思考,能够将书本内容与自我生活和学校主题阅读相结合,写出精彩的内容。最终,他们成功完成了这篇小论文,并在学校的阅读信息平台上发布,获得了《上下五千年》精装版的奖励。

当然,不是每一个学生都能完成六个阶段的阅读并顺利完成小论文,教师在上交作业的要求上进行了分层。阅读是一个个性化的行为,强制阅读只会让学习的效果适得其反,然而加以时日的坚持,总能让越来越多的孩子学会慢阅读,并且在慢慢地阅读中学会思考,获得成长。

二、 乐读——一以贯之的阅读节

从小学生的心理角度而言,孩子对阅读的需求是与日俱增的,教师在阅读过程中用各种一以贯之的途径激发兴趣、促进交流、增进展示会有效激发学生阅读兴趣的持久性。学生在参与主题活动的过程中,才能学会与人合作,才有机会看到自身的阅读能力与他人的差距,从而进一步培养他们养成自主阅读的意识,增强自主阅读的能力。因此,每年组织阅读节,把阅读课程里的教育教学任务通过一个主题凸显出来,把学生在课内与课外、校内与校外的阅读紧密结合起来,并做出正确有效的评价,是管弄新村小学在近五年里做出的尝试。实践证明它是鲜活生动而有效的。

1. 阅读精灵选秀——见证孩子的内心渴望

新一届的阅读节活动又在孩子们的期盼中拉开了序幕,这一次的阅读节中,学校大队部向全校下发了一条"阅读小精灵"的形象征集令,消息一发出便得到了大家的积极响应，大队部从几百份作品中，筛选出 13 份候选形象进入最后的投票环节，一幅幅生动形象又饱含意义的阅读精灵跃然而生：戴着博士帽的"悦悦"；对知识充满渴望的"问问"；可爱的小书虫"read"；聪明智慧的"嘟瑞"；还有爱读书的"嘟嘟"……每一幅作品都是孩子们对知识的渴望。在丰富的阅读节中，孩子们参加了"GL 好声音"的评选、百米长卷绘画、诗歌创作等活动，阅读节是学校"指尖上的阅读"的延续，更成为孩子们享受阅读，体味慢慢成长的快乐。

——新闻报道　刘蕾

这是又一届阅读节阅读精灵的选秀，孩子们的作品有的用电脑绘制，有的用手工描画，现场发布后有学校微信平台投票产生，最后产生的精灵"都瑞"其实是学生自我内心的写照（"都"是学校吉祥物海豚 DoDo 的缩写，"瑞"表示对阅读的喜欢和爱好）。自己的精灵自己选，让老师们见到的，是学生对学校的归属感和渴望获得更多阅读时间的内心。

2. 阅读闭幕跨年——在年复一年中坚持

每年的阅读节闭幕式都正好是元旦迎新的时刻，学校德育处根据每年的阅读主题不断出新。以下是 2017 年阅读节闭幕式的微信报道。

暖冬书市 与爱同行

暖暖的冬日,阳光洒满管弄新村小学的操场,孩子们兴奋地捧着心爱的书本穿梭往来。你看,12月30日"管小2017迎新暖冬书市"活动正在如火如荼地进行着!为了使孩子们家中闲置的图书得到有效利用,为他们搭起一座知识的桥梁,学校特意启动了暖冬书市活动。孩子们纷纷把图书捐赠出来,按照新旧程度分类后,获得相应代金券,以此换取自己想看的书籍。整个操场已经分为四个板块,有爱心书屋、流动书摊、互动体验区和民间工艺联合区。有的孩子在爱心书屋里爱不释手地翻阅着书本,有的孩子在新颖的汽车流动书摊上流连忘返,有的孩子在互动体验区制作书签、朗读心愿卡,还有的孩子则被糖画、捏面人等民俗活动深深吸引。这次活动不但使孩子们更合理地利用闲置图书,而且在图书交换活动中互动真情,可以说图书有限、爱意无限、以书会友、乐趣无穷。

每年的阅读节闭幕式学校的老师都极尽想象之力,这一年的暖冬书市,老师们将一排的白色小汽车开进操场,一字排开,敞开后车厢盖装饰一新,给孩子们做图书交换的跳蚤市场;2018年的"百米长卷迎新年",老师们又邀请学生与家长将心仪的文学作品插图搬上百米布卷上装点社区步道……准备工作艰苦和辛劳,而这一年一年的坚持同样用一种语言告诉学生,任何与读书有关的事情都是要在坚持中才能感受到乐趣,在辛劳后才能获得成长。

三、 趣读——用心体验的阅读研学

同样有趣的阅读还体现在阅读研学中。

1. 研学——阅读与"手拉手夏令营"的整合

2017年的冬天,学校接到了一个光荣而有意义的任务——接待来自内蒙古乌海市的小伙伴。活动一经号召,报名的小朋友蜂拥而至,孩子们纷纷把远方的小伙伴带进各自的家中热情款待,还自行设计了第二天带领小伙伴参观上海的旅游路线。短短的三天在孩子们心中种下的不仅是友谊,更播下了爱的种子……2017年暑假伊始,一个振奋人心的消息再次让管弄校园的孩子们沸腾。那就是以"领巾牵手草原行"为主题的上海普陀—内蒙古乌海两地少先队员手拉手夏令营活动开始了。为了让这个夏令营变得更具教育意义,老师们把它设计成了一个与阅读相关的研学活动。

阅读研学的活动任务单如下:

---

1. 读一本好书：出发前,选择1—2本和蒙古族有关的书籍进行阅读。
2. 画一张脑图：在阅读的基础上,梳理自己想在这次草原行中了解的知识,用学过的思维导图的方式画一张任务清单。
3. 找一群伙伴：寻找伙伴组成四人小组合作完成任务清单。
4. 游一次草原：跟随学校伙伴赴内蒙古乌海市草原进行游学。
5. 讲一个故事：回沪后,结合草原见闻和自己的感受讲述研学故事。
6. 出一篇报道：以小组为单位做一份小报或写一份草原行的研学报告。

带着浓浓的向往,携着满满的计划,孩子们纷纷报名,第一次跨越千里完成研学;第一次远离亲人独立生活;第一次和小伙伴通通合作研究……草原上的风清新怡人;草原上的人热情好客;草原上的歌荡漾开怀;草原上的情饱含厚谊……伴着灯火研究蒙古文化是兴趣所致,迎着篝火感受蒙古文化更是乐在其中。《上海市中小学生社会实践课程安排实施方案》明确指出：开展中小学生社会实践必须加强以爱国主义为核

心的民族精神教育；必须坚持以体验教育为基本途径；必须坚持理论联系实际，注重课内课外、校内校外相结合的学习方式。阅读与研学相整合，引导学生在行前读书、在游中感悟；在行中对照研究，在游学后研究总结，让一次简单的夏令营变得意义非凡。

2. 研学——阅读和实践类课程的整合

与单独一次进行的夏令营相比，阅读学校"GL 快乐 12 站"的德育实践类课程的整合让研学变得更有体系。

"GL 快乐 12 站"社会实践活动是引导孩子们通过与生活的联系、与社会的联系，帮助他们获得亲身参与实践的积极体验和丰富经验，以提高学生对自然、社会和自我之间内在联系的整体认识，不仅发展他们的创新精神、实践能力，培养良好的个性品质及社会责任感，更在实践活动中达成"悦纳自己、悦纳他人"的目标。

站序	场馆名	适合年级
1	上海市禁毒科普教育馆	五年级
2	上海市消防博物馆	三年级
3	上海市梦清园	一年级
4	上海科技馆	全年级
5	上海纺织博物馆	四年级
6	中华艺术宫	全年级
7	上海商标火花收藏馆	三年级

站序	场馆名	适合年级
8	上海市元代水闸遗址博物馆	全年级
9	上海自然博物馆	全年级
10	上海鲁迅纪念馆	四年级
11	顾正红纪念馆	二年级
12	民防科普教育基地	四年级

以下是学校三年级的学生参加"上海市元代水闸遗址博物馆"阅读研学后的简报。

探寻家门口的文化宝藏

——三(1)中队元代水闸遗址博物馆阅读研学活动

时间： 2018 年 2 月 11 日下午

地点： 上海元代水闸遗址博物馆

学生： 小组成员数人

志愿者： 学生家长数人

活动目标：

1. 激发学生对家乡历史和物质文化遗产的兴趣，增加学生对上海古代水利文化的了解。

2. 通过主题阅读，实地寻访，让学生了解博物馆这个观察自然与社会的窗口，发掘元代水闸对防涝的启示。

流程设计：

第一阶段： 组织筹备。组建"雏鹰假日"小队，聘请志愿辅导员，学生制定外出参观路线图，并讨论要做好哪些准备工作。

第二阶段： 选择图书，事先阅读，对要参观的对象背景有所了解，以及录像要了解的问题。

第三阶段：参观学习。在志愿辅导员的带领下，以小队为单位参观元代水闸遗址博物馆。在馆内工作人员的讲解下，了解古代水利文化，和书中阅读到的知识进行对比。

第四阶段：我们的收获。通过本次探寻活动，畅所欲言活动感悟。

第五阶段：成果展示。文献整理、制作探秘过程微视频。

一、博物馆简介

博物馆建筑面积2 300平方米，建筑设计凸显"水"的主题。建筑平面呈银锭形，两旁宽、中间束腰，与水闸的平面相似；立体造型力求简洁，冠以现代化玻璃顶，自中间门架柱向两侧飞泻而下，以隐喻闸门激流之主题。遗址埋藏于这座建筑地表以下7—12米深处，总占地面积约1 500平方米。我们从东边门进入参观区，沿着石阶而下，眼前豁然一亮，地下原来是一个建设得非常现代化、人性化的参观布局合理的参观场地。"整个展厅用了3 000块大玻璃，构建了全透明参观步道。关键的水闸河床中央则利用多媒体方式，虚拟展现水流从闸门放出，流入下游的情景。展厅一隅墙上，还播放着元代先民建设水闸的动画场景。地下空间一角，陈列了原址考古发掘的部分文物，包括陶罐、瓷器、瓦当、铁钩、铁钉、钱币等。展览陈列的展品，均为原址考古发掘的文物及在文物残片基础上的修复品，参观者不仅可以身临其境，还可以观看通过计算机技术复原的水闸建造流程、施工工艺等。"

我们在进入全透明参观步道前，就看到左侧面展览区内的两根长方形青石门柱，这就是宽约6.8米的闸门，水闸底部，由一块块青石板平铺而成的底石组成，石板间嵌着用来加固的铁锭榫。历经700年，这些石板依然保存完好。闸门两旁，两道由青石墙砌成、现已成"残垣断壁"的水闸墙，将水闸与周边河道分割开来。在水闸四面有一万余根木桩，我们能看到的是2 000多根木桩，其余8 000多根深藏于地下。我们沿着全透明参观步道，一边看着透明的地板下的木桩等古物，一边看看展板上的介绍。通过介绍和多媒体的演示，我们了解了吴淞江历史变化、元代水闸营造工艺、元代治理吴淞江修建水闸的官员任仁发的事迹等。

二、我们的收获

1. 了解了吴淞江

吴淞江发源于苏州市吴江区太湖沿岸的瓜泾口，由西向东，现在在上海黄浦公园北侧外白渡桥以东汇入黄浦江，全长 125 公里。元代时吴淞江曾是太湖的主要出海通道，黄浦江（鸦片战争前名"黄浦"）是其支流。当时的吴淞江下游大致从北新泾经今曹杨新村至潭子湾向东北接虬江路至虬江码头，再沿今复兴岛以北段黄浦江出大跑浦口（后改称吴淞口）汇入长江。

2. 中国古代营造水平

水闸底部的石板下铺着木板、木梁和木桩，深入地下 7—12 米。所有木桩均用墨汁以中文数字一一编号，至今字迹仍清晰可辨。其建筑结构的先进性反映出宋代《营造法式》官式工程在长江三角洲特殊地貌环境下的应用。质量之可靠，让今人感慨不已。

3. 认识历史人物任仁发

这个水闸是元代水利工程师任仁发手下的十大水利工程之一。任仁发（1254—1327），松江（今属上海市）人，元代官员、水利家、画家。曾先后主持修治吴淞江、大都（今北京）通惠河等工程，并有水利工程著作传世，在中国水利史上做出过有益的贡献。1304 年时任海道千夫长的任仁发重新疏浚吴淞江。

4. 现在对元代水闸遗址的保护来之不易

这个元代水闸的发现是在 2001 年 5 月，后历经五年的考古发掘，又回填保护近三年。原处本打算建造住宅楼，改动牵扯面颇大。经过多年努力，遗址博物馆建设工程终于在 2009 年末开工建设。2012 年 12 月 31 日建成开放。前后历经十余年，终于使上海在市中心有了这样一个遗址博物馆。

如上所述，学生事先经过主题阅读，带着《快乐践行 12 站》活动手册走进场馆，借助双休日及节假日进行实践体验。走进玻璃馆，欣赏艺术之美；穿梭安亭基地，寻找农耕文化;畅游科技馆,体验科学的神奇,参加活力校园启动仪式,与明星零距离;牵手马拉松耐力跑,体会运动的力量……

读书和旅行都是扩大世界边界的过程。一个人读的书越多,他认知的宇宙就越大,就愈发感到自己的无知,发现自己所知的是多么得微不足道。当认识到自己无知时,我们必然会变得谦逊。当读书和研学结合在一起,其功效会在孩子的成长历程中慢慢体现。

第三节 全员阅读,用小手牵大手

作家聂震宁在《阅读力》一书中指出,在如今中国社会里,我们通常看到的现象是,许多父母在孩子的教育上过于依赖学校,而忽略了自己以及社会的责任和作用。孩子们在幼小衔接的阅读关键期里,家长们无比亢奋地替孩子寻找好学校,找到好学校还要无比急迫地找到好老师,一旦这两点都如愿以偿了,就以为万事大吉,只等孩子走上起跑线,一路领先。可是,孩子一天在学校也就是待上大半个白天,剩余时间都在家中,家里的生活怎样安排,怎样安排才有利于孩子的全面成长,不少家长很少去考虑。父母看韩剧津津有味,却要孩子读书专心致志;父母逛街购物如火如荼,却要孩子读书静如处子,诸如此类的例子在我们的身边有很多。

引导孩子养成良好的阅读习惯绝不仅仅是学校的任务,它需要学校、家庭、社会三位一体,发挥全员阅读的推力,孩子的阅读力才能在日复一日的坚持中形成;而孩子的习惯养成源于家庭也必将反作用于家庭,以"小手牵大手"提升全员的阅读力是学校阅读课程实践的美好愿景。

一、 校园阅读: 读以修为

修养这个词,其词根来自德语的 bildungo,原来德语的 bidmg 这个词里面就含有浓厚的自我建构的意味。日本作家斋藤孝在《阅读的力量》一书中写道,在日本一说到

"教养"，一般指广泛的文化知识，但曾经一度，尤其是大正时代，所谓的"教养主义"风潮在旧制日本高中生中盛行，塑造自我的修养是整个社会的共识。而评判一个学生是否有"教养"，是看这个学生是否读过托尔斯泰、陀思妥耶夫斯基、歌德、康德、尼采等人的作品，即以文学和哲学为主的，对人格塑造会形成巨大影响的书籍。斋藤孝指出过去在日本，如果这批基本的图书都没有读过，大学生会觉得害臊和难为情。正是这种羞耻感，让学生们保持了强烈的读书欲望。

小学校园时代是儿童阅读习惯养成的关键期，如果我们的学校教育不将这颗阅读的种子深深埋进孩子的心田，错过了这个习惯养成的关键期，教育者难辞其咎。如何在校园中通过课程建设，结合课堂实践引导学生阅读，在本书的前两个章节中已有介绍，在这里要阐述的是校园的阅读推广，是帮助来自不同家庭背景的学生实现"读以修为"的重要载体。以下的例子是管弄新村小学四年级李同学的妈妈的感触，这个学业成绩目前一般的孩子，在校园的阅读活动中养成了良好的阅读习惯，"出版"了学校为其"发行"的第一本口袋书《小李哥入学记》，持之以恒，他的成长令人期待。

书香浸校园　读书好时节

"书是一道厚重的门，垂青着每一位敲门者。"随着"GL阅读节"的开幕，书香浸润着整个校园。从"DoDo口袋书"的发布，到百米长卷亮社区，以及今年的"校园寻'秦'记"等多元化的主题活动,可谓精彩纷呈,一扇扇与书籍有关的智慧之门亦随之开启。

不知不觉中,家里也沾染了"书卷气"。最近和孩子共同阅读了一篇美文《没有一种草不是花朵》。选读这篇文章,是因为我们十分好奇,我们甚至还互相打趣说,看到了彼此脸上大大的问号:难道狗尾巴草是花儿吗?油菜花不是菜吗?

孩子有一间自己的书房,每每从学校带回借阅的书籍,下发的报纸杂志,他细细读完之后,便整整齐齐地摆放在书架之上。美名其曰,此乃待书之道。有次,我问他:"今天,你的书朋友跟你聊了些什么?"他沉吟片刻,笑着说:"书中横卧着整个过去的灵魂。"我惊讶于他的回答。他还是那个"兔"和"裤"发音混淆,总黏着要我抱抱的孩子吗?

今年,他积极参加了校园阅读节之"GL好声音"的系列活动。当时,为选读哪位诗人的作品,我和他产生了分歧,我喜欢"面朝大海,春暖花开",他则倾向于"成功是出色的平凡"。于是,我们各自朗读选取的诗篇,然后从活动主题、作品深义、时间把控等方面说服对方。有关于成长的意义,他用另一篇汪国真的诗来补充,"'即使成功使我们声名远扬',在成长的道路上切不可忘记心中最初的梦想"。最终,我向他妥协。真好!阅读,让我们有了辩论的机会。

有人说,男孩子是草,女孩子是花。我像许多家长一样曾担忧草的成长,我也曾欣羡每一朵花儿的开放。而我现在如此高兴,他结交了一个忠诚的朋友,这位朋友能带领他辨析是非,跨越苟且。真好!阅读,遇见更好的自己。

"若无闲事挂心头,便是读书好时节。"给男孩子时间,给每株草以开花的机会。在阅读中成长,这是李雪峰的作品《没有一种草不是花朵》给我的启迪;也是管弄新村小学的校园阅读课程给予孩子最好的礼物。

管弄新村小学　李同学的妈妈

二、家庭阅读：传递亲情

广西师范大学出版社曾出版了引自美国版权的一本绘本书《和爸爸一起读书》，讲的是一个家庭阅读故事。作者是一个已经为人母的女性，讲述了她的父亲如何在她小时候和她一起读书的往事，现在，她也和女儿一起读书，已经年迈的老父亲满意、慈爱地看着她们读书，一时间整个家庭满是融融的温情。

的确是这样，在越来越重视国民阅读的大背景下，大家都不否认这样一个事实：一个好读书的家庭，就会有好的家风，有爱读书的风气。家长随时都读书，子女也会跟着读。而家风不一样，子女行为举止也不一样。这就是我们通常所说的"环境决定论"。父母对子女的影响是无穷的，并且，这往往是身教的胜利，而不是言传的结果。2017 年，媒体曾公布中国青少年健康人格工程调研报告，结果显示 75％的受访高中生觉得和自己父母的交流有问题或偶尔有问题；初中生与父母的争吵增多，不愿意跟父母交流，认为父母不了解自己，也讨厌父母的批评和唠叨。心理专家认为，如果要追根溯源的话，可以追溯到孩子的童年，孩子人格构建的最初六年，是最关键的六年，这六年中家长是如何构建和孩子的沟通模式的，家长是如何养育孩子的，这些往往到了孩子成长的第二阶段——青春期——就会显现出来。

1. 传递亲情的家庭阅读

美国国家阅读委员会一直积极提倡亲子阅读。他们认为，在家庭里为孩子诵读，是"孩子小学毕业之前都应该保持的一种习惯"，认为这种家庭阅读能够从五个方面对孩子产生良好帮助，即：帮助孩子爱上阅读，帮助孩子更好地积累词汇，帮助孩子积累基本的阅读素养，提高孩子的听觉能力，提高阅读素养。

如何抓住孩子在人格构成的关键期用亲子阅读构建科学而健康的沟通模式？以我女儿成长的经历为例，当孩子四个月大还在腹中时，我就每天大声朗读一则故事作为胎教；从女儿 19 个月，还是婴儿时期起就读书给她听，幼儿园时期更是每天朗读 3—5 本、定期重复，一段时间以后发现孩子居然能将故事里长长的文字倒背如流；女儿上小学后，有时我提出要和她一起读书，她还会央求着爸妈读，直到小学三年级；或许孩子不是不会读，而是更想享受爸爸妈妈为她读书的温暖感觉。

小学一年级时女儿迷上了厚厚绘本书,《埃米尔》《小象巴巴的故事》等,工作越来越忙的父母当然没有女儿那么爱读漫画书、绘本书,陪读的时间一少孩子就不依赖父母读书了。但她可以自己快速翻阅,比和父母一起读还过瘾。但是,作为父母,我们会一直留意她的阅读,有时候看到她一连两天没有翻阅书,就会主动要求和她一起读个新故事,孩子觉得父母对她的书那么感兴趣,无疑读起来更加起劲。

二年级暑假,因为结合学校展开的以哈利·波特为主题的"MAGIC NIGHT"活动,女儿一下子成了"哈利·波特"迷,一个假期,读完了"哈利·波特"系列前六册,在阅读的同时,她发现阅读厚厚的整本文字书并不难,于是又慢慢地读起了《昆虫记》《格列佛游记》《课外侦探组》等。这时,她会主动召集爷爷奶奶开晚会,为大家表演拿手的舞蹈并大声朗诵喜爱作品的段落。每天晚上,做完作业后,一家三口就会尽量匀出半个小时的阅读时间,大家轮流诵读某一本书;以至于女儿在四年级时,已经读完"福尔摩斯探案"系列、《夏洛的网》等近百本书。

如上所述,家庭如果形成了阅读习惯,在这样的家庭中成长起来的孩子可谓终身受益。凤凰台的主持人曹景行说要养成读书习惯,不能强摁着小孩的脑袋,而是要用浸泡的办法养成他的习惯。如今,儿童早期阅读教育理念在国内越来越受重视,许多家长也在积极学习并寻找合适的方法,实践表明,比较有效的家庭阅读,是亲子阅读式的家庭阅读。亲子阅读从什么时候开始为好?儿童文学作家梅子涵先生的观点是,指导儿童阅读,指导的重点不在儿童,而在父母。父母对读书的态度和行为对儿童有非常重要的影响。如果儿童经常看到父母从阅读中获得乐趣,自然也喜欢阅读。

2. 帮助起航的家庭阅读

如同当下上海市区星罗密布的公办小学那样,管弄新村小学生源中有一部分来自外来随迁子女家庭,由于来自这样文化背景家庭的孩子多追求的是以成绩为导向的、以教科书为主的学习,又加上阅读经验的缺失,这批孩子表现为知识面较为狭隘,学习自信心缺失;而家长的忙于生计、无暇顾及又使得不少孩子的学习问题更为突出。这批文化背景的家庭,历史上可能就没读书的习惯,如果今天的学校教育忽略了这一点,来自这些家庭的孩子今后的人生一定与"读书"无缘。而事实证明,缺乏了阅读,孩子的一切成长都会受到一定程度上的影响。于是,我们的老师在以校园阅读帮助学生养成人格的同时,更注重通过孩子来影响他们的家庭,《远航》是蒋晓奋老师在教育教学实践中的真实案例，它发生在蒋老师执教的一个外来随迁生源占比接近80%的班级中。

远航

"没有哪条大船，能像书一样，载着我们远航。

没有哪匹骏马，能像奔腾的诗行，把我们带向远方。

书，可以成为每个家庭生活中最好的伴侣。

它会伴随着孩子的童年，给他无穷无尽的想象和欢乐，使他常读常新，不断地感知和发现这个奇妙的世界；它也可以让家长有更多的方法帮助孩子战胜寂寞和孤独，像黑夜的明灯、星光、小小的萤火虫，照亮夜行的小路，指引和帮助孩子去认识世上的善恶、真假和美丑……"

这几年，我任教的班级学生全部为外来务工者子女，这些孩子的父母文化水平普遍不高，收入有限，因此孩子无法得到良好的学前教育，使得他们无论是在行为习惯上，还是在知识储备上，都和城里的孩子有一定的差距。又由于受家庭条件的制约，家长很少带他们外出游玩，他们中的大多数在上海居住了很长的一段时间也没有机会对这个城市有更多的了解。生活阅历的缺乏导致的思维局限性往往成为他们在学习上进一步提高的一个难以逾越的障碍。他们珍惜自己为数不多的快乐经历，却又无法获得更多的幸福体验。于是我选择了"亲子悦读"这一主题，让家长和孩子一起共同走进书香，微信亲子读书的过程就是陶冶人的情操、塑造健全人格的过程，也是养志的过程。

枕着书香　班中小洁的父母一个是商店的营业员，一个是社区的保洁员，他们心里也渴望自己的孩子聪明伶俐，但常常一筹莫展。我利用班会课把家长请到学校和孩子们一起上阅读课，让家长和孩子一起领悟阅读是我们最想要的事。亲子阅读就是以书为媒，以阅读为纽带，让孩子和家长共同爱上阅读的过程。吉姆·崔利斯的《朗读手册》上有这样一段话："你或许拥有无限的财富，一箱箱的珠宝与一柜柜的黄金，但你永远不会比我富有——因为我有一位给我读书听的妈妈。"她用诗一般的语言告诉我们亲子读书是多么的重要。

一开始她的家长抱着完成任务的态度，不过，后来当家长和孩子共同经历着书籍带来的喜怒哀乐，当他们一起读过的书一天一天地增加以后，家长渐渐地感到，从起初的敷衍到现在的渴望竟然是这样的顺其自然，家中每天的"亲子悦读"正悄悄地影响着这个家庭，虽然全家居住在社区地下车库的矮小空间里，但是家长终于在家中的一个角落，给孩子置备了一张小书桌、一个小书架……每晚妈妈总会呼唤孩子——快来一起读书吧！孩子也会在每晚临睡前，温暖地享受和妈妈的对话，这一天是他们这个普通家庭中最幸福的时光……一个个真实变化的镜头，让我也感受到了亲子读书正发挥着它独有的神奇力量。

涌动亲情　有了良好的阅读环境和足够阅读的书籍，还有更重要的事，就是帮助孩子一起选择可以激发阅读兴趣的好书。于是我就利用家校活动的平台和小洁的家长时时沟通，对他们进行阅读书目的内容和形式上的指导。

小洁的妈妈在家校互动中给我留下了这样的话语："和孩子一起阅读的日子，让孩子慢慢喜欢上了书籍，这是每位家长最欣慰的。每个阶段，我们都在老师的建议下挑一些适合她年龄的书，家里的这些书籍也是孩子成长的脚印，让她学会阅读和快乐阅读是我们的愿望，真心希望书籍能成为她一生的朋友！"

是呀，阅读是心灵的旅行。在这个一起阅读的过程中，家长们体会到了孩子的学习知识是需要兴趣和家长的正确引导的，这个过程还可以在不知不觉中增进家庭中每个成员的真挚情感，而且这些与日俱增的亲情是无法用金钱或者其他任何东西买到或者替换的。家长都很感激这样的亲子阅读活动，希望这个充满爱的感受延伸下去，让自己和孩子一起共同成长。

随着外来务工人员大量地涌入城市，参与城市的建设与发展，我们不得不承认，他们为我们这个城市建设作出了巨大的贡献，在城市发展中起着举足轻重的作用。他们已经真真实实地融入我们这个社会，成为我们居住和生活的这个城市密不可分的一部分，然而随着他们的到来，他们子女的教育问题，却不容忽视地摆在了我们面前。我尝试着这种把一本本书带进我们的教室，带进孩子们的家庭,在渐渐浓郁的亲子阅读中,一个孩子的未来,一种做人的方向,就这么毫不吃力地起航了,这样的起航,比起我们别的方向的起航有趣、轻松得多了。

（案例提供：蒋晓奋）

和蒋老师一样的教学案例在校园里还有很多,我们的校园阅读除了引导孩子的习惯养成的任务外,还有更重要的使命,就是通过"小手牵大手",借助亲子阅读,帮助一个家庭在上海这个都市里起航。

三、社区阅读：读以致乐

社区阅读是阅读最具有社会性的一种众读方式。家庭阅读是稳定的,但并不具有社会性,校园阅读具有阶段性,并不稳定;而社区阅读,最具有社会性,同时,相对前面几种方式,其稳定性比较高。许多人在结束日常工作后,通常要回到社区读过闲暇的时间,这些闲暇的时间,除了用于食宿、家务、交流,阅读当然也应该是其中重要的组成部分。有专家指出,我国国民生活休闲时间的比例已经极大增加,大约占到50％,而且还有上升的趋势。那么,休闲时间的使用应当成为人们重视的问题。为了让学校的阅读推广到社区,也让学校外的孩子们在阅读最佳起始年龄就能读到书,学校努力通过社区阅读的拓展,引导孩子们能学会读以致乐。

1. 打开校门推广校园读书活动

学校是社区的组成部分,对于我们而言,能敞开校门将学校的阅读活动推广至社区,吸引更多的人爱上阅读、支持阅读,是学校进行阅读宣传推广的最大意义所在。因此,除了引导学生组织家长亲子共读,以小手牵大手外,我们也注重阅读主题活动的社区化。2018年元旦,学校的新年阅读活动的主题是"百米长卷绘书香",全校的孩子聚集在操场上,在五条百米长卷上描绘自己最喜爱文学作品的插图,为了扩大阅读活动的影响,我们让孩子们请来了部分家长志愿者,同时还邀请了社区内三所幼儿园大班的孩子在家长的陪同下一同参与长卷的绘制。活动结束后,学校将色彩缤纷、极尽创意的百米长卷悬挂在社区健身步道的围墙上,学生的作品不仅装饰了社区步道,成为学校门口管弄社区的一道风景线,也吸引了更多各年龄层次的社区居民关注孩子们的阅读,关注绘画中的文学作品,从一定程度上提升了学校阅读活动的品质。

2. 提供资源进行图书馆志愿服务

除了打开校门送活动进社区外,我们也努力开放校园图书馆资源,将学校打造为社区的阅读中心。学校的"GL读书会"是从2016年起建立的,启动招募以教师和家长为代表的"种子故事人"作为志愿者,这些志愿者在社区内招募外来随迁子女中2—6岁学龄前儿童的家庭开展亲子阅读。志愿者通过示范、解答和交流,陪伴外来随迁社区家庭学习、实践亲子阅读的理念和方法,促进城市社区家庭和外来随迁社区家庭的相互了解、学习,用家庭去影响家庭。"GL读书会"每双周的周日下午定期开展以绘本阅读为核心的活动,活动内容包括:好书推荐、大声朗读示范、自由亲子阅读、答疑解惑、亲子故事会。每次活动由志愿者老师推荐5本图画书,分析推荐理由,并且大声朗读其中的两本,同时答疑解惑和亲子故事阅读;志愿者围绕亲子阅读和家庭教育,每周一个主题,介绍相关的方法和案例。活动中更多的时间开放给所有家庭提问,由教师结合自身的经验,进行回答和分享。实践证明,这样的社区阅读取得了良好的效果,高年级的孩子也主动报名担当志愿者进行亲子导读。

2020年初的疫情期间,管弄新村小学将向社区开放"云端图书馆",志愿者老师带领着学生用公众微信号以"云课堂"的形式向社区内的少年儿童提供阅读指导和阅读分享,引导社区的学龄前儿童足不出户,就能小手牵大手进行亲子共读。浅显的语言、生动的画面,老师们尝试将好书导读与学科知识完美融合,学生们用自己的朗读诠释喜爱的文学作品,引导着屏外的社区儿童跟着老师一起读一读、学一学、练一练(口语表达),特别收到了疫情期间不能去幼儿园,又只能由祖辈"看管"照顾孩子的家庭的欢迎。

打开校门,以己之力推动社区阅读,愿校内校外的孩子们在科学的阅读推广中不断成长。

第四节　从当下到未来：以阅读提升学生的素养，为终身发展奠基

　　"问渠那得清如许，为有源头活水来。"苏联教育家克鲁普斯卡娅曾经说过："儿童阅读在孩子生活中起着重大的作用。童年读的书几乎可以记一辈子，影响孩子进一步的发展。"《义务教育语文课程标准(2011 年版)》提出，课外阅读总量低年级不少于 5 万字，中年级不少于 40 万字，高年级不少于 100 万字，依据作家崔峦先生的观点，这是保底的课外阅读量，必须达到。因为，阅读太重要了，它是教育的核心。阅读能促进人的精神发育和成长，使人有理想，有追求，向善，向上；阅读能无限地开阔视野，丰富知识阅历，增加文化积淀，拥有幸福人生；也能开启心智，成熟情商，解除困惑，帮助儿童享受生命。湖南外卖小哥雷海为夺得第三季"中国诗词大会"总冠军，击败北大硕士、《诗刊》编辑。他热爱并坚持读诗，用十三年工作之余的零散时间，积累了 800 多首诗词，成了"传统文化通"。这就是阅读的力量！这个实例说明，再平凡的生命，由于阅读的滋养，也能开出不平凡的花朵；再生活在社会的底层，由于阅读的累积，也能出人头地，高贵而幸福地生活。阅读，千真万确地能改变命运；当下的阅读，能为孩子终身发展奠基。

　　因此，在儿童书面语言学习的起始阶段——小学，培养孩子的阅读兴趣、挖掘阅读资源、养成阅读习惯、提高阅读能力显得尤为重要。

一、培养阅读兴趣，储备未来的"读书家"

　　兴趣是阅读的源泉和动力。对于小学生来说，开卷有益，择卷更重要。教育者在学生开始学习书面语时就向他们打开一片其乐无穷的阅读世界，让儿童去亲近文学、领悟文学，在文学的世界中自由徜徉，并且终身受用于阅读。在兴趣中阅读，在阅读中养成习惯。在兴趣引导下形成学生的阅读习惯，是水到渠成的过程，这要比在要求之下、意志控制之下形成阅读习惯有效得多、容易得多。学生对于阅读的兴趣和爱好是以阅读过程中获得的愉悦为衡量标准的。什么作品能给学生带来愉悦，学生就爱好什

么作品。小学阶段是打基础的时期,是各种学习能力、习惯和品德的养成时期。"好习惯已经养成,足够一辈子的受用。"①阅读的兴趣应该在这时期设法培养,若错过时机,学生的兴味就有可能萎缩。一般来说,儿童爱看什么文章,是和他们长期的生活积累、阅读体验积累所形成的经验有关。"儿童的生活,差不多浸渍于感情之中;冷静的理解,旁观的述说,在儿童殊觉无味。要使儿童感觉无味,就不是最好的教材。所以国文教材普遍的标准,当为儿童所曾接触的事物,而表出的方法,又能引起儿童的感情的。换一句说,就是具有文学趣味的。"②我们应该引导儿童通过喜爱的阅读去面向一切社会人生,通过阅读直接使学生明白人生的意义、懂得生命的价值、养成审美的意趣,从而增强人文精神。巴金先生勉励青少年读书时说:"我们有一个丰富的文学宝库,那就是多少代作家留下的杰作,它们教育我们,鼓励我们,要我们变得更好,更纯洁,更善良,对别人更有用。文学的目的就是要人变得更好。"

而阅读课程的构建与推进正是激发儿童阅读兴趣,养成其良好习惯的助力。根据管弄新村小学教学处的相关汇总,在校本阅读课程"GL 悦读"实践推进的几年时间里,更多的学生与家长愿意读书了:历次阅读活动的推广和阅读微信平台的推进让越来越多的家长认识到"读书"的重要性,在既定的教科书之外,他们能配合学校在一定程度上营造家庭阅读的氛围。2016 年 6 月,学校借"指尖上的阅读"微信平台进行了"十佳书评"的投稿与评选活动,全校五百余名学生人数形成的"110172"条的访问量和"19779"的累积投票量的数据说明了学生与家长的参与阅读评价活动热情,而孩子们的阅读兴趣也在家校合作的推动下与日俱增。兴趣是最好的领路者,它能激励学生在书海中奋力奔跑,储备未来的"读书家",而孩子们主动阅读、乐于阅读的状态能为他们的终身学习奠定良好的基础。

二、 养成阅读习惯,为终身学习奠基

叶圣陶先生认为,阅读习惯对学生的发展具有重要作用,对于一个学生来说,必须养成两种习惯:一是自己学习的习惯,一是随时阅读的习惯。在阅读课程推进的过程

---

① 叶圣陶.叶圣陶教育文集 3[M].北京:人民教育出版社,1994:157.
② 叶圣陶.叶圣陶教育文集 3[M].北京:人民教育出版社,1994:15.

中，我们的学生在喜爱阅读的基础上养成许多良好的阅读习惯，如在学期开始前用各种方式提前做读书计划，在参加研学及其他相关活动前先购买以及阅读相关书籍做好充分的准备；在阅读的过程中自主做好读书笔记；在完成阅读之后主动上"指尖上的阅读"微信平台进行点评交流并完成相应的长作业，在完成作业遇到困难时查阅工具书……这些在阅读过程中养成的良好习惯能够帮助学生更多地阅读书籍。学生通过阅读各种类型的图书，逐渐把读书当成自己的生活方式和学习方式，使培养起来的阅读习惯保持下去。

相信习惯的力量，只要学生养成了阅读的习惯，学生对语文的学习就会变得自觉和主动，语文学习也就无所谓校内和校外、课上和课下，学生语文素养和语文能力的提升也就成了自然而然的事情，学校的课堂观察员高兴地发现：语文课上学生会动笔做批注了，会与学习伙伴争论了，会向老师同学陈述自己理解感悟的心得了。学生课外阅读的量增加了，对读物的选择变得宽泛了，"指尖上的阅读"微信平台上各类阅读推荐与读后活动如火如荼地开展，形成了全校性的良好阅读氛围。同时，网络学习也提高了学生的信息素养。主动运用信息技术实践探索、建构知识已成为广大学生学习的自觉行为，且深入平时的学习、活动中，学生表现出较强的求知能力、自主能力和创新能力。近一年中，学生在教师指导下制作了一批界面美观、富有个性的阅读书评作品。课程的推进与课题的研究促进了学生多方面能力的发展，近两年的时间里，学生在《聪明的小豆丁》等刊物上发表习作近20篇，各级各类参赛获奖60余项，学生的学习能力的持续提高在未来的课程实施中充满可能。

"现代科学指出，人在生理上尚未完成，这一点对我们认识人，是有独特贡献的。我们可以说，人永远不会变成一个成人，他的生存是一个无止境的完善过程和学习过程。人和其他生物的不同点主要就是由于他的未完成性。事实上，他必须从他的环境中不断地学习那些自然和本能所没有赋予他的生存技术。为了求生存和求发展，他不得不继续学习。"①人的未完成状态就意味着人是可塑的。小学生正处在人的发展初期，儿童的阅读能力和水平发展的不完善是客观存在的，正是这种不完善使他们的身心"向世界开放"，具有了不断受教育的倾向，教育教学可以为他们提供外在的条件，发展他们的认识水平和能力。关注儿童阅读习惯的养成，帮助他们在未来的终身学习里

---

① 联合国教科文组织国际教育发展委员会.学会生存——教育世界的今天和明天[M].北京：教育出版社，1996：196.

保持持续发展的能力，是我们正在努力也将不懈为之而努力的使命。

三、　更新教师观念，师生共同成长

儿童在学龄前阶段已经能够熟练地运用口语进行交际，积累了人生最早期的认识和经验。小学是儿童正式接受书面语言的开始，只有学习书面语人才能走出自己的天地，认识自己以外的更广阔的世界。语言是一套表达观念的符号系统，语言是社会性的，它是属于每一个社会成员的，每个社会成员都有义务掌握它；语言是空间性的，它是结构性的存在、系统性的存在。但一个人真正掌握语言却是一个渐进的过程，一个由浅入深的过程，一个不断积累的过程。小学阶段的阅读教学是初步掌握书面语的教学，是教师利用儿童已有的最初的人生经验使他们掌握书面符号的过程，也是儿童阅读能力不断形成的过程。因此，身处阅读课程核心地位的教师肩负的是唤醒儿童语言文字学习的重任。教师该如何根据儿童的年龄特征激发其阅读兴趣、养成其习惯，前文中已有论述，这里我们要阐述的是，阅读之路的陪伴、引领在促进儿童阅读能力提升的同时，带来的也一定是教师的专业成长。

阅读课程的实践，阅读教学的革新能够促进教师观念的更新。几年来的实践和研究，让管弄新村小学的教师树立了"人人俱是阅读推进者"的理念。在推进学生阅读的基础上也促进了教师阅读的积极性，"指尖上的阅读"微信平台中，参与评论学生阅读的不仅有该学生所在班级的语文老师，更有数学、英语、科学、劳动技术老师；老师们有的用鼓励的语气激励孩子们的阅读，有的则结合成人的观点与学生进行阅读后的对话……这样的观念引领下，结合各学科教学引导学生阅读更是能提升学生的阅读兴趣。其次，直接进行阅读教学教研的教师，其阅读教学水平、能力得到锤炼和提高。在2016 年 5 月进行的上海市教委教研室对本校的全面教学督导中，学校的语文教学获得了听课专家的一致好评，在课题的研究推进中，教师科研意识和科研能力大幅提高：先后有近十位教师的个人课题被区教育学院科研室立项，两位老师评审通过中学高级教师职称（另有两位在申报过程中），一位教师荣获上海市"十佳优秀班主任"……

坚持，让教师的专业水平随着儿童阅读能力的提升同步与日俱增。

后　记

　　《让阅读滋养孩子的心灵：儿童阅读的探索与实践》一书经过近5年的积累和磨砺，终于成稿了。书稿的撰写是一个喜悦和痛苦交织的过程，实践与理论的碰撞使我产生了一些思想的火花，让我得以在教育教学实践的同时再次徜徉于书海，反复思考我们的教育如何给予孩子们更多的精神馈赠，各种喜悦，无法言说；痛苦则在于自己的学识不够，在写作过程中有力不从心的感觉。幸运的是，我在专家、师长和工作伙伴的关心下走过了这个历程。

　　在本书撰写过程中，我们认识到儿童阅读兴趣、阅读能力、阅读习惯的培养关键在课堂。因此，我们从学校阅读课程建设的角度出发，构建不同年级阅读技能序列目标；研究儿童文学作品，建立阅读活动书目序列；探讨阅读活动的宣传与推广，探索评价考核机制，为鼓励和倡导学生开展有意义的阅读活动提供保障。最重要的是，我们立足学生阅读能力的培养，积极实践提升阅读课堂有效性的策略，通过学校全学科、家庭、社区的全员推进，发现、引导儿童形成阅读自觉的"良方"……所有的研究成果都凝聚着我身边师长和伙伴大量的心血。

　　衷心感谢上海市中小学幼儿教师奖励基金会对我校学生阅读研究工作的关心和支持，特别是史国明会长在百忙中多次亲临学校听取工作汇报并予以悉心指导，并鼓励我认真总结和分享学校的经验，进一步深化学校已有的研究，为更多的学校提供参考。由于上海市中小学幼儿教师奖励基金会和史国明会长的鼓励、指导和帮助，此书得以顺利出版。

在此，还要感谢上海市教育学会中小学图书馆专业委员会数年来对此项工作的指导和支持；感谢上海市教委教研室的帮助与指导，教研室步根海老师不仅多次来学校给全体师生做主题讲座，还为本书作序。此外，上海市教研室薛峰、陈祯等专家，普陀区教育学院杨杰院长、颜欣玮、丁莉、郁琼蕊、翁亚斌，徐汇区教育学院高永娟，青浦区教育学院李永元，松江区实验小学校长谢江峰等师长、专家对书籍的撰写给予了指导与帮助，在此一并表示深深的谢意。最后，我想对这些年来立足管弄新村小学的教育教学平台，实践推进儿童阅读活动的同事们虞国芬、蒋晓奋、刘蕾、姚玉婷、潘杰、樊敏、徐玉峰等表示深深的感谢，他们为学校阅读课程的落地付出了极大的努力；同时要感谢徐建慧、吴萍、于嫣理、王磊、罗黎萍、李旻、关瑜、张逸雯、朱绣慧、范佳旎、郭琼、刘德全、张唯益、徐翠珍、任力晶、欧阳慧娟等老师，这些不同学科的教师在几年中把自己对儿童阅读的认识与实践融入自己的教学过程中，创造了许多促进儿童积极阅读的方法，为本书的撰写提供了丰富的经验与案例。

推进阅读教学，用灵动的文字滋养儿童心灵，是每一个教育工作者肩负的神圣使命，我们将在教育教学实践中不懈努力，让阅读成为学生学习和生活的方式，让孩子在自由的阅读中快乐地成长。

由于撰写时间紧迫，书中定有疏漏差错或有待改进之处，恳请专家同仁指正。

陆莉莉

于 2019 年春

2020 年春修改